リスクマネジメント実務の法律相談

新青林法律相談 33

竹内　朗
笹本雄司郎
中村信男　【編著】

青林書院

はしがき

　本書は，企業や団体など各種組織のリスクマネジメント実務に携わる実務家（経営者，管理者，推進担当者）と，リスクマネジメント実務を支援する専門家（弁護士，会計士，コンサルタント，研究者など）のために書かれました。企業における実務例や裁判例を中心に解説していますが，企業以外の組織や団体にもほとんどが共通する内容になっています。

　本書は，4つの章からなっています。第1章は，導入としての「リスクマネジメントの概念と背景」，第2章は，平時を念頭に置いた「全社的リスクマネジメント体制の構築・運用」，第3章は，有事を念頭に置いた「事業継続と危機管理」，そして第4章は，現時点で目配りをしておくべき各論的テーマを網羅して解説した「各種事案にみるリスクマネジメントの実務」，という構成になっています。

　いずれの箇所も，リスクマネジメント実務に精通した専門家（弁護士，コンサルタント，研究者など）が執筆者となり，最新の議論状況を踏まえた実務に直結する解説をしています。また，リスクマネジメントの各論的テーマにおける平時と有事のあるべき対応を概括的に示し，より深く入っていく際のガイダンスとしての役割も果たしています。

　私たちは，リスクマネジメント実務は次のようにあって欲しい，という理念を共有しながら，本書の執筆と編集を進めました。この理念は，本書の中に随所に表れています。

- 法令違反や事故災害だけがリスクではなく，ステークホルダーからの信用を失墜してビジネスの競争力を阻害するすべての事象を，事業継続上のリスクと捉える
- リスクをゼロにする，回避するのではなく，リスクをきちんとコントロールする，管理下に置く，そのことが積極果敢なリスクテイクとビジネスチャンスの拡大にもつながる

- ●不祥事を未然に防止するだけでなく，早期に発見して適正に対応するという自浄作用を働かせることで，不祥事を起こした組織であっても，よりリスクに強くなって価値を向上できる
- ●組織にとってネガティブな情報も，隠すのではなくステークホルダーにしっかり開示して説明責任を果たす，こうした行動様式が普通の組織をリスクに強い組織に鍛えあげる
- ●リスクマネジメントにはその組織のすべての階層が関与することになるが，最終責任は組織トップにあることを常に忘れてはならない

　本書が，各種組織においてリスクマネジメント実務に日夜取り組まれている実務家や専門家の方々にとって一助となり，さらなるリスクマネジメント強化のお役に立つことができれば幸いです。
　最後に，本書の企画から刊行までのすべての工程に寄り添って献身的に支えていただいた青林書院編集部の長島晴美氏に，感謝の意を表したいと思います。

2014年2月

編　者

竹　内　　　朗
笹　本　雄司郎
中　村　信　男

凡　例

(1)　各設問の冒頭に　**Q**　として問題文を掲げ，それに対する回答の要旨を　**A**　でまとめました。具体的な説明は　**解説**　以下に詳細に行っています。

(2)　文献の引用・参照や補足，関連説明は，本問中に「＊1，＊2……」の注を振り，各設問の末尾に　**注記**　として，当該番号を対応させて掲載しました。文献は，原則としてフルネームで次のように表記しました。

　　〔例〕著者名『書名』（刊行元，刊行年）○○頁
　　　　　執筆者名「論文タイトル」掲載誌○○号（刊行年）○○頁

(3)　判例・裁判例を引用する場合には，本問中に「☆1，☆2……」の注を振り，各設問の末尾に　**引用判例**　として，当該番号を対応させて「☆1　最判平18・4・10民集60巻4号1273頁」というように掲載しました。なお，判例・裁判例の表記については，後掲の「判例・文献関係略語」を用い，原則として次のように行いました。

　　〔例〕平成18年4月10日最高裁判決，最高裁判所民事判例集60巻4号1273頁
　　　　→最判平18・4・10民集60巻4号1273頁

(4)　法令名は，原則として，①地の文では正式名称で，②カッコ内での引用では後掲の「法令名等略語」を用いて表しました。多数の法令条項を引用する場合，同一法令の条項は「・」で，異なる法令の条項は「，」で併記しました。それぞれ条・項・号を付し，原則として「第」は省きました。

(5)　本文中に引用した判例・裁判例は，巻末の「判例索引」に掲載しました。

(6)　本文中の重要用語等は，巻末の「事項索引」に掲載しました。

■判例・文献関係略語

最	最高裁判所	判	判決
高	高等裁判所	決	決定
地	地方裁判所	民集	最高裁判所民事判例集
支	支部	刑集	最高裁判所刑事判例集

高刑集	高等裁判所刑事判例集	判タ	判例タイムズ
金判	金融・商事判例	労判	労働判例
判時	判例時報		

■法令名等略語

会社	会社法	消費契約	消費者契約法
会社則	会社法施行規則	独禁	私的独占の禁止及び公正取引の確保に関する法律（独占禁止法）
割賦	割賦販売法		
金商	金融商品取引法		
憲	日本国憲法		
個人情報	個人情報の保護に関する法律（個人情報保護法）	特定商取引	特定商取引に関する法律（特商法）
		不正競争	不正競争防止法
財務規	財務諸表等の用語，様式及び作成方法に関する規則	民	民法
		労基	労働基準法
		労契	労働契約法
下請代金	下請代金支払遅延等防止法（下請法）	労組	労働組合法

編者・執筆者一覧

編　者

竹内　朗　（プロアクト法律事務所　弁護士）
笹本　雄司郎　（株式会社マコル取締役・代表コンサルタント，日本CSR普及協会理事・運営委員，青山学院大学大学院法学研究科非常勤講師，実践女子大学人間社会学部非常勤講師，大東建託株式会社社外取締役）
中村　信男　（早稲田大学商学学術院教授）

執　筆　者（執筆設問）

青島　健二　（東京海上日動リスクコンサルティング株式会社　主席研究員）
　　Q1～Q4，Q12
笹本　雄司郎　（上掲）
　　Q5～Q7，Q10，Q11，Q19，Q46
中村　信男　（上掲）
　　Q8，Q9
本間　稔常　（東京海上日動リスクコンサルティング株式会社　主任研究員）
　　Q13～Q17
濱﨑　健一　（東京海上日動リスクコンサルティング株式会社　主任研究員）
　　Q18，Q20～Q22，Q29，Q41
竹内　朗　（上掲）
　　Q23～Q25，Q30，Q35
堀田　知行　（株式会社KPMG FAS　ディレクター）
　　Q26，Q27
木曽　裕　（弁護士法人北浜法律事務所東京事務所　弁護士・公認不正検査士，一般社団法人公認不正検査士協会理事）
　　Q28，Q40
中村　忠史　（四谷の森法律事務所　弁護士）
　　Q31～Q34

藪内　俊輔　（弁護士法人北浜法律事務所東京事務所　弁護士）
　　　　　　　Q36
佐藤　　泉　（佐藤泉法律事務所　弁護士）
　　　　　　　Q37
倉重　公太朗　（安西法律事務所　弁護士）
　　　　　　　Q38，Q39
田島　正広　（田島総合法律事務所　弁護士）
　　　　　　　Q42～Q44
森原　憲司　（森原憲司法律事務所　弁護士）
　　　　　　　Q45

目　次

はしがき
凡　例
編者・執筆者一覧

第1章　リスクマネジメントの概念と背景

Q1｜リスクマネジメントの定義 ……………………………〔青島　健二〕／ 3
　当社におけるリスクマネジメントの基本方針を整備したいと思います。何を検討したらよいでしょうか。

Q2｜従来のリスクマネジメントと全社的リスクマネジメント（ERM）との異同
　………………………………………………………………〔青島　健二〕／ 8
　事業，品質，労務，環境，災害などの管理は担当部署を決めて既に行っています。これに加えて何か行うべきことがあるでしょうか。

Q3｜経営による監督や業務執行におけるマネジメントとの関係
　………………………………………………………………〔青島　健二〕／ 16
　リスクマネジメントは，既存の経営システムや日常のマネジメントとは別に，新しい仕組みを作らなければいけないのでしょうか。

Q4｜平時の予防と危機発生時の対応の関係 ………………〔青島　健二〕／ 22
　平時の予防と危機発生時の対応は同じ体制で行うのでしょうか。両者はどのような関係に立つのでしょうか。

Q5｜不正や誤謬を防止する内部統制手段 …………………〔笹本雄司郎〕／ 28
　業務上の不正や誤謬を防止する内部統制は，どのような手段で具体的に実現したらよいでしょうか。

Q6｜子会社や取引先に対する管理 …………………………〔笹本雄司郎〕／ 36
　子会社・持分会社・出資先や取引先（サプライチェーン）によるリスクマネジメントについては，どこまで監督・関与する義務や社会的責任がありますか。

Q7｜コーポレート・ガバナンス，コンプライアンス，内部統制との関係
　………………………………………………………………〔笹本雄司郎〕／ 45
　リスクマネジメントとコーポレート・ガバナンス，コンプライアンス，内部統制は，どれも重複する部分が多いように感じますが，それぞれどのような関係に立つのでしょうか。

Q8 | 株主が求めるコーポレート・ガバナンス …………………〔中村　信男〕/　54
　　リスクマネジメントに関する会社法上の制度や上場会社適用ルールにはどのようなものがありますか。
Q9 | 判例にみるリスクマネジメントの水準 ……………………〔中村　信男〕/　69
　　リスクマネジメントの失敗に関して役員や社員が法的責任を問われた事例にはどのようなものがありますか。
Q10 | リスクマネジメントが重視される背景 ………………………〔笹本雄司郎〕/　81
　　リスクマネジメント体制の整備が求められるようになったのはどのような背景からでしょうか。
Q11 | 新たなタイプのリスク ………………………………………〔笹本雄司郎〕/　88
　　企業の社会的責任（ＣＳＲ）やレピュテーション・リスクの高まり，事業活動・投資のグローバル化などが進むなかで，経営にはどのような配慮が求められますか。

第2章　全社的リスクマネジメント体制の構築・運用

Q12 | 標準的なフレームワーク（ＣＯＳＯ，ＣＯＳＯ-ＥＲＭ，ＩＳＯ31000）
　　……………………………………………………………………〔青島　健二〕/　99
　　リスクマネジメント体制はどのような枠組みで考えればよいですか
Q13 | 平時における経営層・管理職層・担当者の役割 …………〔本間　稔常〕/　105
　　リスクマネジメントにおいて，経営層，管理職層，担当者は各々どのような役割を担いますか。また，それらをどのようにして連携させるのでしょうか。
Q14 | リスクの洗い出し，評価と重点統制リスクの絞り込み ……〔本間　稔常〕/　109
　　リスクの洗い出しと評価はどのように行うのですか。また，そのなかから重点統制リスクをどのように絞り込むのでしょうか。
Q15 | 対応方針・組織化・措置の決定 ……………………………〔本間　稔常〕/　115
　　重点統制リスクに関する対応方針，統制目標，体制整備，対応策は，何をどのように決めたらよいでしょうか。
Q16 | 継続的な運用と改善（点検・監査の実施）………………〔本間　稔常〕/　120
　　体制と対応策の浸透・定着は，何をどのように進めたらよいでしょうか。
Q17 | 役職員に対する研修 …………………………………………〔本間　稔常〕/　125
　　経営層，管理職層，担当者に対して，リスクマネジメントの重要性をどのように教育・啓発すればよいでしょうか。また，効果的な方法はありますか。
Q18 | リスク情報の伝達 ……………………………………………〔濱﨑　健一〕/　132
　　組織内部でリスク情報が迅速かつ正確に伝達されるために，どのような措置を事前に講じておくのが効果的でしょうか。

目次 ix

Q19｜心理学理論の応用 ……………………………〔笹本雄司郎〕／ 138
　規則違反や不正行為が発生しにくい職場環境をつくるうえで，参考にできる心理学の理論はないでしょうか。

第3章　事業継続と危機管理

Q20｜事業継続計画（BCP）と事業継続マネジメント（BCM）
　　………………………………………………〔濱﨑　健一〕／ 149
　事業継続計画（BCP）と事業継続マネジメント（BCM）の整備はなぜ必要なのでしょうか。また，何をどのように進めればよいでしょうか。

Q21｜防災と役職員の安全確保 ……………………〔濱﨑　健一〕／ 156
　災害発生時の防災と役職員の安全確保について事前に講じておくべき措置はどのようなものでしょうか。

Q22｜情報通信インフラの事前対策 ………………〔濱﨑　健一〕／ 162
　災害発生時に役職員の安全確保と事業継続計画（BCP）の実行を支える情報通信インフラのために事前に講じておくべき措置はどのようなものでしょうか。

Q23｜危機の端緒，初動調査，平時からの備え …〔竹内　朗〕／ 169
　危機の端緒をどのようにつかみますか。初動調査はどのように行いますか。平時からどのように備えておけばよいですか。

Q24｜危機対応における行動原理，被害の最小化，信頼回復の最速化
　　………………………………………………〔竹内　朗〕／ 178
　危機対応において理解しておくべき行動原理は何ですか。「被害の最小化」とは何ですか。「信頼回復の最速化」とは何ですか。

Q25｜各種ステークホルダーへの対応 ……………〔竹内　朗〕／ 188
　危機時に対応を要するステークホルダーには，どのようなものがありますか。各種ステークホルダーへの対応の留意点は何ですか。ステークホルダー間に優先順位はありますか。

Q26｜社内調査 ………………………………………〔堀田　知行〕／ 196
　危機対応において，不正調査をどのように進めるべきでしょうか。

Q27｜デジタル・フォレンジック …………………〔堀田　知行〕／ 210
　パソコンなどのIT機器に残された証拠はどのように保全・入手するのでしょうか。

Q28｜行政機関対応（捜査機関）……………………〔木曽　裕〕／ 224
　不正が発生した場合に，監督官庁などの行政機関に対応する際の留意点は何ですか。また，刑事事件に該当する場合の捜査当局に対応する際の留意点は何ですか。

第4章　各種事案にみるリスクマネジメントの実務

Q29｜経営環境の変化 ……………………………………〔濱﨑　健一〕／ 237
　市場，技術，資金，人材，グローバル化などの経営環境の変化は，何をどこまで管理すべきでしょうか。

Q30｜コーポレート・ガバナンス機能不全 ……………〔竹内　朗〕／ 243
　経営層が不正や不祥事を起こして企業価値を大きく毀損してしまう事態はなぜ生じるのでしょうか。そのような事態をどのように防止すべきでしょうか。

Q31｜製品・食品の安全 …………………………………〔中村　忠史〕／ 250
　製品や食品に起因する事故を防止するためにはどのような管理体制を整備すべきでしょうか。また，事故が起きたり問題が発覚した際にはどのような点に注意して対応すべきでしょうか。

Q32｜消費者契約法 ………………………………………〔中村　忠史〕／ 258
　消費者契約法は，事業者と消費者の間の契約の適正を図るためにどのような規制をしていますか。また，その規制内容にはどのような特徴がありますか。

Q33｜特定商取引に関する法律（特商法） ……………〔中村　忠史〕／ 263
　特商法は，事業者と消費者の間のどのような取引形態を規制していますか。また，その規制内容にはどのような特徴がありますか。

Q34｜割賦販売法 …………………………………………〔中村　忠史〕／ 271
　割賦販売法は，利用者の利益を保護し，割賦販売等にかかる取引の公正を確保し，商品等の流通，役務の提供を円滑にするために，どのような規制をしていますか。その規制内容にはどのような特徴がありますか。

Q35｜証券市場ルール違反 ………………………………〔竹内　朗〕／ 277
　証券市場に株式を上場する上場会社において，金融商品取引法などのルールに違反しないよう，どのようなリスク管理体制を整備すべきでしょうか。もし問題が生じたら，どのように対応すべきでしょうか。

Q36｜独占禁止法違反等 …………………………………〔藪内　俊輔〕／ 287
　カルテル，入札談合，不公正な取引方法，下請法違反の防止についてはどのような管理態勢を整備すべきでしょうか。また，社内で問題が発覚した際や競争当局の調査があった際にはどのような点に注意して対応すべきでしょうか。

Q37｜環境関連紛争の予防と解決 ………………………〔佐藤　泉〕／ 297
　環境法令違反，土壌汚染，廃棄物不適正処理について，どのような管理体制を整備すべきでしょうか。また，事故や紛争が生じた場合には，どのような点に注意して対応すべきでしょうか。

| Q38 | 人事・労務紛争① ……………………………………〔倉重公太朗〕/ 305 |

解雇，賃金不払い，過労死・健康被害，メンタルヘルス，ハラスメントなどの人事労務紛争についてはどのようなリスクがあり，労務紛争の防止についてはどのような点に留意すべきでしょうか。また，実際に紛争になった場合はどのように対応すればよいでしょうか（前半）。

| Q39 | 人事・労務紛争② ……………………………………〔倉重公太朗〕/ 313 |

解雇，賃金不払い，過労死・健康被害，メンタルヘルス，ハラスメントなどの人事労務紛争についてはどのようなリスクがあり，労務紛争の防止についてはどのような点に留意すべきでしょうか。また，実際に紛争になった場合はどのように対応すればよいでしょうか（後半）。

| Q40 | 業務不正対応 ………………………………………………〔木曽　裕〕/ 323 |

業務上の不正を防止するための管理体制について，どのような点を考慮すればよいですか。また，業務不正が発覚した場合，再発防止の観点からどのような点に留意すればよいですか。

| Q41 | システム障害・サイバー攻撃 ………………………………〔濱﨑　健一〕/ 334 |

システム障害，サイバー攻撃の防止についてはどのような管理態勢を整備すべきでしょうか。また，事故が起きたり問題が発覚した際にはどのような点に注意して対応すべきでしょうか。

| Q42 | 営業秘密漏えい ……………………………………………〔田島　正広〕/ 341 |

営業秘密漏えいの防止についてはどのような管理体制を整備すべきでしょうか。また，事故が起きたり問題が発覚した際にはどのような点に注意して対応すべきでしょうか。

| Q43 | 個人情報漏えい ……………………………………………〔田島　正広〕/ 347 |

個人情報漏えいの防止についてはどのような管理体制を整備すべきでしょうか。また，事故が起きたり問題が発覚した際にはどのような点に注意して対応すべきでしょうか。

| Q44 | ＷＥＢ炎上，風評被害 ……………………………………〔田島　正広〕/ 355 |

ＳＮＳをはじめとするＷＥＢでの炎上，風評被害等の問題の防止についてはどのような管理体制を整備すべきでしょうか。また，事故が起きたり問題が発覚した際にはどのような点に注意して対応すべきでしょうか。

| Q45 | 反社会的勢力 ………………………………………………〔森原　憲司〕/ 361 |

反社会的勢力との関係遮断についてはどのような管理態勢を整備すべきでしょうか。

| Q46 | サステナビリティ（人権・環境ＮＰＯ／ＮＧＯ，事実上の規制） ………………………………………………………………〔笹本雄司郎〕/ 369 |

人権・環境ＮＰＯ／ＮＧＯからの改善要求などＣＳＲの観点での要請については どのような管理態勢を整備すべきでしょうか。また，質問や改善要求が届いたときは，どのような点に注意して対応すべきでしょうか。

判例索引
事項索引

目次　xi

Q38｜人事・労務紛争① ……………………………………〔倉重公太朗〕／ 305
解雇，賃金不払い，過労死・健康被害，メンタルヘルス，ハラスメントなどの人事労務紛争についてはどのようなリスクがあり，労務紛争の防止についてはどのような点に留意すべきでしょうか。また，実際に紛争になった場合はどのように対応すればよいでしょうか（前半）。

Q39｜人事・労務紛争② ……………………………………〔倉重公太朗〕／ 313
解雇，賃金不払い，過労死・健康被害，メンタルヘルス，ハラスメントなどの人事労務紛争についてはどのようなリスクがあり，労務紛争の防止についてはどのような点に留意すべきでしょうか。また，実際に紛争になった場合はどのように対応すればよいでしょうか（後半）。

Q40｜業務不正対応 ………………………………………………〔木曽　裕〕／ 323
業務上の不正を防止するための管理体制について，どのような点を考慮すればよいですか。また，業務不正が発覚した場合，再発防止の観点からどのような点に留意すればよいですか。

Q41｜システム障害・サイバー攻撃 …………………………〔濱崎　健一〕／ 334
システム障害，サイバー攻撃の防止についてはどのような管理態勢を整備すべきでしょうか。また，事故が起きたり問題が発覚した際にはどのような点に注意して対応すべきでしょうか。

Q42｜営業秘密漏えい ……………………………………………〔田島　正広〕／ 341
営業秘密漏えいの防止についてはどのような管理体制を整備すべきでしょうか。また，事故が起きたり問題が発覚した際にはどのような点に注意して対応すべきでしょうか。

Q43｜個人情報漏えい ……………………………………………〔田島　正広〕／ 347
個人情報漏えいの防止についてはどのような管理体制を整備すべきでしょうか。また，事故が起きたり問題が発覚した際にはどのような点に注意して対応すべきでしょうか。

Q44｜ＷＥＢ炎上，風評被害 ……………………………………〔田島　正広〕／ 355
ＳＮＳをはじめとするＷＥＢでの炎上，風評被害等の問題の防止についてはどのような管理体制を整備すべきでしょうか。また，事故が起きたり問題が発覚した際にはどのような点に注意して対応すべきでしょうか。

Q45｜反社会的勢力 ………………………………………………〔森原　憲司〕／ 361
反社会的勢力との関係遮断についてはどのような管理態勢を整備すべきでしょうか。

Q46｜サステナビリティ（人権・環境ＮＰＯ／ＮＧＯ，事実上の規制）
………………………………………………………………………〔笹本雄司郎〕／ 369

人権・環境ＮＰＯ／ＮＧＯからの改善要求などＣＳＲの観点での要請については どのような管理態勢を整備すべきでしょうか。また，質問や改善要求が届いた ときは，どのような点に注意して対応すべきでしょうか。

判例索引
事項索引

第1章

リスクマネジメントの概念と背景

Q1　リスクマネジメントの定義

当社におけるリスクマネジメントの基本方針を整備したいと思います。何を検討したらよいでしょうか。

A

「リスクマネジメント」は人により捉え方が異なる抽象的な概念ですので，整備するにあたってはまず，「リスク」「リスクマネジメント」という用語を定義し，社内で認識合わせをする必要があります。リスクマネジメントの基本方針とは，部門が異なっても共通的に取り組むべき内容のことを指すかと思います。言い換えれば，全社的なリスク管理の組織体制や平時，有事における基本的な行動内容を記した規程・マニュアル，教育・訓練要領がそれに該当します。

解説

1　リスクマネジメントとは何か

(1) リスクとは何か

「リスク」という言葉は，汎用性が高い便利な言葉である一方で，その定義については人により異なる，というのが実態です。リスクという言葉の意味は以下のように「ハザード」「ペリル」「(狭義の)リスク」に分類されます。

(a) ハザード　事象が発生または増大する原因となる状況のことをいいます。たとえば，つまずいて転んだ原因となった置き石は「ハザード」となります。

(b) ペリル　損失が発生または増大する原因となった事象のことをいいます。たとえば，つまずいて転んで怪我をし，病院のお世話になった場合は，

転んだことが「ペリル」となります。

(c) （狭義の）リスク　ペリルの結果として経済的な損失や機会が失われたことを狭義でいうところの「リスク」といいます。

(2) リスクマネジメントとは何か

ハザードやペリル，（狭義の）リスクが発生しないよう，または発生しても増大しないように管理することが企業活動において必要です。ただし，組織によっては100以上の種類が存在するリスクを同時に管理することは困難ですので，以下のように合理的に実施する活動を「リスクマネジメント」と呼んでいます。

(a) リスクの選別　自らの組織として管理対象とすべきリスクを選別します。一般的には，発生頻度の高いリスク，もしくは発生した場合の損失が大きいリスクを管理対象とします。また，管理対象としたリスクについては，管理する体制や管理の優先順位を検討するために，各リスクの発生頻度や考えうる最大予想損失額を見積もる必要があります。過去のリスク発生履歴があればそれを参考として見積もることができますが，ない場合はまず個々人の主観により見積もることになります。

(b) 対象リスクの管理　リスクの管理は事前管理と事後管理に大別されます。事前管理とは，そもそもリスクを発生または増大させないための取組みであり，具体的には予防マニュアルの策定や各種の啓発活動，監視活動が該当します。一方，事後管理とはリスクが発生または増大したのちの収束に向けた活動であり，具体的には各種対策マニュアルの策定や，収束に向けた対策活動が該当します。

(c) リスクが顕在化した場合の対応　危機を悪化させる要因のほとんどは，トップが迅速かつ適切に意思決定をできなかったことと，組織として情報を積極的に開示できなかったことの2点です。そのため，この2点を考慮した基本方針を文書化し，トップが承認したものとして組織内に周知することは非常に重要です。

2 基本方針の構築

(1) 基本方針構築の必要性

　不祥事や事故による経済損失やレピュテーション低下といったリスクが企業価値の急落を招き，ひいては被買収も含めた企業存亡の危機へと発展する事例が見受けられます。最近でいえばリコール隠し事件を起こした某自動車メーカーや新興IT企業での一連の動向が思い出されるところです。社員の飲酒運転や積荷の破損といった比較的軽微な不祥事・事故は担当者レベルの過失によりもたらされることが多く，現場の部課長が職長としての日頃のマネジメント活動の範囲内で啓蒙・徹底などの予防を図っていくことが肝要かつ適切であると思われますが，一方，組織全体を揺るがすような巨額の損失や株価暴落・不買運動などをもたらすような危機に関しては，経営層・管理者層が積極的にリスクマネジメントに関与し予防を図っていくことが望ましいと考えます。日頃から経営層・管理者層がリスクマネジメントに関与するためには，企業としては以下の方針を定めることが求められます。

　(a) リスクマネジメント委員会の活動　リスクマネジメント委員会とは組織のリスクに係る最高意思決定機関であり，社長または準ずる職位の者が委員長となります。平時の危機管理の取組みとしては危機管理規程類の策定・改定に関わる検討や教育・訓練計画の策定，リスク監査結果のレビューなどが挙げられ，また有事には対策本部設置の意思決定を行う機関としての役割を果たします。

　(b) リスクマネジメント・ポリシーの策定　リスクマネジメント・ポリシーとは，そもそも自社におけるリスクとは何かを定義したうえで，平時の際にすべきこと，有事の際に企業としてどのような優先順位で何をすべきかを危機の種別によらず定めるものです。「危機管理規程」や「危機管理基本マニュアル」と呼称する場合もあります。

　(c) 緊急時対応マニュアルの策定　有事の際に第一発見者が通報する相手や内容，報告を受けたものが対策本部を設置する際の判断基準，対策本部の組織や職務分掌，時系列で実施していくべきタスク等について定めるものです。

緊急時に活用するマニュアルですが対策本部のタスクを明らかにすることで経営層・管理者層が危機発生時に陣頭指揮を行い対処にあたることを社内に意思表明する目的もあります。

　(d)　リスク別または業務別の危機管理マニュアル　　リスク管理は総務部や法務部のような取りまとめ部署にとどまらず，当然のことながら購買部門や研究開発部などの現場にも活動が求められます。そうしたリスク別または業務別に策定するマニュアルについても，策定することが求められます。また昨今ではソーシャルネットワーキングサービス（SNS）の普及に伴い，レピュテーションリスク（信用失墜）が高まっていますので，広報部門はこれらについても考慮したマニュアルの策定が求められます。

　(e)　上記体制の実効性を確保するための仕組み　　日常の業務を習熟するに際しては，定められた作業マニュアルについての教育を座学で受けたうえで，OJT（on the job training）によって習熟するプロセスが一般的ですが，リスクマネジメントの世界ではOJTという機会が頻繁には訪れることがありません。したがって，各種危機管理マニュアル啓蒙のための教育と，実際の危機発生場面を想定したシミュレーション的な訓練の定期実施が不可欠です。また，対策本部を構成する経営層・管理者層と現場が一体となって行うべきものです。

3　事　例

(1)　参考となる事例

　2007年5月30日，A社は部品の不具合から発煙や発火のおそれがあるとして，電子レンジ12機種，冷凍冷蔵庫5機種，電気衣類乾燥機11機種の計28機種，約305万台について，リコール（無償点検と部品交換）を行うと発表しました。家電製品のリコール台数としては過去最大規模であり，リコール費用は数十億円を要したとされています。2005年の石油温風機によるCO中毒事故を受け，過去に「偶発的」と片づけていた事故を改めて分析し，関連性を洗い直した結果，今回のリコールに至ったとされています。なお同社は31日より無料の電話窓口を設置し，消費者からの相談を受け付け始めましたが，コールセンターには電話が殺到したため，1,200人体制で消費者対応を進めました。

今回のリコールに際して，経済産業省は「思い切って発表した姿勢そのものは，新しい時代の企業のあり方として評価していい」と述べ，今回のA社の決断は今後の製品事故対策のあり方に大きな影響を与えました。

また謝罪会見を社長自らが行い，その場ですべての製品を無償で交換することを発表したことで同社の対応は評価され，事故前よりも同社に対する評判は逆に高まりました。

(2) 教訓となる事例

B社が1980年4月から1989年7月までに製造した半密閉式ガス瞬間湯沸器4機種について，排気ファンの作動不良による一酸化炭素中毒事故が1985年から27件発生し，20名が死亡，40名が重軽傷を負っていたことが判明しました。最初の事故は1985年1月に札幌市で2名が死亡した事故であり，その後2005年11月まで長期にわたり各地で一酸化中毒事故が起きましたが，その間，一度も顧客への情報開示は行われませんでした。B社の社長は，2006年7月になって「情報を十分把握できていなかった。経営者としての認識が甘かった。」と非を認め謝罪したものの，製品自体の欠陥は否定し続けました。

一方，8月になって経済産業省は消費生活用製品安全法に基づき問題の機種についてB社に回収命令を出し，10月に警視庁は，同社の当時の社長，管理部長を業務上過失致死傷容疑で書類送検しました。2010年5月には東京地裁が生命の危険を伴う製品を提供する企業として，多くの死傷事故を認識しながら修理業者への注意喚起では不十分，製品回収などの抜本対策を怠ったなどとして当時の社長など2名に有罪判決を下しました[1]。

この事故の影響でB社は，製品が売れなくなり国内生産を3割減産，従業員の人員削減は全従業員の半数以上になったといわれています。

引用判例

☆1　東京地判平22・5・11判タ1328号241頁。

【青島　健二】

Q2 従来のリスクマネジメントと全社的リスクマネジメント（ERM）との異同

事業，品質，労務，環境，災害などの管理は担当部署を決めて既に行っています。これに加えて何か行うべきことがあるでしょうか。

A

> リスク管理を各部門に一任するのは，2つの理由から危険といえます。まず，リスクは必ずしも単一の部門に起因するものでもありませんし，主管部門を明確に決められないリスクもありますので，誰かが総合的に管理をしていかないと管理の抜け漏れが発生します。また，リスクが顕在化し拡大すると，風評の悪化，訴訟の発生，株価の下落など，影響が拡散します。このため，各部門が直接的なリスクを管理するほかに，広報部門や法務部門，財務部門などが派生的に生じるリスクを横串を刺して管理する必要もあります。

解説

1　組織に存在するリスク

(1) 組織に存在するリスクの類型

　組織によっては100以上のリスクが存在しますが，そのリスクを大きくは10ほどのリスクカテゴリに分類することができます。

(a) 自然災害リスク　拠点が立地する国や地域によっても異なりますが，自然災害を日本では「地震・津波・噴火」「台風・高潮」「水災・洪水」「竜巻・風災・落雷」「天候不良・異常気象」にさらに分類できます。地球のプレートが動くことでもたらされる地震・津波・噴火は，一度発生したら甚大な損害を組織全体にもたらしうるものであるという意味で，全拠点・全部門が対

応を考えなくてはならないリスクです。一方，台風・高潮，水災・洪水，竜巻・風災・落雷といったリスクは局地的に損害をもたらす様相を呈しています。たとえば，九州などは毎年多くの台風が通過し，それに付随して高潮や洪水も発生するために頻繁に損害をもたらします。一方，台風は北上するうちに勢力が弱まりますので，北海道に到達しても高潮・洪水などをもたらすのはまれで，甚大な損害をもたらすことは滅多にありません。そのため，全拠点・全部門が必ずしも同じように対応を検討する必要はありません。

　天候不良・異常気象がもたらす組織活動への影響は，他の自然災害とは少し様相が異なります。たとえば食品製造業や商社における買い付け先の天候不順は，調達価格の急激な上昇に直結します。この場合，製造部門や購買部門はリスクへの対応を検討する必要があります。

　(b) 事故リスク　　事故発生のリスクは組織内外双方のハザードに起因するものであり，非常に多くの種類に細分化できます。具体的には「火災・爆発」「停電・インフラ麻痺」「交通事故」「航空機事故・列車事故」「船舶事故」「設備不備による事故」「労災事故」「建設中の事故」「運送中の事故・海賊」「盗難・不法侵入」「放射能汚染・放射能漏れ」「有害微生物・細菌の漏えい・バイオハザード」「ネットワークシステム故障」「コンピュータウイルス・サイバーテロ」「コンピュータデータの消滅」等に分類できます。火災・爆発や労災事故，建設中の事故は，製造業や建設業の現場に多くみられる事故ですので，主として研究開発部門や製造部門・現場において対応を検討する必要があります。一方，交通事故や航空機事故・列車事故，船舶事故などのリスクは，すべての組織構成員が遭遇しうるリスクではありますが，部門や機能によって特殊性がみられるわけではありませんので，共通的に組織構成員の安全を管理する人事部門などがリスクへの対応を検討する必要があります。ただし，運送中の事故・海賊といった，同じ交通に関するリスクであっても，人命安全ではなく貨物の安全に関わるようなリスクについては，物流部門などがリスクへの対応を検討する必要があります。さらに，停電・インフラ麻痺や盗難・不法侵入，放射能汚染・放射能漏れ，有害微生物・細菌の漏えい・バイオハザードについては，社内に起因する事故であれば担当部門や該当拠点がその対策を検討すべきですが，テロ・犯罪組織などが企てた結果，自組織に損害が生じるような性

質のリスクであれば，それは総務部などがリスクへの対応を検討する必要があります。ネットワークシステム故障，コンピュータウイルス・サイバーテロ，コンピュータデータの消滅については，その発生原因に関わらず専門的な対応が可能な情報システム部門などがリスクへの対応を検討する必要があります。

（c）経営リスク　経営リスクとは「敵対的M＆A」や「企業買収・合併・吸収の失敗」「新規事業・設備投資の失敗」「経営者の死亡」「経営層の執務不能」「乱脈経営」「グループ会社の不祥事」「顧客からの賠償請求」「金融支援の停止」などに細分化されますが，これらのリスクに対しては個別の部門や機能だけが対応を検討するだけでは不十分であり，複数の部門が協力する必要があります。敵対的M＆Aとは，買収の対象企業の取締役や親会社の事前の同意を得ずして，既存の株主から株式公開買付け（TOB）などの手法を用いて株式を買い集めて企業を買収することをいいますが，防衛のための手法は株主構成の改善や法的対応など様々あるので，経営層や財務部門，法務部門などが協力して戦略的な対応を検討する必要があります。また，企業買収・合併・吸収は，自らの組織がその規模を拡大しさらなる成長の機会を獲得するための取組みですが，買収資金が当初の予定よりも大幅に上回ってしまったり，買収先企業が隠れた負債を抱えていたことに買収後に気づいた，または人材の獲得を企図して買収したものの，買収後に大量退職してしまったなど，当初の目論見どおりにいかないことがあります。このような事象への対応も買収防衛策と同様に，経営層や財務部門，法務部門，さらには経営企画部門や人事部門などが連携して対応を検討する必要があります。

経営者の死亡や経営者の執務不能というリスクは，いわゆるワンマン経営の組織に多くみられます。カリスマ性の高いトップに率いられている組織では，トップが不在となることで求心力を失い，機能不全に陥ることがありますが，不在に備えてナンバー2を育てようなどという提案を下から行うことはなかなかできませんので，経営トップ自身がそのような事態に備え対策を検討する必要があります。また，乱脈経営やグループ会社の不祥事に対しては，外部からの監視の目を光らせることが必要であり，具体的には社外取締役，社外監査役の導入や独立性・専門性の高い第三者委員会の設置などを検討する必要があります。近年は経営の不祥事に対して，株主が経営層を相手取り，組織に与えた

損害の補償を求める訴訟を起こす事例も増えています。

　(d) 知的財産権に関するリスク　　このリスクには「著作権侵害」や「特許侵害」「商標権侵害」などがありますが，加害者と被害者両方の側面を有しています。加害者の側面については，他者の著作権や特許権，意匠権といった知的財産権を侵害し，相手方から訴訟を提起されるというリスクです。長期間にわたって相手方の著作権を侵害し，かつ自組織がそれにより多額の収入を得ることにつながっていた場合は，賠償金に使用権を加えた多額の費用を求められることもあるので細心の注意が必要です。一方，被害者の側面については，自社の著作権や特許権，意匠権といった知的財産権が侵害され，模倣品などが他社に販売されるようなリスクです。

　これらのリスクについては知的財産部門などが中心となって対応すべきものの，一つひとつの商品やサービスを特定の部門だけで監視していくことは困難ですので，製品・サービスを設計する部門やそれを販売する部門の一人ひとりが監視の目を光らせ，リスクの可能性があれば担当部署へ迅速に報告することも求められます。

　(e) 環境に関するリスク　　環境に関するリスクとは，「環境規制強化」や「環境賠償責任・環境規則違反」「廃棄物処理・リサイクル」などのリスクに細分化されます。地球環境に対する社会の関心は世界的にかつてないほどに高まっており，このリスクも同様に組織にとって重大なものとなってきています。また，規則・規制の内容や廃棄物処理のルールは国や地域ごとに異なるものでありうるので，海外展開しているような組織では，各国の拠点と法務部門，環境対応部門などが連携して対応を検討する必要があります。

　(f) 製品・生産に関するリスク　　このリスクは主として製造業に存在するリスクですが，商社など外部に生産を委託しているような組織でも認識すべきリスクです。具体的には「瑕疵」「製造物責任」「リコール・欠陥製品」などがこれに該当します。瑕疵とは製品に何らかの不具合があることを意味し，製造物責任とは製品を使用した消費者が何らかの損害を被った場合には，製造事業者がその責任を負うことを意味します。また，このような事象の原因は一様ではありませんので，研究開発，設計，原材料購買，製造，物流などの各部門が連携して対応にあたることもときに必要です。

（g）労務リスク　人的リスクともいわれるこのリスクは，「差別（国籍，宗教，年齢，性別）」「セクシャルハラスメント・パワーハラスメント」「労働争議・ストライキ・デモ」「集団離職」「従業員の過労死・自殺」「外国人の不法就労」「感染症」などに細分化されます。差別やハラスメント（嫌がらせ）を告発し，撲滅しようという動きは近年世界的に拡大しており，今や訴訟に発展することも珍しくありません。人事・労務部門が中心となって対策を検討する必要があります。また，従業員の過労死・自殺については，近年増加しているといわれているメンタルヘルス問題と密接に関係していることが少なくありません。このリスクについては，人事労務部門と健康管理部門が連携して対策を検討する必要があります。

（h）コンプライアンスリスク　コンプライアンスとは，そもそも法令順守を意味する言葉ですが，現在はその解釈が広がり，組織内のルールや社会的なモラル・倫理観を遵守することも含めた言葉として浸透しています。法令遵守という意味合いでは「独占禁止法違反・カルテル・談合」「金融商品取引法違反」「会社法違反」「税務申告漏れ」「詐欺・横領・贈収賄」といったすべての企業が留意すべきリスクに加え，「業法違反」「条例違反」など，業種や地域によって留意すべきリスクも存在します。これらの対応は，法務部門や監査部門が中心となって対策を検討する必要があります。

また，社会的モラル・倫理違反としては「プライバシーの侵害」や「役員のスキャンダル」などがあります。プライバシー侵害について，昨今はソーシャルネットワーキングサービス（SNS）上にホテルや店舗にやってきた有名人について従業員が書き込みをするような問題が相次いでいます。これには人事・労務部門と情報システム部門などが連携して対策を検討する必要があります。

（i）財務リスク　「デリバティブ」や「取引先の倒産」「格付けの下落」「不良債権・貸倒れ」などに細分化されます。デリバティブとは，株式，債券，預貯金・ローン，外国為替などの金融商品のリスクを低下させたり，リスクを覚悟して高い収益性を追求する手法として考案されたものですが，ときに多額の損失を出すことがあります。これについてはポートフォリオなどの手法を用いて，資産運用部門がリスクを分散させる必要があります。また取引先の倒産

Q2　従来のリスクマネジメントと全社的リスクマネジメント（ERM）との異同 | 13

や不良債権・貸倒れについては，与信管理ルールを財務部門などが設定し，厳格に運用している必要があります。この際，取引先と日々接している営業部門や財務部門が連携して取り組む必要があります。

(j)　マーケティングリスク　マーケティング上のリスクには「開発製品の失敗」や「市場ニーズの変化」「価格戦略の失敗」などがあります。これらのリスクは市場を正しく認識できなかったことにより発生するリスクですので，日頃よりマーケティング部門や営業部門，コールセンター部門などが顧客の変化を敏感に読み取り，互いに連携することでその予防に努めることができます。

(k)　政治リスク　その国における政治の変化は事業の継続に大きな影響を与えますので，その動向を見極めることは組織にとって大変重要です。たとえば発展途上国では当初，外貨を獲得する，または外国の技術を国内に伝播させるために，外資に対して法的・制度的・税制的側面から様々な優遇策を講じます。一方，ある程度国内産業が育成されると，今度は国内産業の保護に転じるため，競争関係になりうるような外資の参入を法的・制度的・税制的側面から規制します。よって，法務部門や海外現地法人などは，その国の動向をモニタリングし，変化の兆候が見られた場合はその国における事業のあり方を再検討するなど，対策を検討する必要が生じます。これらは「法律の制定・制度改革・税制改革」に関するリスクとして整理できます。

一方，「戦争や内乱の発生」などは事業の停止に直結する大きなリスクです。いうまでもなく，組織構成員の安全はすべてに優先しますので，安全が脅かされた際は事業の停止を余儀なくされます。これらについては，人事部門などが従業員の安全を確保するための対策を検討する必要があります。

(l)　経済リスク　経済リスクには「経済危機」や「景気変動」「株価変動」「為替変動」「金利変動」「地価変動」，さらには「原料・資材・原油の高騰」などがこれに該当しますが，これらの多くは政治リスクと同様に，基本的には自らが統制できるものではありません。ただし，これらの多くは担当部門である財務部門などが先物取引やオプション取引などを利用して，リスクの低減に努めることができます。

(m)　社会リスク　「テロ・暴動」や「誘拐・人質」といった社会リスクは現在では主として海外で発生するものであり，戦争や内乱と同様に，人事部門

などが従業員の安全を確保するための対策を検討する必要があります。一方「暴力団・総会屋・脅迫」なども社会リスクに含まれますが，これらは自組織として反社会的勢力との交際を自ら断つことが対策のポイントとなりますので，総務部門などが主導して交際の撲滅に努める必要があります。さらに，インターネットが普及しブログや掲示板などを活用して個人が情報を不特定多数に配信できる昨今では，「インターネットを用いた風評（真偽が不明な噂）の伝播」には大いに注意すべき環境にあります。過去には，倒産の噂がインターネットや電子メールにより伝播して，取り付け騒ぎに発展した銀行の例もあります。また，社会的に良くない行動をした企業に対する世間の目も厳しくなってきており，製品開発のために動物実験を行っている企業や，サービス残業を強いている企業，若年者や不法入国者を労働させているような企業に対しては不買運動を起こすような事態が少なからず発生しています。このようなリスクに対しては，広報部門などが日々のネット監視活動を含め，対応を検討する必要があります。

2 全社的リスクマネジメント（ERM）の必要性

(1) 組織横断的に対応すべきリスクの存在

上述のように，企業には数多くのリスクが存在しますが，主体的に対応すべき部門は必ずしも単一の部門に限りません。本社部門と拠点が連携して対応すべきリスクや，本社の複数部門が連携して対応すべきリスクは数多く存在します。また，各々のリスクが「原因と結果」の関係になっているものもあります。たとえば「風評の伝播」が原因となって「集団離職」などが起きることもありますが，これらは風評リスクを管理する広報部門と離職リスクを管理する人事・労務部門の双方が連携すべきものです。このような状況を踏まえれば，単一の担当部門を決めて部門別に管理する手法には限界があることがわかります。そして，おのずと組織として全社的にリスクを管理しようという発想が生まれます。

(2) リスクマネジメントにおける経済合理性の重要性

複数の部門が連携するようなリスクが少なからず存在し，かつ組織全体の

Q2 従来のリスクマネジメントと全社的リスクマネジメント（ERM）との異同

リスクがこれだけ多岐にわたる状況では，すべてのリスク対策を同様に推進することは相当に困難であることがわかります。また，リスクのなかには自組織にとって発生頻度の低いものもあれば，発生しても影響の小さいリスクもありますので，ある程度優先順位をつけて取り組むことが経済合理性の観点からも必要であることがわかります。一方，こうした組織全体のリスクを選別するような取組みは一部門でできることではありませんので，たとえばリスク管理の専門部門が中心となって選別または取組みの優先順位の素案を作成し，経営層が承認するようなプロセスが必要です。このような取組みを総称して，全社的リスクマネジメント（ERM）といいます。

【青島 健二】

第1章 リスクマネジメントの概念と背景

Q3 経営による監督や業務執行におけるマネジメントとの関係

リスクマネジメントは，既存の経営システムや日常のマネジメントとは別に，新しい仕組みを作らなければいけないのでしょうか。

A

> リスクマネジメントは，場合によっては企業の存続にかかわる事象を管理統制する「経営課題」です。したがって，取締役会等，既存の経営管理体制をリスクマネジメントに活用するのは合理的かつ効率的であるといえますが，一方で，経営の目が届きにくい特別な事業形態，または事業状況においては，それとは別に管理の仕組みを構築する必要もあります。

解説

1 リスクマネジメントの要件

不祥事や事故による経済損失やレピュテーション（信用）低下といったリスクが企業価値の急落を招き，被買収も含めた企業存亡の危機へと発展する事例が見受けられます。社員の飲酒運転や積荷の破損といった局所的な不祥事・事故は担当者レベルの過失によりもたらされることが多く，現場の部課長による日頃のマネジメント活動の範囲内で啓蒙・徹底などの予防を図っていくことがリスクを低減させるために肝要かつ適切な方法であると思われますが，組織全体を揺るがす巨額損失や株価暴落・不買運動などをもたらすような危機に関しては，経営層・管理者層が積極的にリスクマネジメントに関与し予防を図っていくことが望ましいといえます。

日頃から経営層・管理者層がリスクマネジメントに関与するためには，企

業としては以下を有することが求められます。

(1) リスクマネジメント委員会
リスクマネジメント委員会とは組織のリスクに係る最高意思決定機関であり，社長またはそれに準ずる職位の者が委員長となります。平時の危機管理の取組みとしては危機管理規程類の策定・改定にかかわる検討や教育・訓練計画の策定，リスク監査結果のレビューなどが挙げられ，また有事には対策本部設置の意思決定を行う機関としての役割を果たします。

(2) リスクマネジメント・ポリシー
リスクマネジメント・ポリシーとは，自社におけるリスクとは何かを定義したうえで，平時の際にすべきこと，有事の際に企業としてどのような優先順位で何をすべきかを危機の種別に拠らず定めるものです。それらは「危機管理規程」や「危機管理基本マニュアル」と呼称する場合もあります。

(3) 緊急時対応マニュアル
有事の際に第一発見者が通報する相手や内容，報告を受けた者が対策本部を設置する際の判断基準，対策本部の組織や職務分掌，時系列で実施していくべきタスク等について定めるものです。緊急時に活用するマニュアルですが，経営層・管理者層が危機発生時に本部長などとして陣頭指揮をとり対処に当たることを日頃から社内に表明する目的もあります。

(4) リスク別または業務別の危機管理マニュアル
地震リスクは予測のできない最も広範囲かつ深刻なリスクであり，対処には最も困難が伴います。よって「地震対策さえしっかりできていれば企業存続は大丈夫」と考えてきた企業は多いですが，昨今では地震に加え，レピュテーションリスク（信用失墜）を危惧する企業も非常に増えています。実際，阪神・淡路大震災や新潟中越地震，東日本大震災では物理的な被災を原因として倒産した上場企業はほとんどないとされていますが，レピュテーションリスクにより経営危機に陥った企業は後を絶ちません。このようにリスク管理は総務部から法務部，さらに購買部や研究開発部などにもその責任が拡大しており，危機管理マニュアルはそうしたリスク別または業務別に策定するマニュアルです。

(5) 上記体制の実効性を確保するための仕組み

　日常の業務を習熟するに際しては，定められた作業マニュアルについての教育を座学で受けたうえで，OJT（on the job training）によって習熟するプロセスが一般的ですが，リスクマネジメントの世界ではOJTという機会は頻繁には訪れません。したがって，各種危機管理マニュアルを浸透させるための教育と，実際の危機発生場面を想定したシミュレーション訓練の定期実施が不可欠です。また，そうした訓練への対応はマニュアルに沿って対策本部を構成する経営層・管理者層と現場が一体となって行うべきです。

2　リスクマネジメント体制

(1) 職能組織におけるリスクマネジメント体制（基本形）

　リスクマネジメントの要件については上述のとおりですが，以後は運用体制について言及します。企業の組織形態は経営トップのガバナンスをどこまで効かせるかといった観点で，社長集中型であったり事業部長分権型であったりと様々ですが，最も単純な組織形態である職能別組織（グループ会社なし，単一事業）でのリスクマネジメント体制について言及し，以後他の組織形態におけるあるべきリスクマネジメント体制との対比を図ることとします。

　職能別組織とは，生産・販売・開発などの職能別に部門化された組織構造であり，勃興後の経過年数の短い新興企業や中小企業などではこうした組織構造がみられます。こうした組織においては，各業務部門における情報は常に部門長より取締役会に直接吸い上げられることから，リスクマネジメント体制は平時の組織を活用することが可能になります。すなわち，「リスクマネジメント委員会＝取締役会」であり，実行組織は「生産リスク所管＝生産管理部」等となります。また，平時のレポートラインは一本であることから危機発生時のレポートラインも同様に「発見者（社員）−課長−部長−担当取締役−社長」等とすることができます。また個別の危機管理マニュアルは「業務別＝部門別」となることから部門長主導で業務別危機管理マニュアルを策定すればよいものと考えます。

(2) ガバナンスの形態に応じたリスクマネジメント体制

(a) 持株会社制度下のリスクマネジメント体制　持ち株会社制度とは，1997年の独占禁止法の改正によって解禁された制度であり，現在は100社以上の上場企業が採用しています。他企業を買収した後の統合が容易であることや，傘下企業への人事制度を含めた委譲が容易であることがメリットとしてありますが，一方で持ち株会社が資本配分の方法などグループ全体の基本方針を決定する程度の機能しかもたないことから，傘下企業の事業内容を把握しにくいといったデメリットもあります。傘下企業に不祥事が顕在し責任の所在が追及される際，最終的には持ち株会社の社長に矛先が向かうことを肝に銘じた体制構築が求められます。こうした組織においては，持ち株会社の取締役会にリスクマネジメント委員会を設置するのはもちろんのこと，各傘下企業にも同様のリスクマネジメント委員会の設置が必要となります。また，持ち株会社と傘下企業の各リスクマネジメント委員会との情報共有の仕組み構築が求められます。具体的には，危機管理マニュアル群は持ち株会社の危機管理マニュアル群の内容と同期をとる形で傘下企業のマニュアル群が作成されるべきであること，また持ち株会社による傘下企業へのリスク監査の実施や定期的なリスクマップ作成，さらには持ち株会社・傘下企業が一体となった教育・訓練の実施が求められます。

(b) 共同事業体（JV：joint venture）のリスクマネジメント体制　共同事業体とは，ゼネコンが大規模な建設工事を行う，または商社が巨大プロジェクトを組成する際に一企業で資金や技術，労働力をまかないきれない場合に，複数の企業が共同で連帯して事業に参加することを指します。また最近ではITベンチャーの設立などにも利用される事業体です。事業リスクの分散という意味ではメリットがある組織形態ですが，責任の所在が不明確になりやすいという課題も同時に背負います。共同出資者はすべて危機発生時に責任を負うものであり，特に出資企業が一般的に名の知れた大企業であれば社会的にもそのように認識されてしまいますが，大企業であっても少数出資企業は当事者意識が薄く，危機発生時には筆頭出資者の陰に隠れてしまいがちです。そうしたケースで後々に共同出資企業であったことが判明すると，「隠蔽体質」であるとみなされマスメディアの格好の標的になってしまいます。こうした組織において

は，筆頭出資企業の危機管理体制に従うのではなく，ＪＶとして危機管理体制を構築することが求められます。具体的には，出資全企業による危機管理委員会がＪＶ内に組成され，筆頭出資企業または実質的なオーナー企業が危機管理委員長を担い，独自の危機管理マニュアルが策定され運用される体制です。また，出資元企業との平時および緊急時の連携方法や連絡先，特に深刻な危機（死亡事故の発生や環境に影響を及ぼす事故，社会的に糾弾されるべき不祥事）が発生した際の，出資元企業によるマスメディア対応なども明記すべきです。

(c) 特別目的会社（ＳＰＣ：special purpose company）のリスクマネジメント体制　　特別目的会社とは，「資産の原保有者からの買い取り，資金調達のための証券発行，譲受資産に関する信用補完，投資家への収益の配分といった特別な目的のために設立される会社のこと」と定義されますが，端的にいえば「ペーパーカンパニー」です。つまり，社長以下役員により構成されますが社員は皆無であり，業務の実行は別会社である運営会社が行うことになります。最近はＰＦＩ（Private Finance Initiative）[*1]事業にＪＶ形態で受託するにあたり，またＲＥＩＴ（Real Estate Investment Trust，不動産投資信託）を運用する投資法人においてもこのような形態が採用されることがあります。こうした「ＳＰＣ運営会社」といったスキームで事業を運営する場合に危機管理上リスクであるのは，危機発生時にＳＰＣが関与していることが判明するだけで「隠れ蓑」「隠蔽体制」といった穿った見方をされてしまう危険性があることです。また，ＳＰＣの経営層の多くは出資元企業との兼任である場合が多く，危機発生時に当事者意識が薄いということがあります。こうした理由により，前述(2)で記載したスキームと同様の体制構築が求められるところです。

(d) 新規事業部門でのリスクマネジメント体制　　新規事業部門におけるリスクマネジメントは非常に難しい課題です。なぜなら，今までに経験したことのない事業であるがゆえに「何がリスクであるか」すらつかみづらいからです。そうした場合，リスクマネジメント体制の一員として外部の専門家を加えることが求められます。たとえば，現在拡大している市場領域の一つとして「医療・介護」領域が挙げられますが，当該ビジネスは事故が死に至るケースが想定されます。そうした場合，オペレーションの不備が多額の損害賠償請求に至る可能性があるということ，またレピュテーションの低下に繋がるという

ことを肝に銘じる必要があります。そうしたリスクがあること，またどのように回避策を講じていくかについては，専門の医療コンサルタントの知見を仰ぐべきです。

注 記
　＊1　公共サービスの提供に際して公共施設が必要な場合に，従来のように公共が直接施設を整備せずに，民間資金を利用して民間に施設整備と公共サービスの提供を委ねる手法。

【青島　健二】

Q4 平時の予防と危機発生時の対応の関係

平時の予防と危機発生時の対応は同じ体制で行うのでしょうか。両者はどのような関係に立つのでしょうか。

A

> 　危機が発生した場合，最も重要となるのが「対応の迅速性と一貫性」です。平時の意思決定プロセスにおける合意形成を重視した，稟議の仕組みは危機対応には適していません。また，危機発生時に部署によって見解が異なるとマスメディア等から「矛盾」などと大々的に批判する傾向がありますので，小さな組織に情報を集中させ一貫性を担保することが求められます。

解説

1　危機発生時に求められる情報収集・伝達

(1) 対策本部活動の目的

　平時の組織機能では局面を打開できない危機が発生した場合，企業では社長直轄の「対策本部」が組成されることが多いです。これは，平時の組織が役員会・部長会等の役職階層別と製造部門・サービス部門等の業務機能別に組成され，大きな組織を体系的に統率するのに適している一方で，組織を超えて情報を流通させること（たとえばボトムからトップへ，またある部門から別の部門へ）や会社としての意思決定を迅速に行うことに不得手であることによります。

　対策本部は基本的に様々な立場の方が一か所に集まって組成されるものです。組織が大規模または他拠点に点在している場合は対策本部を数箇所に分散させて組成する場合もあります。また，被害・影響が甚大である拠点が本社地

区とは場所が異なる場合は,「現地対策本部」「全社対策本部」などと対策本部を分散させる動きもありますが,情報の一元化,判断の迅速化という対策本部の設置目的が曖昧になると,情報の錯綜や意思決定に遅れを生じさせるような問題が発生します。東日本大震災における原発事故対応では,情報の錯綜・未確認・誤認等が相次いでいましたが,これらは事故発生当初に相次いで設置された総理大臣官邸の「原子力災害対策本部」と東京電力本社の「非常災害対策本部」(後にこれらは,「福島原子力発電所事故対策統合本部」に統合),福島県原子力災害対策センター(後に福島県庁内に移転)の原子力災害現地対策本部間の連携のまずさや,たび重なるトップの交代(原子力災害現地対策本部長は3月11日の震災発生から4月6日までに4回も交代)と無関係ではありません。

(2) **対策本部の基本的な役割**

対策本部の役割を端的にいうと,「情報の収集・整理・共有・意思決定・発信」に尽きます。たとえば災害時に収集すべき情報としては,電気・水道・ガス・通信・交通などの公共性の高いインフラの状況や,拠点周辺で発生している火災や混乱の状況など社外の情報がまず挙げられます。これらの情報は,テレビやラジオ,インターネット等から収集し,常に最新の情報に更新することが重要です。一方,社内の情報については各拠点・部署から報告された情報を,人的被害・物的被害・業務状況といった項目に整理し直すことが望ましいです。例えば人的被害については死亡者・重傷者・軽傷者・不明者に整理したうえで,死亡者についてはご家族への連絡がとれているのか,重傷者については応急処置や病院への搬送はできているのか,不明者についてはどのような手段で,誰が捜索をしているのか等,状況のステータスを管理することにより対応の抜け漏れを防止すべきです。特に危機発生直後の混乱した状況下では,対応の抜け漏れは人の生死や二次災害の抑止,業務復旧の巧拙に多大な影響を及ぼすことから特に重要です(よって,大企業の多くは対策本部内に「情報収集班」などという組織を作り,絶えず情報の収集に努める体制をマニュアルで定義しています)。

次に情報共有についてですが,ポイントは各拠点が個別に収集・整理した情報をどのように共有するかにあります。危機発生時に「情報が錯綜する」という事態は,主として現地と対策本部との間で情報の共有が緊密に図られていない結果生じることが多いです。そのため,そうしたリスクを理解している企

業は情報システムの導入等により問題の抑止を企図していますが，危機発生時においては肝心の当該システムが必ずしも有効に機能しないこともあり，多くの企業で少なからず情報の錯綜が発生します。

　災害時の意思決定は，正にトップの危機管理能力が問われます。災害が起きた場合，当日だけでも，意思決定をする場面は対策本部の設置可否に始まり，業務の停止判断や拠点の閉鎖判断，従業員への帰宅可否判断，翌日以降の勤務方針等多岐にわたります。たとえば帰宅可否判断についていえば，東日本大震災は14時46分に発生し，当日の築地での日没予定時刻は17時45分，首都圏の企業トップとしては，「震度5強のため多くの鉄道は点検により不通になるので徒歩帰宅が想定されるが，日没まで3時間程度という状況であり道路は歩行者で渋滞する可能性が高いので，会社から自宅までが5km未満の者にのみ帰宅許可を出し，他の従業員は会社への宿泊を指示」というような意思決定が求められました。しかしながら，このような意思決定すらできず，社内を混乱させた企業も散見されました。また，通信が輻輳または制限された状況下でトップが意思決定した事項をどのように伝達するかも対策本部の重要な役割です。東日本大震災の場合，平日昼間に発生したため，多くの従業員はオフィス内で地震に遭遇し，会社の指示は館内放送もしくは上司から直接聞くことができました。1年365日あるなかで土日祝休日の企業における一般的な勤務日数は250日程度，また24時間のうち勤務時間が8時間程度とすれば，生活において会社に在籍している確率はわずか4分の1弱にすぎませんので，情報伝達の観点では不幸中の幸いといえました。

(3) 危機発生時に顕在化する5つの課題

　過去の危機発生時に起こった問題等を踏まえ，情報収集・伝達上の課題を5つに整理してみました。

　(a) **体制の継続性**　対策本部の設置場所や対策本部長については安全・健康上の問題など相当の事由がある場合を除き早計に変更してはなりません。軽はずみな体制変更は対策組織を不安定なものとし，会社全体を混乱に陥れるだけです。

　(b) **情報収集・整理の組織的実施**　どのような情報を誰が収集し，どのような項目別に整理しどのような手段によりアウトプットしていくのか。また

そのために対策本部で必要な情報機器や備品が何が，何台必要となるのか。これらは平時より定義しておくべきです。

(c) 情報ツールの多重化と使用ツールの一本化　携帯電話や携帯メールが輻輳・制限される状況，さらには衛星携帯電話も輻輳した状況を踏まえ，ＩＰ電話やSkype等のインターネット電話を導入し多重化を図ります。また，情報システムに依存せず，電話による安否確認も行えるような体制を準備しておきます。一方，多重化されたツールは混乱を生むため安易に併用すべきではありません。その時々の状況を踏まえ，利用するツールを早期に一本化するべきです。

(d) トップの練度向上　危機発生時に適切かつ迅速に意思決定する能力はもって産まれたものではなく，訓練を積み重ねることにより向上されるものです。したがって，企業は毎年トップを巻き込んで対策本部訓練を継続実施すべきです。

(e) 被災シナリオのストレステスト実施　危機の内容，日時，地域，規模について様々な状況を想定した被災シナリオを作成し，自社の危機管理マニュアルや事業継続計画（BCP：Business continuity planning）がそれに耐えうるものであるか検証しておくべきです。検証の方法としては，前述の訓練を行うことのほか，客観的な視点をもつ外部企業に点検してもらうことです。

なお情報伝達については，上述した社内向けのほかにステークホルダーへの情報伝達も重要であることを忘れてはなりません。次に，危機発生時の広報対応について具体的に述べることとします。

2　危機発生時に於ける広報対応

広報対応を成功させる要素は「５Ｗ１Ｈ」（いつ・どこで・誰が・何を・なぜ・どのように）に尽きます。以降では広報対応のポイントについて述べます。

(1) 危機発生時に於ける広報対応の目的（Why）

東日本大震災では茨城・福島・宮城・岩手４県が甚大な被害を受けたことにより，製造業をはじめとする多くの企業では東北からの資材・部品等の調達が滞り，被災した以外の地域でも企業活動が停滞するという事態に見舞われま

した。このため，各企業は被災した取引先がいつまで再開できないのか，代替先を検討すべきか否か等の判断に迫られ情報収集に苦慮していましたが，逆にいえば各企業の災害時における積極的な情報発信，言い換えればステークホルダーへの広報活動が社会的使命としていかに重要であるかを示しました。このように，目的意識をもち積極的に対応することは，広報対応の基本といえます。

(2) どのタイミングで広報するのか（When）

第一報は迅速性，第二報以降はステークホルダーの立場で発表のタイミングを検討することで最適な広報発表を実現できます。東日本大震災であれば，3月11日のうちに自社の被災状況を第一報として発表することが求められました。それにより，例えば自社部品を活用して生産活動を行っている取引先は，翌日12日の操業可否判断を11日のうちに決定することができるからです。第二報以降については，新聞などメディアを意識するのであれば朝刊・夕刊の締め切り時刻を意識して発表することで，最新の情報をメディアに取り扱ってもらえます。また，株主を意識すれば週明けの証券取引市場が開く前に最新の被害状況・対応状況を発表することで，信頼を維持することができます。このような着意をもちたいものです。

(3) どこで広報するのか（Where）

記者会見を行う場合には，その情報を入手してもらいたい相手に近い場所に設定することが望ましいです。たとえば自社の被害が特定の地域に影響を及ぼしている状況では，影響を受ける地元（自社の支社や地域の商工会議所，影響の大きさによっては役所）で謝罪の意も込めて実施することが望まれ，全国規模で影響が出るような情報については全国紙等の記者を集め，本社で実施することが望ましいといえます。

(4) 誰が広報するのか（Who）

人命や資産の遺失など，ステークホルダーに深刻な影響が出たことで謝罪を伴うような記者会見では，経営層が会見することが望ましいといえます。一方，状況の経過報告程度であれば，ぶら下がり取材にて広報担当者がコメントするということでも世間の心象は基本的には損ねません。

(5) 何を広報するのか（What）

危機発生時に発表すべき内容は主として「自社の状況」「事業への影響」「復

旧の見通し」の3点に整理されますが，これも受信相手を意識した検討が求められます。たとえば，製造業の「復旧見通し」は取引先にとって最も価値のある情報ですが，地域にとってはそれよりも火災の延焼や危険物の漏えい等，「自社の被害状況」が最も重要な情報となります。

　また，発表内容に対する問合せに備えておくことも必要です。記者会見をする場合には，プレス資料のほかに記者からの質問に答えるための想定Ｑ＆Ａ集を手持ち資料として作成しておき，またそのＱ＆Ａ集は，事後の同様の問合せに統一感をもって対応するために社内の関係者に配布しておくことが望ましいといえます。

(6) どのような手段により広報するのか（How to）

　迅速性が要求される災害発生後の第一報は，自社のホームページ上に掲載するのが適切であろうかと思います。その後，被害規模や影響の大きさにより，記者会見や個別取材の実施を検討するのが一般的と考えます。ただし昨今は，ブログやツイッターなど，情報の拡散効果が大きなメディアもありますので，経営トップが非公式に思いを伝えたい場合などは有効に活用したいものです（たとえば東日本大震災が発生した後，楽天の三木谷浩史社長はツイッターで，自社の節電計画等について「弊社の電気使用40％削減計画 Project 60の実施状況等の簡易版をアップしました。これからさらにホームページを充実し，公開していきたいと思います。」等と発表するなど積極的に活用していました）。

【青島　健二】

Q5 不正や誤謬を防止する内部統制手段

業務上の不正や誤謬を防止する内部統制は，どのような手段で具体的に実現したらよいでしょうか。

A

(1) 内部統制は，意図的なルール違反（不正）と意図的でないミス（誤謬）を特定・統制して，経営目標の達成を合理的に保証する経営管理です。不正の代表例は，横領着服，窃盗，詐欺，業績詐称などで，共謀，架空計上，データ偽装，虚偽報告などの隠ぺい工作を伴います。誤謬の代表例は，適用判断の誤り，計算ミス，事実の見落とし，誤解・思い込みなどによる間違った業務処理です。

(2) 不正・誤謬を防止する内部統制手法には，職務分離，権限者による承認，管理者による直接的管理，情報の取込みの統制，物理的統制（技術的統制），活動実績のレビューなどがあります。不正・誤謬を誘発する要因や内部統制の限界に注意を払い，設計段階と運用段階に分けてポイントを押さえる必要があります。

解説

1 不正・誤謬（ごびゅう）の意味と誘発要因

(1) 不正・誤謬の意味

内部統制は，経営目標の達成を阻害する要因の特定と統制で成り立ちます。この阻害要因の代表格が「不正」と「誤謬」です。不正は意図的なルール違反，誤謬は意図的でないミスという違いがあります。不正の代表例は，横領着服，窃盗，詐欺，業績詐称などで，共謀，架空計上，データ偽装，虚偽報告などの

隠ぺい工作を伴うのが一般的です。一方，誤謬の代表例は，適用判断の誤り，計算ミス，事実の見落とし，誤解・思い込みなどによる間違った業務処理です。また，不正や誤謬は，法令違反，経済損失，レピュテーション低下の要因にもなります。したがって，不正や誤謬を低減する内部統制は，組織のコンプライアンスやリスク管理を実現する手段となります。

(2) 不正・誤謬の誘発要因

不正や誤謬を誘発する要因には，経営者によるもの，事業・業界によるもの，内部統制によるものがあります。経営者によるものとしては，独善・暴走，業績・株価志向，リスク志向，節税志向，厳罰主義などの行き過ぎが挙げられます。また，事業・業界によるものとしては，急激な事業拡張，業績目標の未達成，要員の不足，特定得意先への依存，過剰な競争，談合体質などが挙げられます。内部統制によるものとしては，職務分離，監視・監督，訓練・指導，懲罰などの不足，目標達成のプレッシャー，極端な出来高報酬制などが挙げられます。

(3) 内部統制の限界

内部統制を破ること，すなわち「裏をかく」ことは比較的容易です。不正や誤謬を撲滅する絶対的な手段はこの世に存在せず，内部統制も「合理的な保証」を提供するにすぎません。これを「内部統制の限界」といいます。たとえば，経営トップが違法行為を指示・黙認する，申請する部下と承認する上司が共謀する，要員やコストが削られて半分しか機能しない，といった限界を抱えながら，健全性と効率性の両立を追求しているのが現実の姿です。したがって，経営者と社員全員が倫理観，誠実性，職務能力を備え，実直に仕事する社風や習慣を維持することが内部統制の基盤となります。特に経営トップの倫理観とリーダーシップは組織の内部統制に対して，プラスの方向にもマイナスの方向にも，圧倒的な影響力をもちます。

2 内部統制の手法

(1) 職務分離

(a) 意　　味　職務分離とは，リスクのある行為が一人で完結しないよ

うにするための手段で，垂直分離と水平分離があります。まず，垂直分離は，1つの業務分掌内で実行担当者と承認権限者を分離することです。部下が上司に報告し，上司が点検・承認する手法が典型例です。次に，水平分離は，異なる業務分掌間で処理の依頼者と処理の受任者を分離することです。営業部門が受注し，業務部門が出荷，経理部門が計上・請求する手法が典型例です。

(b) 設計上のポイント　　見落とし，思い込み，誤解は誰にでもありますので，誤った処理結果に至る前に誤謬を指摘・是正する手法として職務分離は有効です。重要な項目をチェックリストなどにして標準化する，内容に問題があるときは，双方の管理者を含め，透明性をもって対応するといったことが設計上のポイントになります。

これに対し，不正については，不正を働きにくくする補助的な効果にすぎないと控えめに評価すべきでしょう。なぜならば，不正を働く人間は，穴を探し，裏をかいて内部統制を破るからです。職務分離は不正を完全には防止できませんが，不正が判明したときに，もし職務分離にすら配慮していなければ弁解の余地はありません。不正は，申請，承認，処理，経理のいずれでも起こりますので，役割と権限を明確にしたうえで，なりすましによる不正入力ができないようパスワード認証などアクセス制御を講じる，処理や経理のプロセスでも上司の目が入るようにする，といったことが設計上のポイントになります。

(c) 運用上のポイント　　設計上は職務分離になっているものの，人事異動や担当変更しているうちに同一人物が兼務するようになってしまい，それを契機に不正が始まる不祥事は後を絶ちません。要員不足や休職者の臨時代行という個別事情があるとしても，当初の設計に代わる牽制装置を手当てしなければ経営の責任を果たしたことになりません。また，牽制役の担当者が，不正や誤謬を排除する職責の重さを理解せず，形式的なチェックで素通りさせてしまう不祥事も数え切れません。担当業務が担う内部統制上の役割の教育や職業的な猜疑心をもって職務に当たる訓練・指導が不可欠です。なお，承認権限者（上司）や牽制役の担当者が虚偽の申請や証憑を見抜けるかどうかは，姿勢，知識，経験に裏づけされたリスク感度に依存します。点検・承認の数を増やすより，実力を備えた人材を要所に配置するほうが合理的といえます。

(d) 小規模な組織の職務分離　　役職員の員数が少なくても，リスクのあ

る行為が1人で完結しないようにする配慮は必要です。たとえば，受発注から処理・経理までの担当部署を分離することができず，1つの課で完結する場合は，管理職が1名であっても内部で担当チームを分ける，もし管理職が受発注寄りの役割であれば担当役員に処理・経理を直接監督してもらうなど，リソースや業務の実情に即した仕組みの整備が求められます。

(2) 権限者による承認

(a) 意　味　権限者の承認とは，組織が定める職務権限や決裁基準に従って部下からの申請を職制として承認する，もしくは合議の可否判断を示すことです。現場に対する牽制力，異常を感知する機会のいずれにおいても，不正に対する内部牽制の代表格です。重要な統制プロセスですから，承認行為の偽造防止，承認なき権限移譲の禁止などは不可欠です。権限者による承認が有効に牽制機能を果たすかどうかは，承認者や合議者が不正リスクをどこまで深く想定し，職務上の猜疑心をもって観察するかにかかっています。

(b) 設計上のポイント　案件の区分や金額などを基準に，組織や事業への影響度に応じて権限者を設定します。最下位の権限者は部門長など組織の責任者とするのが通例ですが，軽微なものは課長などに権限移譲する例もあります。

権限者は，実在性，正確性，正当性，完全性などを確認・検討し，問題があれば修正もしくは再検討を指示し，問題がなければ承認します。検討・確認のポイントは次のとおりです。

① 実 在 性　取引先は実在するのか，仲間うちの架空取引ではないか，購入者が購入する合理性はあるか，支払の意思・能力は事実か，注文は事実か，異常な値引や買戻し特約はないか，採算見込みは粉飾されていないかなど

② 正 確 性　実体に忠実に申請しているか，他の案件と混同しない程度に識別可能か，内容と表現に不一致はないか，関係書類の間に同一性を損なう程度の不一致はないかなど

③ 正 当 性　この販売や購買は必要かつ妥当か，取引内容は与信基準を超えていないか，与信と取引内容に応じた担保が確保されているか，内容物・代金・納入条件・支払条件などは明確か，発生する権利・義務は適切か，契約不履行の場合の責任は許容できる範囲か，計上時期は妥当か，発生費用との関連性は明確かなど

④ 完　全　性　　漏れや重複はないか，1つの案件を意図的に分割申請していないか，契約履行リスクは秘匿されていないか，判断者の注意を喚起すべき事項があれば，それを明記しているかなど

　権限者がこうしたチェックポイントを忘れないよう，事務手引に基づく教育訓練を定期的に実施することが求められます。

(c)　運用上のポイント　　権限者による承認が「形だけの手続」とならないよう，権限者に対する動機づけ，検討・確認スキル向上の機会提供，不適切な承認行為に対する是正指示などを途絶えることなく行うことが不可欠です。動機づけに関しては，株主や債権者の資金を預かっていること，承認印を信用して次工程が進むこと，甘い管理が部下の不正や誤謬を生むことなどを深く認識してもらうのが効果的です。一方，検討・確認スキル向上に関しては，不正事例を題材に，部下の不自然な申請や行動に気づいて事実を調査する設定の行動訓練を通じて，自分がどこまで考えて動く責任を負っているかを理解してもらうことが大切です。

　なお，現在の中間管理職はプレイングマネジャーが基本なので，監視・監督に気持ちを向ける余裕が十分確保できません。端々まで詳細に確認できないとしても，申請者に内容を質問して，「上司から見られている意識」を植え付け，牽制力を発揮することは最低限実施してもらうべきでしょう。

(3)　管理者による直接的管理

(a)　意　　味　　管理者による直接的管理とは，管理者が部下と会話する機会を頻繁につくって，一人ひとりの活動状況，雰囲気，行動に目を配るとともに，日々の報告に疑問があれば質問する，問題があれば是正を指示したうえで結果の報告を求めるといったことをいいます。不正の多くは管理の死角で発生します。誰からも見られない状況や聞かれない状況を作らないことが不正を牽制するうえで重要な意味をもちます。また，疲労・体調不良や家庭内の悩みなどを抱えると，集中力が低下し，重大な誤謬を生む要因となります。この点の注意も必要です。

(b)　設計上のポイント　　特別な対策はありませんが，職場の管理とはどのような仕事かを具体的に教育訓練することが大切です。特に不正を働く人間は，後から考えると，いつもと違う何かの兆候を示していることが少なくあり

ません。したがって，不正のタイプと注意すべき兆候などのテーマで研修を継続するのが効果的です。

　また，人間の心理として，自分の職場や部下に限って間違いは起きないという思い込みがあります。そして，周到な偽装工作は簡単には見抜けません。したがって，管理者一人で牽制するのは限界があると考えること，職場のメンバー一人ひとりに働きかけて，異常に気づいたら上司の耳に入れてくれるように頼むことも大切です。

　(c)　運用上のポイント　　縦横の人間関係が良好で，問題があれば注意しあったり，上司に報告したりできる職場を作ることが不正や誤謬の歯止めになります。そうした風通しのよい職場作りを方向づけて支援することが，長い目でみれば，リスクに強い組織の育成につながります。さらに，リスク管理を仕事と切り離さず，むしろ，正しく効率的に仕事をする職場の改善活動として運用することが現場に浸透させるコツといえます。

(4)　情報の取込みの統制

　(a)　意　　味　　情報の取込みの統制とは，業務の処理プロセスではいろいろなチェックや確認を施して，そうした点検に合格した数字や情報だけを伝票，帳簿，情報処理システムに取り込むことをいいます。つまり，情報の正当性，正確性，完全性の保証に力点を置いた内部統制手法です。

　(b)　設計上のポイント　　申請者に事前の自己点検を求めることは当然ですが，滅多に行わない点検であれば，結果のバラツキが避けられません。そこで，チェックや確認を特定の部署や担当者に集めることによって，組織としての点検品質の維持向上を図ります。一般的な対策措置は次のとおりです。

　①　情報の正当性を保証する仕組み　　取引先の事前審査や与信限度額の管理，専門スタッフを交えた検討，権限者の承認，情報システムのアクセス・コントロールなど

　②　情報の正確性を保証する仕組み　　書式・手続の標準化，データ処理のIT化，付属書類・証憑との照合，ダブルチェック，関連部門へのフィードバックなど

　③　情報の完全性　　連番管理，追跡を可能にする手段など

　(c)　運用上のポイント　　点検の担当者が新旧交代したり，業務を外部に

アウトソーシングしたりするなかで，書いていないことはチェックしない，そもそも業務の位置づけや影響を理解していない，という状況が生まれ，そこから不正や誤謬を許してしまう不祥事が少なくありません。点検業務の担当者と管理者に対しては，その業務が担う内部統制上の役割や指摘すべき事項を伝え，組織として点検が機能するよう定期的にメンテナンスする必要があります。また，点検業務の担当部署は組織内で後方・劣位に位置することが少なくないので，組織内で嫌がらせや妨害を受けることなく問題を指摘できるよう，組織トップや管理者がバックアップすることも大切です。

(5) **物理的統制（技術的統制）**

(a) 意　　味　　物理的統制（技術的統制）とは，重要な資金，資産，情報にむやみに人を近づけないための措置をいいます。この統制をＩＴ化すれば，不正なアクセスに対するリアルタイムでの監視やログ情報の取得も可能になります。

(b) 設計上のポイント　　在庫品，有価証券，現預金，貴重品，重要な証憑などについては，倉庫や金庫に施錠・保管する，アクセスできる人間を特定する，受払やアクセスの記録を残す，入室許可を制限する，といった管理手法が代表的です。最近は業務のＩＴ化も進んでいるので，権限者になりすましたり，こっそりデータを改ざんすることも簡単にできるようになりました。そこで，最近の内部統制では，アクセス・コントロール（ＩＤ管理・認証・許可），ウイルス対策，データの改ざん防止など情報システムのセキュリティ対策を一つの大きなテーマとして掲げるようになりました。

(c) 運用上のポイント　　物理的統制（技術的統制）は，それを解除する手続も用意されている場合が多いので，あえて不正を働く人間にとって，それほど堅牢な牽制手段とはなりません。物理的統制（技術的統制）を講じていると安心するのは禁物です。特に，情報システムやデータファイルの管理者など，物理的統制（技術的統制）を解除して例外処理を行う権限をもつ人物による不正が後を絶ちません。統制の解除・再開と解除下での作業は複数の人間で行う仕組みを作る，などの対策が求められます。また，物理的統制（技術的統制）の難しさは，かなりの費用がかかることです。組織の信用を守るための投資として，経営の中長期的視点での判断が必要となります。

(6) 活動実績のレビュー

(a) 意　味　活動実績のレビューとは，計画予算との差異分析等を通じて，部門・チーム・個人の活動実績を職制で確認し，問題点があれば原因・対策を明確にすることをいいます。レビューには，進捗管理や利益管理といった本来の目的に加えて，不正に対する牽制機能の働きがあります。実施の間隔は，日次，週単位，月単位，四半期単位，半期単位，年度単位などがあります。

(b) 設計上のポイント　全員の仕事が誰かの目に触れる機会を作ること，不正を隠蔽した際のほころびである異常な活動や数値を発見することを二次的な目的として，レビューの参加者や頻度を考えます。普段は業務が分掌されていますが，横並びにして突き合せることで不自然さが浮かび上がることが少なくありません。たとえば，営業部門の人員も経費も変化していないのに売上が急激に伸びた，売上の増加とともに売掛金の回転期間が異常になった，営業期末に他社製品の仕入販売が集中している，といった事実があれば，これは架空売上の兆候と捉えて追加調査の土俵に上げます。また，調達部門の取引内容が生産部門の実績と符合しない，特定のサプライヤーとの間で用途や必要性のはっきりしない発注や定期発注以外の不規則な発注が増えた，といった事実があれば，購買担当者による着服の兆候と捉え，やはり追加調査を考えるべきでしょう。

(c) 運用上のポイント　活動実績のレビューを短時間で終了させるため，対計画の進捗やデータの正確性，表現のわかりやすさなどの表面的な指摘で終わってしまうことに注意を払う必要があります。こうした表面的なレビューは，不正を働いても見つからないというメッセージを現場に送るに等しいからです。また，責任の負担や波及を避けるため，望ましくない事項から目を背けるレビューは重大な任務違反です。不正を牽制し，誤謬を見つけて正しい状態に戻すことがレビューの働きであることを，経営から繰り返し伝達することが大切です。

【笹本　雄司郎】

Q6 子会社や取引先に対する管理

子会社・持分会社・出資先や取引先（サプライチェーン）によるリスクマネジメントについては，どこまで監督・関与する義務や社会的責任がありますか。

A

(1) 子会社については，予防・監視体制の整備ならびに顕在化したリスクへの対応の監督に不備があると会社や役員が民事責任を追及されたり，社会的責任の観点から道義的非難を受けてブランドを毀損したりする可能性があります。
(2) 持分会社・出資先のリスクマネジメント体制の整備に出資会社の取締役が直接関与する義務はありませんが，出資価値を毀損する事態を放置すると善管注意義務違反の責任が発生する可能性があります。
(3) 取引先（サプライチェーン）について，調達品の品質・安全性の管理のほか，取引先での問題発生の誘発や無自覚の加担事実がないか，リスクが現実化して供給がストップする危険はないか，といった観点で自社の調達活動を検討する企業が増えています。

解説

1 子会社によるリスクマネジメントへの関与・監督

(1) 内部統制システムの構築
(a) 体制の整備　リスクマネジメント体制は，コンプライアンス体制と並んで「会社の業務の適正を確保するために必要な体制」（会社362条4項6号）

の主要部分です。したがって，大会社である取締役会設置会社の取締役会は「親会社及び子会社から成る企業集団における業務の適正を確保するための体制」（会社則100条1項5号）を基本方針の一部として，子会社固有および親子連係のリスクマネジメント体制の整備を決議し，事業報告書に記載しなければなりません。

また，代表取締役が，取締役会が決議した基本方針を充足する体制を整備すること，取締役会が，代表取締役らの職務執行を監督することは，会社法の解釈として自明といえます。したがって，親会社の代表取締役は，取締役会が決定した基本方針に基づき，子会社のリスクマネジメント体制の整備に関する要求事項を示し，それを充足する整備がなされていること，少なくとも要求事項に反する業務執行がなされていないことを確認する義務があります。

また，取締役および取締役会は，職務執行報告の点検等を通じて，その一連の流れを監督する義務があります。もし，子会社のリスクが現実化して親会社に損害を与える状況において，子会社のリスクマネジメントに対する適切な監督が行われていなければ，代表取締役および取締役の注意義務違反を構成する事実として責任追及の材料となる可能性があります。

なお，株式会社の業務の適正を確保するための体制の決定は，会社法に由来する取締役会の義務なので，同法が定める委員会設置会社と大会社である取締役会設置会社に適用は限られます。しかし，広義のリスク防止体制（内部統制システム）は取締役の善管注意義務に由来しますので，委員会設置会社や大会社である取締役会設置会社以外の企業であっても適用があると考えられています。

(b) 実　務　親会社による「企業集団における業務の適正を確保するための体制」の基本方針は，原則として毎年度検討する必要がありますし，子会社による体制の整備の確認も，取締役会への職務執行報告に組み込んで定例化するのが理想的です。

(2) 関与の程度

(a) 学　説　まず，取締役または取締役会には，リスクマネジメント体制の整備から一歩進んで，子会社の業務の適正を確保する監督義務があるか，という解釈問題があります。現在の学説は，別法人としての独立性や広範な裁

量を理由に，監督義務を否定するのが多数の立場です。会社法制の見直し作業のなかで，多重代表訴訟制度の代替策として，子会社に対する監督義務の明文規定を設ける案が検討されましたが，経済界の反対で見送られ，多重代表訴訟制度の導入案に一本化された経緯があります。

　しかし，親会社の取締役または取締役会は，なにも監督しなくてよいということではありません。子会社のリスクを常時監督する義務を負わないとしても，親会社または企業集団に，企業価値の低下を含む重大な損害を与えかねない具体的な事実がある場合には，事実の調査，適正な対処の要請・監視などの作為義務が生じ，これを履行しなければ善管注意義務違反にあたる可能性があります。

　(b) 実　　務　　実務では，親会社と子会社との間で報告ルールを設け，重点管理リスクについては定点観測と定期報告を，その他のリスクについては一定の基準に該当するリスクの適時報告を子会社に求めるのが一般的な方法です。

　ここでのポイントは，子会社からのリスクの報告に対して親会社の代表取締役や業務担当取締役が適切に判断・対応するプロセスが，合理性，専門性，透明性をもって整備されているかどうかです。親会社の役員の責任が問われた事例の多くは，親会社にも重大な影響が推測されるのに十分な調査もせずに漫然と対応したケースや事実を隠ぺいして責任を回避しようとしたケースです。

　もう一つのポイントは，その子会社と親会社の一体性の濃淡です。子会社は「財務及び事業の方針の決定を支配されている会社」（会社則3条）ですが，子会社取締役が独自の経営判断を行う余地がないほど親会社が厳格に支配しているなどの特別な事情があれば，親会社の取締役に責任が及ぶ可能性はあります。その子会社が事業部門の実質的な一部である，役員の大半が親子兼務である，重要な業務執行は親会社が合議している等の事情があれば，実質的には親子一体の組織と評価される可能性が高いと考え，親会社の組織の一部と位置づけたリスクマネジメント体制を検討するのが安全です。

(3) **判例・裁判例**

(a) 野村證券株主代表訴訟事件[☆1]

① 野村證券の100％孫会社が米国証券取引委員会規則違反を理由に課徴金

を納付し、野村證券に損害を与えたとして、同社の株主である原告が株主代表訴訟を提起しました。
② 裁判所は「親会社の取締役は、特段の事情のない限り、子会社の取締役の業務執行の結果子会社に損害が生じ、さらに親会社に損害を与えた場合であっても、直ちに親会社に対し任務懈怠の責任を負うものではない」とし、親会社取締役に子会社を監督する責任は原則としてないと判示しました。

(b) 福岡魚市場事件[☆2]

① 完全子会社（食料品販売）が一種の架空循環取引で不良在庫を膨らまして返済不能状態にあるにもかかわらず、親会社（食料品加工）の取締役3名（子会社の取締役・監査役も兼務）が救済融資、債務保証、債権放棄、その後の新規貸付によって同社に約18億円の損害を発生させたとして、親会社の株主である原告が損害賠償請求訴訟を提起しました。

② 裁判所は、(i)不良在庫の報告を受けて調査委員会を立ち上げながら原因の探求と対処をしなかったこと、(ii)不良在庫と貸付金の急増を知りながら有効な措置を講じず、破綻寸前に差し迫ってから救済融資を行ったこと、(iii)子会社の再建計画もなく回収不能が当然予測されるのに融資や貸付を続けたことは、忠実義務違反もしくは善管注意義務違反が明らかとして、18億8,000万円の損害賠償の支払を取締役らに命じました。最高裁判決では高裁の判断がほぼ維持されましたが、遅延損害金の利率と起算日の判断に誤りがあるとして、遅延損害金の請求に関する部分が破棄され、原審に差し戻されました。

2 持分会社・出資先によるリスクマネジメントへの関与・監督

(1) 基本的な考え方

(a) 取締役の注意義務　持分会社や出資先（事業投資先）は出資会社の企業集団ではありません。したがって、出資会社の責任は、株主の有限責任の範囲に限られ、リスクマネジメント体制の整備について履行義務や監督義務を負

うことはありません。

　一方，出資会社の取締役は，自社の経営において，出資上の注意義務を果たさなければなりません。たとえば，出資先が通常期待される程度の管理体制すら敷いておらず，出資先としての適格性に欠けていることを把握しないで出資したり，途中で異常事態に気づいたものの改善を促したり，出資を引き揚げたりせず，漫然と出資または放置して出資先に損害が生じて，出資会社の保有する株式ないし出資持分の価値が下落する事態が生じれば，出資会社の取締役は注意義務違反の責任を追及される可能性があります。

　(b) 実　　務　　実務では，投資候補先の事業・財務・法務の状況を調査・評価するデューディリジェンスを検討段階で実施するのが通例です。専門家によるデューディリジェンスを実施し，その結果を斟酌して出資判断することによって，出資会社の代表取締役は完全に免責されるわけではありませんが，リスクを見落とした点の過失が否定または軽減される可能性が高くなります。

　出資が継続している段階では，基本的には株主に対する通常の情報開示の範囲でリスクを検討することになります。異常な兆候を知ったときは，議決権または発行済株式の100分の3以上の数の株式を有する株主であれば，会計帳簿閲覧請求権（会社433条）を行使できます。

　出資会社が自社の指名する社外取締役や社外監査役を出資先に送りこんでいる場合は，リスク情報へのアクセスは向上しますが，反面，当該役員や出資会社が知りえたリスク情報への対応を誤り，出資会社に損害を与えると出資会社の代表取締役および取締役は注意義務違反の責任を追及される余地が増えることになります。

(2)　関与の程度

　(a) 学　　説　　出資会社の取締役および取締役会は，持分会社や出資先（事業投資先）のリスクマネジメント体制の整備に対して直接関与する義務を負いません。

　出資会社の代表取締役には，取締役の善管注意義務を尽くしたといえる次の経営行動が求められます。

　① 経営者に通常期待される水準以上の合理的な方法・結果のリスク評価（デューディリジェンスなど）を行い，必要な場合は計画の中止またはリス

ク軽減措置を決定・実施する。
② 出資後に出資価値を毀損する具体的なリスクを知りえたら，出資先の代表取締役に説明を求め，それでもリスクを払拭できなければ，出資価値を守る適切な善後策を講じる。
③ 上記①②のいずれも，「経営判断の原則」に照らし，(i)意思決定の前提となる事実関係について十分な調査を行い，(ii)その調査結果である事実関係をもとに合理的に判断すること。

(b) 実　　　務　デューディリジェンスは，専門の公認会計士・弁護士に依頼するケースもありますし，社員による調査チームを編成して実施するケースもあります。実務では，出資比率・出資額を基準に，実施の要否や専門性・深度・粒度を選択するのが通例です。

調査の結果は，業種・業態・規模・社歴・事故歴等を勘案し，合理的に予見可能なリスクを網羅することが，また調査の方法は，客観性・透明性・専門性を備えることが必要です。

デューディリジェンスの結果，懸念される事項が払拭できなければ，その不存在等について出資先に表明保証を求めるのが安全です。出資価値を毀損しないよう，頻繁な情報提供を契約で義務づけたり，管理ノウハウを任意に提供したりする対処も考えられます。

善管注意義務違反とならないよう，デューディリジェンス以外に注意すべきは次の点です。
① 出資の目的と当面の到達目標を明確にして出資を決定します。この点が曖昧ですと，実施後に自社ポジションのリスクが評価できません。
② 出資先の経営状態のみならず，出資を引き揚げる場合の方法・条件を明確にしたうえで，出資を決定します。方針の食い違いや自社の財務状況の変化などを想定して，ダメージを最小に抑える行動が求められます。
③ 持分会社・出資先の経営に実質的な影響力がある場合や商号・ブランドの使用を許諾している場合は，監督責任を認める方向に解釈される可能性があるので，子会社と同様の対応を検討すべき可能性があります。

(3) 判例・裁判例

(a) 朝日新聞社株主代表訴訟事件[☆3]

① 朝日新聞社が，テレビ朝日に対するソフトバンクによる敵対的買収への対抗策として，ソフトバンク等からテレビ朝日の株式を一般的な評価方法による価額を大きく上回る金額で買い取ったことについて，取締役の善管注意義務に違反し，会社に損害を与えたとして株主代表訴訟が提起されました。

② 裁判所は，いわゆる「経営判断の原則」が適用されることを述べたうえで，取締役，経理・法務部門の担当者，顧問会計事務所および顧問弁護士からなるプロジェクトチームを組織して適正なデューディリジェンスを実施したこと，ソフトバンクが取得金額を下回る価格では譲渡しない意思を表明していたこと，朝日新聞社の長期的経営計画において欠くべからざるものであるという経営判断は合理的であることなどを認定し，経営の裁量範囲を逸脱するものではないと結論して，株主の請求を棄却しました。

3 取引先（サプライチェーン）によるリスクマネジメントへの関与・監督

(1) 基本的な考え方

(a) 取締役の注意義務　発注会社の取締役および取締役会は，子会社でない取引先（サプライチェーン）のリスクマネジメント体制の整備について履行義務や監督義務を負うことはありません。

一方，発注会社の取締役は，自社の企業価値の最大化に貢献する調達戦略，取引先選定，最適な取引条件の確保を怠れば，善管注意義務違反の責任を負う可能性があります。特に，取引先からの供給が途中でストップする事態が生じ，自社の生産・販売活動が維持できず，売上減，人件費，補償，失注等の莫大な損害が発生した場合には，厳しい責任追及が予想されます。

(b) 実　　務　取引先との業務連動性が強いほど，また代替性の利かない取引先であるほど，取引先のリスクは発注会社の事業活動に直接跳ね返りま

す。したがって，会社の調達システムはリスクマネジメントそのものと考えなければなりません。

発注会社の生産・販売活動に影響が生じる取引先のリスクは，財務力，品質・安全性，コスト実現力，生産・物流のキャパシティ，事故・災害対応力，環境配慮，コンプライアンスなどの事項です。発注会社の実務では，次の措置で取引先のリスクによる影響を管理するのが一般的です。

① 調達候補先については，経営者，経営基盤，事業遂行能力，業績動向などを事前審査します。
② 購買開始後は，指定する管理基準の遵守，自主点検の報告，立入監査の同意を契約条件もしくは要請事項として取引先に求めます。
③ 自社の事業継続計画に不可欠な取引先については，自社の要求水準に見合う事業継続計画および事業継続管理の整備・運用を求めます。

このように，リスクマネジメント体制を取引先と共通化できることは，発注会社に多大なメリットを生みます。取引先が主体的にリスクマネジメント体制の整備に取り組む場合，積極的に管理ノウハウ等を提供することも発注会社の利益につながります。

(2) 関与の程度

(a) 学　　説　　発注会社の代表取締役は，子会社でない取引先のリスクマネジメント体制の整備について履行義務や監督義務を負うことはありませんので，違法行為を教唆・幇助する，客観的・外形的にみて発注会社の職務の範囲に属する，などの特別な事情のない限り，株主や債権者から責任を追及される可能性は考えられません。

(b) 実　　務　　製造物責任や危険物質の混入は，最終製品を市場に流通させた発注企業の責任問題になり，ひとたび流通させると市場対策等の膨大な負担となりますので，実務ではこれを優先的な管理事項と位置づけ，徹底的にリスクを排除します。その他の事項は，調達品の必要度，代替性の有無，影響の期間等に応じて，関与の程度を決定します。

近年は，CSR調達という言い方で，取引先に人権尊重・労働慣行・環境配慮・賄賂防止等のサステナビリティ事項（後掲Q46参照）を求める経営行動も拡大しています。

(3) 判例・裁判例

(a) イトーヨーカ堂事件[☆4]

① 高校男子が，自宅で使用した電気ストーブ（中国製）から発生した有害化学物質により神経機能障害と化学物質過敏症の後遺障害が生じたとして，不法行為，債務不履行または製造物責任法3条に基づき，同ストーブを輸入・販売したイトーヨーカ堂に対し損害賠償を求めました。

② 裁判所は，同ストーブから発生した化学物質と健康被害との間には因果関係があり，同型ストーブから異臭が発生するという問い合わせがあることを認識した時点で被害発生を予見可能し，有害物質を調査すべき義務があったとして，販売店の責任を否定した第1審判決を取り消し，販売店の不法行為責任を認めました。

引用判例

☆1 東京地判平13・1・25判時1760号144頁・金判1141号57頁。
☆2 福岡地判平23・1・26金判1367号41頁，福岡高判平24・4・13金判1399号24頁，最判平26・1・30（平成24年（受）1600号）裁判所ウェブサイト。
☆3 大阪地判平11・5・26判時1710号153頁。
☆4 東京高判平18・8・31判時1959号3頁。

【笹本　雄司郎】

Q7 コーポレート・ガバナンス，コンプライアンス，内部統制との関係

リスクマネジメントとコーポレート・ガバナンス，コンプライアンス，内部統制は，どれも重複する部分が多いように感じますが，それぞれどのような関係に立つのでしょうか。

A

(1) 企業の経営はリスク（不確定要素）の予測と事前対応，顕在化したリスクへの対処の連続であり，リスクマネジメント（広義）そのものといえます。

(2) そのなかで，社会の信頼を損なう行動，災害・事故による事業の停止などが起きますと，ステークホルダーに深刻な影響を与えます。

(3) そこで，株主をはじめとするステークホルダーは，倫理観・リーダーシップ・透明性を備えた経営体制を企業活動の大前提として求めます。これがコーポレート・ガバナンスの問題です。

(4) 次に，社会で事業する最低限の条件として，経営判断や役職員の行動が国内法令，内部規則，国際規範から逸脱しないことを求めます。これがコンプライアンスの問題です。

(5) さらに，営利や効率性を追求しつつ健全性も確保する事業運営の内部体制（組織・規程・伝達・監視・是正）の整備を求めます。これが内部統制の問題です。

解説

1　各概念とリスクマネジメントとの関係

(1) **概念の結びつき**

　現代の企業経営は，社会に有益な価値を提供し，持続的な成長（企業の存在理由）を図るべく，公正・透明で効率よく運営される経営体制（コーポレート・ガバナンス）を土台に，法令・社会規範・内部規則の順守（コンプライアンス）を必要条件として，組織・規則・監視の仕組み（内部統制システム）を手段に使って，事業の重大な障害となる不確定要素を適切に予防・対処（リスクマネジメント）することが株主・社会から要請されています。

　設問の諸概念は別個独立のものではなく，相互に結びつきます。以下，それぞれの意味と相互の関係を解説します。

(2) **経営はリスクマネジメントそのもの**

　企業の経営は，なに一つとして確実に予測できない将来に向けて，客観的な市場予測，企業価値を向上する方向づけ，そして目標実現のマネジメントを通じて進められます。そこでは，失敗・損失の可能性，すなわち「リスク」を避けて通れません。むしろ，リスクを乗り越えなければ成長のチャンスはありません。この意味で，「経営はリスクマネジメントそのもの」といえます。

　したがって，企業の成長は，良識ある経営者の合理的なリスクテイクによって実現する，という視点で考えることが基本となります。

(3) **経営管理手法としてのリスクマネジメント**

　企業の経営における「損失の可能性」は，市場・技術・製品のミスマッチ，不況・為替変動・内乱，ブランドの毀損・客離れ，オペレーション能力の不足，事故・天災地変など無数にあります。すべてに等しく経営資源を投下するのは経済的・合理的ではありませんので，企業の持続・成長に重大な障害となるリスクを絞り込み，有効な判断と対策を通じて事業目標の達成を確かにします。現在は，この経営管理手法をリスクマネジメントと呼びます。

(4) 土台としてのコーポレートガバナンス

17世紀の東インド会社設立以来，株式会社制度が歩んできたのは，杜撰な経営や役員・従業員の私利私欲によって企業価値を毀損されるリスクから株主や債権者の利益を守る制度改革の歴史でした。そして，所有と経営の分離，巨大な権力を握るCEOの登場，多国籍企業の増大，経営スキャンダルの続出といった20世紀以降の出来事が，さらに拍車を掛けました。

健全性を保ちつつ効率性を追求する経営が土台になければ，リスクマネジメントもコンプライアンスも，絵に描いた餅に終わります。そこで上場会社を中心に，倫理観とリーダーシップ，執行と監督の分離，透明性と説明責任，内部統制システムなどを備えたコーポレート・ガバナンスが強く求められます。

(5) リスクの評価軸としてのコンプライアンス

情報化社会の進展，自己責任・事後規制社会への転換，企業購買・公的調達・投資家の反応等などが折り重なって，社会が企業を選択する時代が到来しました。特に，消費者・地域社会・投資家の信頼を裏切る行為や，弱い立場の者に過剰な負担を強いる行為には批判が集まり，抗議行動，不買運動，株価低下など，企業の存続を危うくする事態が生じています。そこで，企業行動を社会の目線で見直し，社会の期待や要求とのギャップを埋めるリスクマネジメントが普及しました。これがコンプライアンスの基本的な位置づけです。

(6) 道具としての内部統制

一つの仕事に関与する人間やプロセスが増えれば増えるほど，ゴールと基本手順だけでなく，ミスや不正を防止しながらも全体の効率を維持・向上する仕掛けを考えなければなりません。こうした仕掛けを機能させる組織・規則・監視の組織内の仕組みを総称して「内部統制」と呼び，個々の要素を組み合わせることによって全体として機能するまとまりを「内部統制システム」と言います。つまり，内部統制はリスクマネジメントの主要な道具の一つといえます。

このうち，業務の効率性や目標達成度が伸びない，正しい財務報告が作れない，法令違反や社会とのトラブルを引き起こす，大切な資産が壊されたり盗まれたりする，といった基本事項に関する内部統制は，すべての企業に求められる経営の道具と考えられています。

2　コーポレート・ガバナンス

(1) 概念の概要
(a) 意　味　コーポレート・ガバナンスとは，企業の経営が市場原理や社会規範に則り，公正かつ透明に，社会的責任を果たしつつ実行されるための，経営と株主・投資家との関係を律する枠組みをいいます。

会社の代表取締役や取締役は，会社の事業活動について広範な裁量と権限をもちますが，それらは株主の信任に基づくものです。

(b) 基本的な要請事項　代表取締役や取締役は，広範な裁量と権限をもつがゆえに，地位に固執して不正を働いたり，私利私欲にかられたりする危険を払拭できないことは，株式会社制度400年の歴史からも明白です。

そこで，会社と利益相反する行動を排除し，株主をはじめとするステークホルダーの期待と利益に応え，企業価値を向上させるために，①トップの倫理観とリーダーシップ，②取締役会・社外取締役・監査役（会）による監督，③ステークホルダーに対する説明責任，④適時適切な情報開示による活動の透明性，⑤有効な内部統制などが要求されます。

(c) 規則・基準・ガイドライン　コーポレート・ガバナンスに関する国内外の代表的な規則・基準・ガイドラインには次のものがあります。

① 　OECDコーポレート・ガバナンス原則（2004年改定）
② 　ロンドン証券取引所上場規則「コーポレート・ガバナンスに関する統合規範」（the Combined Code on Corporate Governance）（2003年改正）
③ 　東京証券取引所「上場会社コーポレート・ガバナンス原則」（2009年改定）

また，コーポレート・ガバナンスに関する企業の情報開示ルールには次のものがあります。

① 　有価証券届出書・有価証券報告書の「企業情報：提出会社の状況」の「コーポレート・ガバナンスの状況」内閣府令（企業内容等の開示に関する内閣府令）（2003年改正）
② 　東京証券取引所「コーポレート・ガバナンス報告書」（2006年導入）

な情報開示と説明責任の履行，⑪責任あるリスクコミュニケーション等の内容を盛り込むのが通例です。

これらを基礎に，自社や業界が起こしやすい重大な問題行動を抽出して，重点管理項目として指示・教育・監視を行うのが一般的な取組みといえます。

コンプライアンスの要請事項は，社会の問題意識で刻々と変化しますので，時代と事業環境に応じたメンテナンスが不可欠です。特に，サステナビリティ・CSRで取り上げられるテーマは，数年後には義務的行動と位置づけられることが多いので注意を払う必要があります。

(c) 規則・基準・ガイドライン　コンプライアンス・プログラムの整備に関する国内外の代表的な規則・基準・ガイドラインには次のものがあります。
① 米国の連邦量刑ガイドライン（United States Organizational Sentencing Guideline）（2010年改訂）
② 日本製薬協・コンプライアンス・プログラム・ガイドライン（2011年改訂）

また，コンプライアンス・プログラムに盛り込む要請事項に関する国内外の代表的な規則・基準・ガイドラインには次のものがあります。
① OECD多国籍企業行動指針（2012年改訂）
② 日本経団連・企業行動憲章（2010年改訂）

4　内部統制

(1) 概念の概要

(a) 意　味　内部統制は，経営戦略や計画目標を組織として達成するための仕組みをいいます。わが国では，財務報告やコンプライアンスの内部統制に関する議論が先行したため，内部牽制機能が強調されましたが，もともとは業務を適正かつ効率的に進めるマネジメント手法の側面が重視されていました。それが会計監査の分野で監査領域を画するツールとして利用されたり，経営者の責任減免基準と扱われるようになったことから，現在では経営の適正や健全性を保障する側面が強くなっています。

企業の経営はリスクテイクの連続であり，受け入れるリスクに応じたコン

3 コンプライアンス

(1) 概念の概要
(a) 意　味　コンプライアンスという用語は多義的に使われます。もともとは法令・方針・基準の遵守や違反行為の是正・責任を論じる意味でしたが，現在は，倫理的な価値観をもとにした綱領や行動規準を組織やプロセスに組み込んで市民感覚と経営行動を融合させる意味で使われます。

コンプライアンスは，社会との関係性と組織内部の2つの側面で展開されてきました。

(ｱ) 社会との関係性　インターネット，企業監視ＮＧＯ，不祥事の報道等によって，企業活動について消費者・市民が多くの情報を知るにつれて，その企業が倫理的・誠実であるというレピュテーション（印象・評判）こそが，顧客の選択や従業員の忠誠度を決定づける重要な要素になりました。

また，著名な米国・量刑ガイドライン（1992年）の導入，経営者の注意義務違反の裁判例の増加を背景に，有効なコンプライアンス・プログラム（後述の内部統制システム）を確立すれば経営者の法的責任を減免されるという動機づけが広がり，取組みが促進されました。

(ｲ) 組織内部　ルール違反禁止のコンプライアンスだけでは，法律や規則でカヴァーされない問題やグレーゾーンの判断基準にならず，職場に潜むリスクの早期発見，従業員の自律的判断と地位の安全につながらないという問題意識から，行動規準の提示によって具体的な要求行動を示す活動が普及しました。

近年は，倫理的な価値観によって組織・職場の風通しを改善し，生産性の高い組織づくりやメンタルヘルス対策をコンプライアンスと融合させる考え方が支持を集めています。

(b) 基本的な要請事項　日本企業が作成する倫理綱領や行動規範では，①遵法経営の徹底，②公正・誠実な事業活動，③配慮ある雇用・労働，④人権・多様性の尊重，⑤環境への配慮，⑥適正な情報管理，⑦贈賄・反社会的勢力の遮断，⑧地域社会への貢献，⑨事業進出先の文化・慣習の尊重，⑩積極的

トロールは内部統制システムのなかで実施されます。両者は目的と手段の関係にあって一体として機能しますので，リスクマネジメントの解説では内部統制に言及することが少なくありません。

　(b)　基本的な要請事項　　内部統制システムの目的と枠組みは，米国・トレッドウェイ委員会「内部統制の統合的枠組」(通称ＣＯＳＯ報告書，1992年)に基づいて理解するのが通例になっています。

　ＣＯＳＯ報告書によれば，内部統制は，①効果的・効率的な事業活動，②財務会計報告の信頼性，③コンプライアンスという3つの目的の達成に関して「合理的な保証」を提供することを意図しており，事業体に属するすべての階層の人々が実施しなければならないプロセスと説明されます。

　この全員参加型の内部統制システムは，①統制環境，②リスク評価，③統制活動，④情報とコミュニケーション，⑤監視活動の5つの要素で構成され，それぞれの要素について具体的な経営管理の仕組みが対応します。

　ＣＯＳＯ報告書における内部統制の統合的枠組みは，業務やビジネスの環境変化，業務や報告目的の拡大等を受けて，2013年に大幅改訂されました。改訂版は，オリジナルの考え方に立脚しながら，5つの構成要素と17の原則，各原則のポイントからなります。

■2013年に改訂された内部統制の統合的枠組み

構成要素	原　　則
統制環境	(誠実性と倫理的価値観に対するコミットメントの表明) 原則1：組織体は，誠実性と倫理的価値観に対するコミットメントを表明する。
統制環境	(監督責任の遂行) 原則2：取締役会は，経営者から独立していることを表明し，かつ，内部統制の整備および運用状況について監視を行う。
統制環境	(組織構造，権限および責任の確立) 原則3：経営者は，取締役会の監督のもと，内部統制の目的を達成するために組織構造，報告経路および適切な権限と責任を構築する。
統制環境	(能力に対するコミットメントの表明) 原則4：組織体は，内部統制の目的に合わせて，有能な個人を惹きつけ，育成し，かつ維持することに対するコミットメントを表明する。

統制環境	（説明責任の強化） 原則5：組織体は，自らの目的を達成するにあたり，内部統制に対する責任を個々人にもたせる。
リスクの評価	（適切な目的の明示） 原則6：組織体は，内部統制の目的に関連するリスクの識別と評価ができるように，十分な明確さを備えた内部統制の目的を明示する。 ―業務目的 ―外部財務報告目的 ―外部非財務報告目的 ―内部報告目的 ―コンプライアンス目的
リスクの評価	（リスクの識別と分析） 原則7：組織体は，自らの目的の達成に関連する組織全体にわたるリスクを識別し，当該リスクの管理の仕方を決定するための基礎としてのリスクを分析する。
リスクの評価	（不正リスクの評価） 原則8：組織体は，内部統制の目的の達成に関連するリスクの評価において，不正の可能性について検討する。
リスクの評価	（重大な変化の識別と分析） 原則9：組織体は，内部統制システムに重大な影響を与えうる変化を識別し，評価する。
統制活動	（統制活動の選択と整備） 原則10：組織体は，内部統制の目的に対するリスクを，許容可能なレベルまで低減するのに役立つ統制活動を選択し，整備する。
統制活動	（テクノロジーに対する全般統制の選択と整備） 原則11：組織体は，内部統制の目的の達成を支援する（IT）テクノロジーに関する全般的統制活動を選択し，整備する。
統制活動	（方針と手続の展開） 原則12：組織体は，期待されていることが何であるかを明確にした方針，および，その方針を実行に落とし込む手続を通じて統制活動を展開する。
情報と伝達	（関連性のある情報の利用） 原則13：組織体は，内部統制が機能することを支援する，関連性のある質の高い情報を獲得し，もしくは作成して利用する。

情報と伝達	（組織内のコミュニケーション） 原則14：組織体は，内部統制を機能させるために必要な，内部統制の目的と内部統制に対する責任を含む情報を組織内部に伝達する。
情報と伝達	（外部とのコミュニケーション） 原則15：組織体は，内部統制の機能に影響を与える事項に関して，外部の関係者との間で情報伝達を行う。
監視活動	（日常的評価／独立的評価） 原則16：組織体は，内部統制の構成要素が実在し，機能していることを確かめるため，日常的評価および／または独立的評価を選択し，適用および実施する。
監視活動	（不備の評価と伝達） 原則17：組織体は，しかるべき立場にある上級経営者および取締役会を含む是正措置を講じる責任を負う者に対して，適時に内部統制の不備を評価し，伝達する。

(c) 規則・基準・ガイドライン　内部統制に関する国内外の代表的な規則・基準・ガイドラインには次のものがあります。

① 英国・イングランド・ウェールズ勅許会計士協会「ターンバルガイダンス」(1999年)
② 米国・トレッドウェイ委員会「内部統制の統合的枠組」(2013年改訂)
③ 経済産業省・リスク管理・内部統制に関する研究会「リスクマネジメントと一体となって機能する内部統制の指針」(2003年)
④ 米国・トレッドウェイ委員会「統合リスク管理（ERM）」(2004年)

【笹本　雄司郎】

Q8 株主が求めるコーポレート・ガバナンス

リスクマネジメントに関する会社法上の制度や上場会社適用ルールにはどのようなものがありますか。

A

(1) 上場会社のリスクマネジメントの基盤の一つとなるコーポレート・ガバナンス体制として，会社法は，株主総会のもとに取締役会と監査役・監査役会を設置するとともに会計監査人を設置することを基本型と定めていますが，上場会社はこれとは別に委員会設置会社の形態を選択することも可能です。加えて，上場会社に適用される金融商品取引所の上場規則では，少なくとも1名の独立役員の確保を上場会社に要求しています。

(2) そのうえで，会社法は，当該株式会社が取締役会決議により定めるべき内部統制システムの一環として，リスクマネジメントのために，取締役・執行役の職務執行に係る情報の保存・管理に関する体制，損失の危険の管理に関する規程その他の体制，取締役・執行役・使用人の職務執行が法令・定款に適合することを確保するための体制，取締役・執行役・使用人が監査役・監査委員会に報告するための体制その他の監査役・監査委員会への報告に関する体制の整備を求めています。これらの体制整備は，企業集団レベルで求められることにも注意が必要です。

(3) このほか，上場会社に適用されるルールとして，金融商品取引法が有価証券届出書や有価証券報告書等における事業上のリスクの開示と，財務計算の適正確保のための内部統制の報告を求めています。また，金融商品取引所の有価証券上場規程により企業行動規範が定められており，不公正取引の防止や反社会的勢力との関係遮断等の遵守すべき事項と，インサイダー取引の防止や反社会的勢力排除などのための体制整備等の望まれる事項（努力義務）が規定されています。

解説

⌈1⌉ 会社法と上場規則の求める上場会社のガバナンス体制

(1) 基本的体制──監査役・監査役会制度と委員会設置会社の選択

　上場会社のリスクマネジメントに関し，その基盤となるのがコーポレート・ガバナンス体制です。会社法は，株式を金融商品取引所に上場する株式会社向けの規律を特に用意していませんが，上場会社は，大会社で公開会社に該当するのが通常です。そのため，上場会社に求められるコーポレート・ガバナンスの基本的体制は以下のいずれかですが，会社法上の基本型は①の体制であり（会社327条1項1号・328条1項），②の委員会設置会社は選択形態となります。
　① 取締役会と監査役・監査役会および会計監査人
　② 取締役会・三委員会と執行役および会計監査人

(2) 基本型としての取締役会・監査役・監査役会・会計監査人設置会社

　(a) 取締役会の役割と留意点　　上場会社の圧倒的多数は，株主総会のもとに，取締役会・代表取締役と監査役・監査役会および会計監査人を設置するガバナンス体制を選択しています。
　この体制では，重要業務執行の決定権限が取締役会に専属する一方，それ以外の業務執行事項の決定権限と業務執行事項全般の執行権限は代表取締役その他の業務担当取締役に帰属します。重要な業務執行事項については独断専行をさせず，取締役・監査役の相互の監視のもとで意思決定を行わせようとする趣旨であり，重要財産の処分・譲受け，多額の借財，支店の設置等，支配人その他の重要使用人の任免，株式・社債の発行等は取締役会の専権事項とされ，代表取締役等に決定権限を委任できません（会社362条4項）。これらを代表執行役その他の執行役に委任できる委員会設置会社に比し，取締役会に多くの決議事項が留保されているわけです。
　ただ，変化の激しい経済環境を前提にすると，あまり取締役会の決議事項を多くすることは，経営判断のスピードを鈍らせるという問題も孕みます。そのため，会社法の要請に反しない範囲で取締役会の決議事項を見直して合理化

し，代表取締役等への業務執行上の決定権の委譲を検討する必要があります。たとえば，各事業部門に関連して行われる資産の入替え（処分・譲受け）や借入れ・債務保証等，事業投資，資金運用等につき，取締役会規程に定める取締役会付議基準を会社の資産規模，事業内容を踏まえて見直し，付議基準を引き上げることを検討することが考えられます。その際，金融商品取引法等に基づく開示規制で用いられている基準を参考に（財務規19条・24条・50条等参照），資産の処分等については総資産の1％を，借入れ等については負債および純資産の合計額の1％を一つの目安とし，取締役会決議を要するか否かの仕切り基準とすることも検討されてよいでしょう。

一方，経営監視機関としては，独任機関である監査役が3人以上必要とされ，その半数以上が社外監査役であることを要します。そのうえで，代表取締役その他の業務担当取締役による業務執行に対しては，その任免権をもつ取締役会による監督と，社外監査役が半数以上を占める監査役・監査役会による，任免権に基づかない監査が行われるわけです。

このうち，第1に，代表取締役等による業務執行に対する取締役会の監督（会社362条1項2号）については，取締役会に上程される事項に限らず当該会社の業務執行全般に及ぶというのが判例の立場です（株式会社マルゼン事件）[☆1]。もっとも，取締役会に上程されない代表取締役等による日常業務の全部につき取締役会が監督をもれなく行うことは不可能です。そのため，下級審レベルでは，取締役会（またはその構成員である各取締役）が代表取締役等の業務執行の内容を知っているかまたは知ることができた等の特段の事情があるのに，これを看過したときに限り，取締役の監視義務違反の責任を認める傾向にあるとされています。これは，業務担当取締役間の担当業務の分掌という会社経営実務を前提に，取締役会が決定した内部統制システムが有効に機能していることを条件として，他の取締役は担当取締役の職務執行が適法に行われているものと信頼することができるという考え方を背景とするものですから，職務分掌の範囲を明確にしたうえで取締役会における定期的な代表取締役等からの報告その他を通じて会社業務全体の状況を各取締役が把握することのできる体制を構築し運用しておけば，基本的に監視義務違反の責任を問われることはないと考えられます。

また，事業活動が子会社等を含む企業集団として行われるケースも少なくないため，取締役会の監督義務ないし取締役会のメンバーとしての各取締役の監視義務を前提とする会社法上の内部統制システムでは，企業集団レベルでの業務執行の適正確保を求めています（会社則100条1項5号）。ただ，取締役会の決議によって定めるのは，あくまでも企業集団としての業務の適正確保のための体制（枠組み）ですから，実際には，これを受けて業務担当取締役が，自らの管轄する領域に属する子会社の業務の適正確保のための具体的監視・監督を善管注意義務の履行として担うことになります。そのうえで，担当取締役から定期的な報告が代表取締役社長および取締役会に対して行われ，必要があれば，親会社の代表取締役社長または取締役会として所要の改善措置を担当取締役に指示し，子会社における業務等の改善が行われるというサイクルを回していくことが必要でしょう。

　以上から，取締役会の業務監督の射程は，会社とその子会社を含む業務の全般にまで及んでいるといえますが，現実には，子会社といっても重要性の程度に違いがあり，親会社としての関与の度合いも異なります。また，子会社にはそれ自体の取締役や監査役が選任され，それら子会社役員の職責において子会社の業務の適正化が実現される仕組みともなっています。それだけに，親会社としては，グループとしての業務の適正確保の方針を定めて，これを各子会社の取締役会や代表取締役等に当該子会社の具体的体制として実施させたうえで，子会社の業務内容，規模の大小等を考慮して重要と考えられる子会社については上記のようなサイクルを回して親会社としても必要な関与を行うことが求められます。その一方で，それ以外の子会社については重要子会社からの報告ほどの頻度ではありませんが，親会社としては一定間隔（たとえば，四半期ごと）の定期報告を受けるものとし，業務執行の適正確保については子会社の取締役・監査役の責任に委ねることで足りるものといえるでしょう。

　(b)　社外取締役の選任へ向けた取組み　　会社法上は監査役・監査役会設置会社には社外取締役の選任は強制されていません。しかし，取締役会の決議が，取締役の利益相反取引の承認等を含む重要業務執行事項を対象として行われますし，取締役会が代表取締役等に対して効果的な監督を行う必要があるだけに，専門的知見や社外者としての視点から助言等を行い経営を監視すること

のできる社外取締役を選任することは有益・有用です。

　こうしたことを踏まえてか，平成24年9月に法務大臣に答申された「会社法制の見直しに関する要綱」の附帯決議では，金融商品取引所の規則において上場会社は取締役である独立役員を1人以上確保するよう努める旨の規律を設けることを求めています。

　東京証券取引所は，これを受けて平成26年2月から，同取引所の有価証券上場規程および同施行規則に定める独立性の高い社外取締役を1名以上確保するよう努めることを求めることとしています。これは努力義務の形の規定ですが，平成25年11月29日に閣議決定された会社法改正法案では，事業年度の末日において監査役会を設置する大規模公開会社であって金融商品取引法により有価証券報告書の提出義務を負う株式会社が，社外取締役を置いていない場合は，取締役（一般的には代表取締役）が当該事業年度に関する定時株主総会において，社外取締役を置くことが相当でない理由を説明しなければならないという説明義務を新設することを提案しています（改正会社法案327条の2）。こうしたルール改正の動向を考えると，社外取締役の選任は法的義務ではないものの，デフォルト・ルール化していきますから，社外取締役を選任していない会社では，なるべく早期に，独立性の高い社外取締役の確保を検討すべきでしょう。

　また，東京証券取引所のルールは，会社法の求める社外取締役の要件よりもさらに絞りをかけた独立役員としての社外取締役を選任することを上場会社に努力義務として課そうとしていますし，会社法改正により社外取締役の要件が厳格化され，親会社や兄弟会社の業務執行者等が社外取締役に就任できなくなります。したがって，既に社外取締役を選任している監査役・監査役会設置会社型の上場会社でも，現任の社外取締役が今後要求される独立性基準に合致しているかどうかを検証し，必要があれば，新基準を満たす社外取締役への交代を検討する必要があるでしょう。

　(c)　監査役・監査役会の役割と留意点・社外取締役との連携　　第2に，監査役・監査役会による取締役の職務執行の監査は，取締役に対する任免権をもたない横の関係による監督となりますが，それでも各監査役には，自社や子会社の業務・財産状況の調査権や違法行為差止権等が付与されていて，そうした権限が法定されていない社外取締役に比べて権限面での法的裏づけがあり，

役割は重大です。監査役・監査役会を設置する上場会社が上記のように，独立性の高い社外取締役を1名以上選任する場合，社外監査役を含む監査役・監査役会と社外取締役とが，代表取締役等による業務執行に対する監督の担い手となりますが，近時の判例では，会社法上の根拠規定がないこと等を理由に，取締役には会社の会計帳簿等の閲覧謄写請求権が認められないとする判断が示されています☆2。

それだけに，社外取締役とすれば，会社の業務財産状況の調査権を明文規定により付与されている監査役と連携し，共同で会社業務の監督にあたる必要があります。監査役・監査役会とすれば，自社の社外取締役との緊密な連携を図り，会社および子会社等の情報を共有し，必要があれば監査役の独自の権限の行使のほか，社外取締役が行使できる取締役会での議決権・提案権の行使を通じて経営の監視を行うことが求められるところです。

(3) **選択肢としての委員会設置会社**

上場会社は，委員会設置会社を選択することもできます。この制度の特徴は，業務執行の担い手となる執行役の任免権を，株主総会で選任された3名以上の取締役で組織する取締役会がもち，それを裏づけとして業務執行の監督を行うため，経営監督の実効性がその分確保されやすいというメリットがあるという点です。また，監査役・監査役会設置会社に比べ，取締役会の決議事項の多くの決定権限を取締役会の決議によって執行役に委任することができますから，意思決定のスピード化が実現する点もメリットといえます。しかも，この体制はアメリカの上場会社のガバナンス体制に倣って導入された経緯があるので，海外，特にアメリカの機関投資家等からは馴染みやすいガバナンスの仕組みです。もっとも，上場会社で委員会設置会社を選択する例は僅少で，制度の普及が進まないという問題がありますが，株主の国際化が進む昨今の状況に鑑みると，上場会社における同制度の導入がもっと検討されてよいと思われます。

ただ，わが国の法制上，委員会設置会社は，取締役会の下部機関として設置され，3名以上の取締役で組織される指名委員会・報酬委員会・監査委員会の各委員会の委員の過半数が社外取締役であることが要求されるにすぎません。これら委員会の委員の任免権をもつとともに執行役による経営を監督する取締役会については，そのメンバーの過半数が社外取締役であることまで要求され

ていないわけです。しかし，取締役会の主たる役割が執行役による業務執行の監督にあることと，本家本元のアメリカはもちろん，制度こそ違いますがイギリス等のガバナンス先進国では経営監督の実効性確保のため，独立社外取締役（アメリカの independent director, イギリスの non‐executive director）が取締役会の過半数を占めることを求められていることを考えると，法律上の要件を最低限とみて，各社の対応により，社外取締役の員数比率を引き上げることを前向きに検討すべきです。

　また，社外取締役の要件については，前述のように，会社法改正によって厳格化の方向にありますから，東京証券取引所の有価証券上場規程の定める独立役員基準を満たすような社外取締役を前もって確保しておくことも，留意すべき点です。

(4) 社外役員の人選・任期更新等

　会社法上，上場会社が社外監査役・社外取締役のいずれかを最低2名は選任する必要があることは上述のとおりですが，監査役・監査役会を設置する場合は今後，最低2名の社外監査役のほかに，1名以上の独立社外取締役を選任することも求められます。それだけに，経営の監視にふさわしい独立性とコーポレート・ガバナンスに精通した人を社外役員としていかに確保するかが，重要な課題となります。

　他方で，わが国の会社法にも金融商品取引所の上場規則にも，社外役員の任期更新に関する特段の制限はありませんから，特定の社外役員が何年間も重任され続けるという例もみられます。任期の長期化と社外役員としての独立性とは必ずしもトレード・オフの関係にはありませんが，特定の会社の社外役員を長期間継続して務めることは，社外者としての独立性を損なうおそれがあることは指摘されてきました。それだけに，会社として社外役員の任期更新（重任）に対して一定の基準を設け，一定の期間をもって社外役員のローテーションを行うことをルール化することも検討されてよいと思われます。たとえば，ローテーションのサイクルを回す一定期間としては，イギリスのコーポレート・ガバナンス・コードが9年という数値を掲げていること（UK Corporate Governance Code B. 1. 1) が参考になり，これを基にわが国の会社法上の取締役や監査役の任期に即して考えると，8年（(社外）監査役の任期2期分）が一

つの目安になります。

2　会社法上の内部統制システム

(1) 内部統制システムの整備

会社法では，大会社に該当する株式会社（委員会設置会社を除く）と委員会設置会社を対象に，株式会社の業務の適正確保のための体制整備について取締役会で決議を行うことを義務づけています。したがって，上場会社は，会社法の定めるところに従い取締役会の決議により，当該会社（親会社や子会社がある場合は，企業集団レベルで）の取締役の職務執行が法令・定款に適合することその他業務の適正を確保するために必要な体制の整備を行う必要があります。

上場会社のなかには大会社でないものが現存しますが，会社法の規定によれば，大会社でも委員会設置会社でもない株式会社は，内部統制システムの整備を取締役会で決議する義務が課されないため，必ずしも同システムを整備する必要がないようにみえます。しかし，内部統制システムそのものが，取締役会およびそのメンバーである各取締役の監視義務を「見える」化したものでもあるため，後に取締役や監査役が株主等から監視義務違反の責任を問われないようにするには，会社の業務内容等のほかに関連するリスクを踏まえた内部統制システムを整備し，必要な改善を施しながら運用することが法的に要請されているといえるでしょう。

いずれにせよ，会社として内部統制システムを整備する際には，企業集団レベルでの対応が求められているため，グループ内部統制システムとして機能するような工夫（たとえば，グループ監査役会の設置等）を施す必要があることも，留意すべき点です。

(2) 内部統制システム構築上の留意点

会社法が求める内部統制システムは，監査役・監査役会設置会社の場合は，以下の要素からなります（会社362条4項6号，会社則100条）。

① 取締役・使用人の職務執行が法令・定款に適合することを確保するための体制

② 取締役の職務執行に関する情報の保存・管理に関する体制

③　損失の危険の管理に関する規程その他の体制
④　取締役の職務執行の効率性を確保するための体制
⑤　企業集団における業務の適正を確保するための体制
⑥　監査役の職務を補助すべき使用人およびその独立性に関する事項
⑦　取締役・使用人から監査役への報告その他の監査役への報告に関する体制
⑧　監査役の監査が実効的に行われることを確保するための体制

　また，委員会設置会社に求められる内部統制システムの要素は，監査役・監査役会設置会社に関する内部統制システムの上記要素と基本的に同様であり，取締役を執行役に，監査役を監査委員会に置きかえればよいものです（会社416条1項1号ロ・ホ，会社則112条）。

　ただ，監査役・監査役会設置会社では監査役の監査を補助する使用人に関する事項が，監査役の求めがある場合に限り取締役会で決議される条件付要素であるのに対し，委員会設置会社では，監査委員会の監査を補助する使用人に関する事項は取締役会が当然決議しなければならないとされている点に違いがあります。

　しかし，一般的に規模が大きく業務範囲も広い上場会社にあって監査役が補助スタッフなしに監査役としての職務を執行することは，実際問題として困難でしょう。その意味でも，監査役・監査役会は，通常は，取締役に対し監査役の職務を補助する使用人とその独立性確保の措置を求める必要があると考えるべきですが，専従者の確保が難しいときは，内部監査部門の有効活用が検討されるべきであり，現にそのような運用が行われるケースが少なくありません。

　このほか，取締役・使用人の職務執行の法令遵守確保やリスク管理のための内部統制システムについては，ひな形的な仕組みがあるわけでなく，各社がその企業規模，業務の内容・範囲，事業地域の広がり等の諸般の事情を総合的に考慮して，自社に適合的なシステムを構築し運用する以外に方法がありません。判例も，内部統制システムの内容については経営判断の問題として位置づけています（大和銀行株主代表訴訟事件）[☆3]。ただ，日本システム技術事件[☆4]では，最高裁が，従業員による架空売上げの計上に対する代表取締役の監視義務が尽くされたかどうかの問題について，通常想定される架空売上げの計上等の

不正行為を防止しうる程度の管理体制を備えていたといえるとして，代表取締役の監視義務違反を否定しています。これを参考にすると，内部統制システムの内容が経営判断の問題であるとしても，通常想定されるリスクをあらかじめ洗い出したうえで，その防止を図る体制として構築されていることが最低限必要であり，その点の注意が必要です。

ただ，その前提として，会社として直面するあるいは直面する可能性のあるリスクについて，代表取締役や各業務担当取締役が情報の収集と分析を行い，それを基に取締役会が主体となってリスク管理規程を含むリスク管理体制を整備するとともに，これを監査役・監査役会が監査を行い検証するという作業を行う必要があります。また，ある時点で会社としての体制整備を行っても，それが完璧であることはまれでしょうし，想定外の新たな事態も生起する可能性がありますから，定期的に取締役会，監査役・監査役会が自社の内部統制システムおよびリスク管理体制を点検して問題点を洗い出し，それを改善して運用するという作業を継続して実施することも肝要です。

3 リスクマネジメントに関する金融商品取引法上のルール

(1) 事業上のリスクの開示

上場会社が直面するまたはそのおそれのあるリスクは，発行する有価証券の価格形成に影響します。そのため，上場会社は，発行開示書類の有価証券届出書のほか継続開示書類の有価証券報告書・四半期報告書および半期報告書において，事業上のリスクの開示を行うことが求められます（企業内容等の開示に関する内閣府令（以下「開示府令」という）第2号様式，第3号様式，第3号の3様式，第5号様式）。

そこで開示される上場会社の事業などのリスクの開示に関する記載例と留意点は，金融庁総務企画局「企業内容等の開示に関する留意事項（企業内容等開示ガイドライン）」（平成25年8月）（以下「開示ガイドライン」という）C・I・1にまとめられています。それによれば，まず「事業等のリスク」の記載例は次の11の事項が例示されています。

① 会社グループがとっている特異な経営方針に係るもの

② 財政状態，経営成績およびキャッシュ・フローの状況の異常な変動に係るもの
③ 特定の取引先等で取引の継続性が不安定であるものへの高い依存度に係るもの
④ 特定の製品，技術等で将来性が不明確であるものへの高い依存度に係るもの
⑤ 特有の取引慣行に基づく取引に関する損害に係るもの
⑥ 新製品および新技術に係る長い企業化および商品化期間に係るもの
⑦ 特有の法的規制等に係るもの
⑧ 重要な訴訟事件等の発生に係るもの
⑨ 役員，従業員，大株主，関係会社等に関する重要事項に係るもの
⑩ 会社と役員または議決権の過半数を実質的に所有している株主との間の重要な取引関係等に係るもの
⑪ 将来に関する事項について

これらは例示ですから，別の事項についても投資家に誤解を生じさせない範囲で会社の判断で記載しても構いません。

また，有価証券届出書や有価証券報告書等では「提出会社の継続企業の前提に重要な疑義を生じさせる事象・状況その他提出会社の経営に重要な影響を及ぼす事象」の開示も行われますが，開示ガイドラインＣ・Ⅰ・2はそのような事象・状況を20項目にわたって例示列挙しています。たとえば，売上高の著しい減少や継続的な営業損失の発生・営業キャッシュ・フローのマイナス，重要な営業損失の計上，債務超過，新たな資金調達の困難性，主要仕入先からの与信・取引継続の拒絶，重要な市場・取引先の喪失，事業活動に不可欠な人材の流出，事業活動に不可欠な重要資産の毀損等，巨額賠償の負担可能性，ブランド・イメージの著しい悪化等です。これらについては，経営への影響も含めて具体的内容の記載が求められることに注意が必要です（開示ガイドラインＣ・Ⅰ・2）。

このほか，上場会社は，一定の重要事実が発生すると，その度ごとに遅滞なく内閣総理大臣に対し臨時報告書を提出する義務があり（金商24条の5第4項），1年間公衆縦覧に供されますが，その対象となる事項のなかには，重要

な災害の発生，一定規模の損害賠償請求訴訟の提訴，財政状態・経営成績に著しい影響を及ぼす事象の発生等が含まれています（開示府令19条，同府令第5号の3様式）。また，金融商品取引所の適時開示ルールにより，上場会社または子会社において，業務提携またはその解消に関する決定，倒産手続の開始申立ての決定，内部統制に重要な不備がある旨等を記載する内部統制報告書の提出に関する決定等が行われたときのほか，災害に起因する損害や業務遂行の過程で生じた損害，上場廃止の原因となる事実，訴訟の提起・判決等，免許の取消しや事業の停止等の一定の事実が発生したときは，適時開示が求められています（東京証券取引所・有価証券上場規程402条1号・2号）。

(2) 確認書・内部統制報告書

　上場会社が直面するリスクの一つに経理不正や有価証券届出書・有価証券報告書等の虚偽記載の問題があります。この種の事態が現実化すると，投資家の被害のみならず当該会社の信用毀損や金融商品取引法の定める上場会社およびその役員等の法的責任（民事・刑事両面）が発生します。ことに，虚偽記載を理由とする会社の責任は現行法では無過失責任とされているので（金商22条・24条の4），不正経理や有価証券届出書・有価証券報告書等の開示書類の虚偽記載を防止する体制の整備は不可欠です。

　そこで，金融商品取引法は，上場会社について，2つの仕組みを用意しています。すなわち，上場会社は，①提出する有価証券報告書の記載内容が金融商品取引法令に基づき適正であることを確認した旨を記載した確認書と，②当該会社の属する企業集団および当該会社に係る財務計算書類その他の情報の適正性を確保するために必要なものとして内閣府令（財務計算に関する書類その他の情報の適正性を確保するための体制に関する内閣府令（以下「内部統制府令」という））で定める体制を整備・構築し，事業年度ごとにこれを当該内閣府令に従って評価した内部統制報告書を，有価証券報告書とともに内閣総理大臣に提出しなければならないというものです（金商24条の4の2第1項・24条の4の4第1項）。

　①については，会社の代表者のほか，最高財務責任者を置いているときはその者の署名も求められますが（企業内容等の開示に関する内閣府令17条の10・第4号の2様式：記載上の注意(4))，代表取締役社長等の確認書への署名をす

ることの責任は重大です。

　また，②の内部統制報告書では，提出会社の代表者（代表取締役・代表執行役）および最高財務責任者（選任されている場合）の署名を付し，財務報告の適正確保のための内部統制の基本的枠組み，当該内部統制に対する評価の範囲・基準日・評価手続，ならびに，評価結果を記載する必要があります（内部統制府令第1号様式）。このうち，第1に，内部統制の基本的枠組みについては，内部統制を整備・運用する際に準拠した基準の具体的名称が含まれています。企業会計審議会が「財務報告に係る内部統制の評価及び監査の基準及び同実施基準」を定めているので，一般的にはこれを準拠基準とし，報告書にも同基準を記載することになります。第2に，内部統制に対する評価結果については次のいずれかを記載することになります（内部統制府令第1号様式：記載上の注意(8)）。

(a)　内部統制が有効である旨
(b)　評価手続の一部が実施できなかったものの内部統制は有効である旨
(c)　重要な欠陥があり内部統制が有効でない旨，ならびに，当該欠陥の内容と期末日までに当該欠陥を解消できなかった理由
(d)　重要な評価手続を実施できなかったために評価結果を表明することができない旨，ならびに，実施できなかった重要な評価手続とその理由

　なお，内部統制報告書については，その重要記載事項の虚偽記載等を理由として，当該会社の役員や監査人が当該会社の株式等の取得者に対し損害賠償責任を負わなければならないとされているため（金商24条の4の6），十分な注意が必要です。

(3) 有価証券届出書・有価証券報告書での内部統制・リスク管理体制の整備状況開示

　このほか，上場会社は，有価証券届出書や有価証券報告書において，コーポレート・ガバナンスの状況に関する事項の開示も求められ，市場や投資家に対し，コーポレート・ガバナンス強化への対応ぶりを明らかにする必要があります。その開示項目のなかに，提出会社のコーポレート・ガバナンスの状況というものがあり，そのなかで，提出会社の内部統制システムの整備状況およびリスク管理体制の整備状況についても具体的かつわかりやすく記載することが求められています（開示府令第2号様式：記載上の注意(57) a，第3号様式：記載上

の注意(37))。

　ちなみに，金融商品取引所が自主規制により上場会社に提出・公開を求める「コーポレート・ガバナンスに関する報告書」（東京証券取引所・有価証券上場規程204条12項1号・211条12項1号・419条1項）でも，内部統制システム（反社会的勢力排除に向けた体制整備に関する内容を含む）の整備状況を開示することが求められています（同規程施行規則211条4項4号・226条4項）。

4　金融商品取引所の定める企業行動規範

(1)　遵守すべき事項

　上場会社は，会社法および金融商品取引法の規律だけではなく，その株式を上場する金融商品取引所の上場規則の適用を受けます。たとえば，東京証券取引所に株式を上場する会社について，同取引所有価証券上場規程は，上場会社に対し投資家保護の観点から遵守すべき事項を規定し，その遵守を求めています。

　これをリスクマネジメントについてみると，コーポレート・ガバナンス関連では，独立役員の1名以上の確保が上場会社の要遵守事項として求められています。監査役・監査役会設置会社では，社外監査役のうち最低1名は独立役員基準を満たすものとすることが，委員会設置会社では，社外取締役のうち最低1名について独立役員を充足するものとすることがそれぞれ必要となりますが，監査役・監査役会設置会社に関しては，今後，独立役員の要件にかなう社外取締役の1名以上の確保が努力義務として追加適用されることになります。

　また，リスク管理関連では，上場会社には，会社の業務の適正確保のために必要な体制整備を決定する義務が課されるとともに，その一環として，役職員にインサイダー取引を行わせてはならないこと，会社としての反社会的勢力との関係を有しないこと，流通市場の機能や株主の権利を毀損すると認められる行為を行わないこと等を遵守義務として課されています（東京証券取引所・有価証券上場規程442条〜444条）。インサイダー取引は会社の情報管理体制そのものの甘さを疑われ，信用を毀損するおそれがありますし，反社会的勢力との関係があることも会社経営の透明性・信頼性を大きく損なう危険がありますか

ら，これらの未然防止は極めて重要な課題といえるでしょう。

(2) 望まれる事項（努力義務）

このほか上場会社は，上場規則による努力義務として，コーポレート・ガバナンスやリスクマネジメントに関して以下の措置をとることが望ましいとされています（東証・有価証券上場規程445条の3〜445条の6・449条・450条）。

① コーポレート・ガバナンス関連：東証・上場会社コーポレート・ガバナンス原則の尊重とコーポレート・ガバナンスの充実への取組み，独立役員が所期の役割を果たすための環境整備，独立役員に関する情報の株主への提供等

② 内部者取引の未然防止に向けた情報管理体制の整備，反社会的勢力による被害の防止のための社内体制整備と反社会的勢力の介入防止等

ちなみに，反社会的勢力による被害の防止のための体制については，犯罪対策閣僚会議幹事会申合せ（平成19年6月19日）「企業が反社会的勢力による被害を防止するための指針」が公表されていますので，これを参照しながら必要な体制の整備を行うことが求められます。

(3) インサイダー取引の未然防止とJ-IRISS登録

上場会社に係るリスクの一つである，役員等によるインサイダー取引については，その未然防止を目的として，日本証券業協会が上場会社の役員情報に関するデータベース「J-IRISS」を開発，運営しています。上場会社がこのデータベースに登録をすることで，自社の役員やその同居者による意図しない内部者取引の未然防止に役立ち，内部者取引防止のための社内体制の実効性を証券会社を通じて担保でき，法令遵守のアラームシステムとして機能する，というメリットを享受できます。この制度への登録は，金融庁や証券取引等監視委員会からも要請があることから，上場会社としてこのデータベースに登録し，内部者取引防止体制の実効性確保に努めることが強く望まれるところです。

引用判例

☆1 最判昭48・5・22民集27巻5号655頁・判タ297号218頁・判時707号92頁。
☆2 東京地判平23・10・18金判1421号60頁。
☆3 大阪地判平12・9・20判タ1047号86頁・判時1721号3頁。
☆4 最判平21・7・9判タ1307号117頁・判時2055号147頁。

【中村　信男】

Q9 判例にみるリスクマネジメントの水準

リスクマネジメントの失敗に関して役員や社員が法的責任を問われた事例にはどのようなものがありますか。

A

> (1) 法的責任が問題となるリスクマネジメントの失敗事例は、会社法に関連するものして、経営判断の失敗に関するものと、法令違反・不正行為の監視義務違反に関するもの、および法令違反等の発覚後の対応の不備に関するものがあります。
> (2) また、金融商品取引法に関する事例としては、同法に基づく虚偽記載責任が問われた事例と、不公正取引に係る責任が問われた事例があります。

解説

1　会社法・民法上の責任が問われた事例

(1) 経営判断の失敗とリスクマネジメントに関する責任

(a) リスクマネジメントと経営判断原則　リスクマネジメントの失敗に関連して会社の役員・社員が法的責任を問われたケースは少なくありませんが、裁判例においては、経営判断の失敗に関する取締役の任務懈怠責任の有無を決する判断枠組みとして、「経営判断原則」が採用されていることは周知のとおりです。これを最高裁が明示したアパマンショップホールディングス事件（以下「アパマンショップ事件」という）[*1]は、親会社（アパマンショップホールディングス）が約67％の株式を保有する子会社を事業再編の一環として完全子会社化するために、同子会社の株式を保有する他の株主（＝加盟店）から当該株式

を当該子会社の設立時の当該株式の払込金額と同額の1株5万円で買い取ったところ，その金額が，監査法人等の算定した価格を大きく上回っていたことから，親会社の株主が同社の取締役の会社に対する任務懈怠責任を追及した事案です。

　最高裁は，被告取締役の責任を否定しましたが，その判旨において，取締役としての意思決定の過程，内容に著しく不合理な点がない限り，取締役としての善管注意義務に違反するものではないと判示して，経営判断原則を採用し，その際，裁判所が取締役の意思決定の過程と内容の両面について審査を行うことを明らかにし，注目されています。同事件最高裁判決は，経営判断のプロセスと内容に著しい不合理性がなければ，経営判断原則を適用し，取締役の責任を否定する考え方ですが，アパマンショップホールディングスの取締役が，同社が株価算定を依頼した監査法人等が提示した非上場子会社の株式の価格を参考にしつつも，これを大きく上回る5万円を買取価格として決定したことについては，当該子会社の完全子会社化の円滑な実施の必要性から合理性があると認定し，裁量の余地を比較的広く認める一方，そのような判断に至るプロセスとしてグループ企業各社の全般的な経営方針等を協議する経営会議での検討を経たことや，弁護士への意見照会を踏まえたことから，不合理な点が認められないと判示しています。こうしたことから，最高裁は，現実には，経営判断のプロセスに著しい不合理がなければ，経営判断の内容に関しては広い裁量を認めており，経営判断の当否に対する司法審査の軸足は依然として経営判断の過程にあるといえるように思われます。

　(b)　ヤクルト株主代表訴訟事件　　経営判断原則を採用する判例法理のもとで，リスクテークの見極めにおける経営判断の当否とこれに対する監視義務の履行の有無が問題とされた事例の一つが，ヤクルト株主代表訴訟事件[☆2]です。同事件では，同社の資金運用担当取締役の資金運用の失敗に係る責任が株主代表訴訟によって追及され，会社の資金運用にあたりリスクのある投資（本件ではデリバティブ取引）を行う場合のリスク管理のあり方が問われました。同事件判決は，取締役会の構成員である各取締役が，代表取締役や業務担当取締役に対する監視義務の一環として，取締役会等の会社の機関において適切なリスク管理の方針を立て，リスク管理体制を構築するようにする注意義務を負うこ

とを指摘しつつも，同体制の内容とその運用が取締役（会）の経営判断事項に属し，その内容等について経営判断原則が適用されることを判示しています。

そのうえで，同事件判決は，①当該リスクが関係する業務を担当する取締役（本件では資金運用担当取締役）は，取締役会等の定めたリスク管理の方針・管理体制に従い，そこで定められた制約に従って業務を執行するとともに，法令・定款・社内規則等を遵守し事前に情報の収集・分析・検討を行って適切な判断をするように努め，会社の財務内容に悪影響を及ぼすおそれが生じた場合には業務執行を中止する等の義務を負うと述べていますが，法令等の違反がなければ，所定のリスク管理体制の範囲内においては相応の裁量が認められるとも説示し，その範囲では経営判断原則が働くことを明示しています。

一方，同事件判決は，他の取締役のうち会社業務の全般を統括する責務を負う代表取締役や事前チェックの職務を負う経理担当取締役等の業務担当取締役は，問題となる業務や取引が会社の定めたリスク管理の方針や管理体制に沿って実施されているかどうかを監視する義務を負うものの，社内の内部統制システムやリスク管理体制に依拠して監視を行えば，特段の事情のない限り，監視義務を尽くしたものとなると判示しています。また，同事件判決は，その他の取締役については，相応のリスク管理体制に基づいて担当取締役の職務執行に対する監視が行われている以上は，特段の事情がない限り，担当取締役の職務執行が適法であると信頼することができ，監視義務違反の責任には問われないと判示し，所要のリスク管理体制を含む内部統制システムが適切に構築・運用されている限りは，信頼の権利が認められ，監視義務違反を問われることはないとするものです。

結局，同事件判決は，資金運用担当取締役について一定の時期以降の職務執行が会社の定めたリスク管理体制（制約事項）に違反すること等を理由に責任を一部認めていますが，その他の取締役や監査役については，上記の判断枠組みに基づき，当該担当取締役によるリスク管理体制違反の事実を発見できなかったことをもって善管注意義務の違反があったとはいえないと結論づけ，責任を否定しています。

(2) **事前の調査，専門家意見の聴取等の懈怠等による責任**

第2に，リスクマネジメントの失敗に関する役員の責任が問題となった事

例には，取締役としての経営判断そのものの当否が問われるケースがあり，前述のアパマンショップ事件[*3]はその一例です。同事件判決は，取締役の任務懈怠責任の追及の場面でその経営判断の当否が問題となった場合には，経営判断原則が適用されることを明らかにしたうえで，取締役としての意思決定の過程および内容の両面において著しい不合理がない限り，取締役の善管注意義務の違反は認められないとする立場を採用しています。

したがって，代表取締役や業務担当取締役がその権限に属する業務を専決執行する場合も，取締役会の決議に基づいて業務の執行をする場合も，法令・定款に従ったうえで，社内規程等に即して対応するともに，必要に応じてデューディリジェンスや専門家への意見照会，専門家からの助言等を通じて必要情報を収集・分析することが求められるところです。また，後日その判断の当否をめぐる紛争が生じる可能性もありますから，経営判断のプロセスや判断根拠を事実に即して記録化し保存しておくことが望まれます。

(3) 違法行為に直面した場合の対応の当否に関する責任

内部統制ないしリスクマネジメントの一つに，全社的な法令遵守の確保があります。会社として法令等の違反が生じないよう取締役・使用人の業務・職務の執行が法令・定款に適合することを確保する体制の整備が当該会社だけでなくグループ企業全体として必要であることは，会社法でも規定するところです。これに関する問題の一つとして，特定の株主や反社会的勢力から不当な要求を会社として受けた場合に取締役等としてはどのように行動すればよいでしょうか。

この問題を扱ったケースの一つが，有名な蛇の目ミシン工業株主代表訴訟事件[*4]です。これは，蛇の目ミシン工業の株主のXが，同社の取締役らを被告として，同社の特定株主Aに対する利益供与を理由に，会社に対する責任を追及した株主代表訴訟事件です。仕手筋として知られ暴力団との関係も取りざたされているAからの脅迫的な言動による理不尽な要求に同社の被告取締役らが屈してしまい，迂回融資の形をとって300億円もの利益の供与を要求してきたことが問題とされたわけです。

このように，実行すると違法と評価される利益供与行為は，この事件のように特定の株主に対するもののほか，反社会的勢力からの不当な要求に応じる

ものも考えられますが，同事件判決は，こうした不当要求に対し会社役員としてどのように対応すべきか，ということについて重要な指針を示しています。下級審判決と異なり，最高裁は，取締役は，株主の地位を濫用した不当な要求に対しては，法令に従った適切な対応をとる義務を負うとしたうえで，被告取締役らは警察に届け出る等の適切な対応をとることを期待できない状況になかったとして，法的責任を認めていますから，この種のケースでは，弁護士への相談を仰ぐとともに警察その他の関係機関の協力も仰いで不当要求に応じないようにすることが求められているといえるでしょう。

(4) **監視義務違反に関する責任**

会社としての法令遵守の確保を含む内部統制システムの体制整備は，取締役の職務執行の監督を職務とする取締役会とそのメンバーである各取締役の監視義務，会社業務全般を統括する代表取締役の監視義務，業務担当取締役の担当事業に係る監視・監督義務，あるいは，監査役の会社業務に対する監視義務を具体化したものです。この体制が適切に構築・運用されていれば，特段の事情がない限り，特定の業務に関しては担当取締役等の職務の執行が適正に行われているものと他の取締役・監査役において信頼することができるという信頼の権利が認められています。

問題は，会社としてどのような体制を構築・運用していれば，取締役等の監視義務が尽くされていると評価されるのかという点です。この点を考えるうえで参考となる判例が，会社に対する責任が問題となり，内部統制システムの体制整備義務の導入のきっかけとなったとされている大和銀行株主代表訴訟事件[☆5]と，取締役の第三者に対する責任が問題となった案件ですが，日本システム技術事件[☆6]，講談社（週刊現代）事件[☆7]です。

(a) **大和銀行株主代表訴訟事件**　まず，大和銀行株主代表訴訟事件は，同行のニューヨーク支店において同行行員が無断・簿外の米国財務省証券の取引を行って損失を出したため，これを隠ぺいするため顧客や同行の所有する財務省証券を無断売却し，同行に約11億ドルもの損害を与えたことについて，同行の株主が，事件当時の代表取締役とニューヨーク支店長の地位にあった取締役については，行員の不正行為の防止と損失拡大の最小化のための内部統制システムを構築すべき善管注意義務を懈怠したことを理由に，その他の取締役

および監査役については，代表取締役らが内部統制システムを構築しているかを監視する義務を懈怠したことを理由に，会社に対する損害賠償を求めて株主代表訴訟を提起した事件です。

大阪地裁は，「健全な会社経営を行うためには，目的とする事業の種類，性質等に応じて生じる各種のリスク，例えば，信用リスク，市場リスク，流動性リスク，事務リスク，システムリスク等の状況を正確に把握し，適切に制御すること，すわなちリスク管理が欠かせず，会社が営む事業の規模，特性等に応じたリスク管理体制（いわゆる内部統制システム）を整備することを要する。」と判示したうえで，こうした体制を会社経営の根幹にかかわる問題と位置づけて，リスク管理体制ないし内部統制システムの大綱の決定は取締役会が行うことを要し，業務を担当する代表取締役等がこれを踏まえて担当部門におけるリスク管理体制を具体的に決定する義務を負うと説示しています。また，その他の取締役ついては，代表取締役や業務担当取締役が上記の体制構築義務を履行しているか否かを監視する義務を負っていること，監査役についても，業務監査の一環として，取締役がリスク管理の体制整備を行っているか否かを監査すべき義務を負うことが併せ判示されています。

(b) 日本システム技術事件　日本システム技術事件は，同社の従業員が営業成績を上げる目的で架空売上げの計上を行ったため，同社の有価証券報告書に虚偽記載がなされ，後日その事実が公表されたことから同社の株価が大幅下落したところ，当該事実の公表前に同社の株式を取得した原告が，同社の代表取締役には従業員らの不正行為を防止するためのリスク管理体制構築義務に違反する過失があり，その結果原告が株価下落による損害を被ったとして，会社法350条に基づく責任を同社に対して追及した事案です。

この事件は，平成16年の金融商品取引法改正前の事案ですから，原告は会社の責任を，代表取締役の不法行為責任を前提に会社法350条に基づいて追及しています。現行法下であれば，金融商品取引法21条の2に基づく無過失責任が同社に生じる可能性がありますが，同条の責任については現在，過失責任化への見直しが検討されています（金融審議会「新規・成長企業へのリスクマネーの供給のあり方等に関するワーキング・グループ報告」（平成25年12月25日）第4章2）。それだけに，同種の事件が現行法のもとで再度起きた場合，少なくとも

上場会社に関する限り，この判決の射程が及ばないことになりますが，今後金融商品取引法の改正により有価証券報告書の虚偽記載を理由とする発行会社の無過失責任についてその過失責任化が実現すると，改めて同判決の射程が上場会社における不正経理に起因する有価証券報告書等の虚偽記載のケースに及ぶことになります。

ともあれ，同事件最高裁判決では，被告会社において職務分掌規程等を定めて事業部門と財務部門を分離したうえで，営業部門とは別に注文書や検収書の確認を担当する部署を設置して，そのチェックを経て財務部に売上報告が行われる体制が整えられていたことや，監査法人と財務部が書面で販売先から売掛金の残高確認を受けることとしていたこと等から，被告会社は通常想定される架空売上げの計上等の不正行為を防止しうる程度の管理体制を備えていたといえるとして，代表取締役の監視義務違反を否定しています。

注意すべきは，同事件最高裁判決が，過去に同様の不正が行われたことがあったなど，代表取締役において問題となった不正行為の発生を予見すべき特段の事情が認められる場合には，代表取締役の監視義務違反の責任が問われる余地のあることを示唆する点です。このことは，リスク管理体制を含む内部統制システムの運用の結果を定期的に検証し，捕捉できなかった不正行為が発生したときには以後の再発防止のための体制見直しの作業を施しているかどうかが重要であることを示していると考えられます。それだけに，代表取締役・業務担当取締役，取締役会，監査役がリスク管理体制等の内部統制システムの有効性の検証を定期的に実施し，必要に応じて見直しを加える作業を継続して行うことが肝要でしょう。

　(c) 講談社（週刊現代）事件　講談社（週刊現代）事件は，同社の発行する週刊誌に元横綱とその妻の名誉を毀損する記事が掲載されたことにつき，被害者である元横綱とその妻が，同社の当該週刊誌の編集長と代表取締役の不法行為責任（代表取締役については，ほかに会社法429条1項所定の取締役の第三者に対する責任も）と同社の使用者責任を追及した事件です。この事件では，原告からの抗議に対し同社から今後は原告に対する取材の機会をもちたいとする回答書を送付していたため，同回答書の送付日時点では，同社の代表取締役は，自社の発行する出版物の掲載記事につき，原告に対する名誉毀損の権利侵害の

危険があることを具体的に認識できたという事情がありました。

そのため，同事件判決は，出版・報道事業にはその性質上，第三者に対する名誉毀損等の権利侵害の危険性が常に伴うので，当該事業を行う会社の代表取締役には業務全般の執行につき責任を負う者として，こうした権利侵害等を生じさせないように注意をする義務があり，名誉毀損等の権利侵害を防止するための実効性のある体制を整備する義務があり，悪意または重大な過失によりこの義務に違反したときには，代表取締役個人の責任が問題となると判示しています。そのうえで，上記のとおり，同社が原告からの抗議を受けたことで代表取締役として名誉毀損の危険があることを認識できたにもかかわらず，その危険が現実化することを防止する体制を整備したことが具体的に明らかにされていないとして，代表取締役の監視義務違反の責任を認めています。

日本システム技術事件と異なり，リスクの発生を認識できたのにそれに対して対策を講じなかったことが，本件の問題の核心といえることから，リスク管理・内部統制システムの不備が認識できるきっかけをつかんだときは，可及的速やかに必要な修正措置を施し，再発の防止に努める努力をすることが必要であるといえるでしょう。

(5) 法令違反等の発覚後の対応の不備に関する責任

前述の講談社（週刊現代）事件も，ある意味では，リスクが現実化した後の対応の不備が問題となった事案といえますが，リスクが現実化したときに，対応が後手に回ることで，取締役等が責任を問われるケースもあります。それが，ダスキン（肉まん）事件[☆8]です。この事件は，未認可添加物が肉まんに混入したことを取引先業者から指摘された同社の担当取締役らが，6,300万円もの口止め料を支払ったうえで，当該事実を公表せず同商品の販売を継続したところ，その事実が発覚し，会社の社会的信用の失墜と損害が発生したため，同社の株主が取締役の会社に対する責任を追及する株主代表訴訟を提起したケースです。

この事件で，大阪高裁は，同社の取締役が，未認可添加物の商品への混入と当該商品の販売継続の事実が取引業者からマスコミに流される危険を十分に認識しながら，それに目をつぶり，会社として積極的に当該事実を公表しないという対応をとったことは，危機対応として合理的とはいえないと厳しく断じ，むしろ経営者としては，重大な違法行為により会社が受ける企業としての信頼

喪失の損害を最小限に食い止める方策を積極的に検討することこそ求められているると判示し，不祥事の隠ぺいを行った取締役の善管注意義務違反を認めています。

公表することが取締役や担当者にとって不都合となる事実は，どうしても隠ぺいされる危険があります。しかし，ダスキン（肉まん）事件を教訓にすれば，その種の不都合な事実は，むしろ一時的には信用低下という不利益が会社に発生し，株価等にも影響する可能性があっても，なるべく早期に，誠実に公表したうえで，会社として善後措置を講じることが必要であり，そうすることで取締役等としての責任負担も回避できるということでしょう。

2 金融商品取引法上の責任

(1) 有価証券報告書等の虚偽記載等を理由とする責任

上場会社では，有価証券報告書等の虚偽記載等を理由とする会社およびその役員の金融商品取引法上の責任が問われるケースが近時散見されます。平成16年の金融商品取引法改正前は不法行為を理由として上場会社とその役員の民事責任の追及が行われていましたが（西武鉄道事件[9]等），同年の金融商品取引法改正により21条の2が新設され，有価証券報告書等の虚偽記載等のケースでは，虚偽記載等のある有価証券報告書等の公衆縦覧の間に当該会社発行の有価証券を募集または売出しによらずに取得した善意の有価証券取得者が当該不実記載等により被った損害につき，上場会社が無過失の賠償責任を負う旨が規定されました。そのため，現在ではこの金融商品取引法上の責任が問われています。その代表事例がライブドア事件[10]と，アーバンコーポレーション事件[11]です。

ライブドア事件は，機関投資家が原告となった訴訟，特定の事業会社が原告となった訴訟，一般投資家が原告となった訴訟に分かれますが，機関投資家が原告となったものについては最高裁の判決が示されています。この事案は，有価証券報告書の重要事実における虚偽記載を行った会社が，これとは別の事実（偽計・風説の流布）に基づき強制捜査の対象となったことが報道されたことで，同社の株価が下落したため，同社の株主が同社に対し，当該虚偽記載に

より損害を被ったと主張して金融商品取引法21条の2所定に基づく責任を追及したケースです。この事件では、検察官が報道機関に対し当該会社について虚偽記載の疑いがある旨の情報を伝達したことが、同条第2項にいう「公表」に当たり、その日の前1年以内の有価証券取得者について損害推定が働く旨の注目すべき判断を示すだけでなく、虚偽記載等と相当因果関係のある取得者の損害のすべてにつき会社が損害賠償の責めに任ずべき旨も判示しており、有価証券報告書等の虚偽記載による発行会社の責任の重さを如実に物語っています。また、アーバンコーポレーション事件でも、虚偽記載等のある臨時報告書・有価証券報告書の提出を行った会社の金融商品取引法21条の2所定の責任が認められています。

　現在、これらの事件にみられるように、上場会社自体が虚偽記載等のある有価証券報告書の提出を理由に責任を追及された場合、因果関係がある限り有価証券取得者の損害を賠償しなければならず、無過失の立証による免責の余地がありません。それだけに、会社とすれば、虚偽記載等を極力防止することに努めることが重要課題となりますが、悪意の有価証券取得者には責任を負わないとされていますから（金商21条の2第1項ただし書）、現に有価証券報告書等に虚偽記載等が認められたときには、なるべく早期にその事実を公表することで、善意の有価証券取得者の範囲を可能な限り限定する措置をとることや会社としての早期対応をとることで株価下落をもたらすインパクトを小さくし、損害賠償負担を小さくすることが必要です。

　一方、有価証券報告書等の虚偽記載がある場合は、金融商品取引法24条の4により、当該有価証券報告書等の提出会社の役員等の損害賠償責任も問題となります。もっとも、この場合の役員の責任は、当該役員が虚偽記載等の事実を知らず、かつ、相当な注意を用いたにもかかわらず知ることができなかったときには、免責が認められます（金商24条の4・22条・21条2項1号）。したがって、当該会社の財務計算の適正確保のための体制の整備につき相応の注意を尽くしている限りは、免責が認められると考えられますから、少なくとも、役員レベルでは、会社法・金融商品取引法の求める内部統制システムを適切に構築・運用することが重要な意味をもってくるわけです。

(2) 不公正取引に関する責任

金融商品取引法に関連して，役員の責任が問われた事例としては，自社従業員のインサイダー取引を防止することを怠ったとして，役員の任務懈怠責任を株主が代表訴訟により追究した日本経済新聞社株主代表訴訟事件[12]があります。この事件では，従業員がインサイダー取引を行い一部につき刑事責任を問われたことから，会社の社会的信用が失墜し，同社のコーポレートブランド価値の一部が毀損されたことについて，当時は取締役にはそのような事態の防止に係る任務の懈怠があるとして，原告株主が，当該取締役を被告として会社に対する任務懈怠責任を追及したものです。

東京地裁は，新聞社としての業務の性質上その従業員が業務遂行上，秘密性のある情報や未公開情報等のインサイダー情報に接する機会が多いことから，当該会社の取締役には，一般に予見できる従業員によるインサイダー取引を防止しうる程度の管理体制を構築し，職責や必要の限度において従業員によるインサイダー取引を防止するために指導監督すべき善管注意義務を負うと述べたうえで，本件では，会社として情報管理体制およびインサイダー取引防止に関する管理体制がとられており，その内容も一般的にみて合理的な体制であるといえるとして，取締役の善管注意義務が尽くされていたと判示しています。

同事件判決は，新聞社の業務の性質に言及して，従業員のインサイダー取引を防止すべき取締役の義務を導いていますが，程度の差こそあれ，従業員のインサイダー取引による信用失墜は一般事業会社でも問題となりうるはずです。その意味では，このケースを教訓にして，上場会社の場合は，構築する内部統制システムにおいて，役員・従業員によるインサイダー取引を防止するための情報管理体制等を具体的に整備することが必要です。また，その一環として，役員等によるインサイダー取引の防止に役立つといわれている日本証券業協会のJ-IRISSシステム（Q8参照）への登録も検討すべきでしょう。

引用判例

☆1 最判平22・7・15判タ1332号50頁・判時2091号90頁。
☆2 東京高判平20・5・21判タ1281号274頁・金判1293号12頁。
☆3 前掲注（☆1）最判平22・7・15。
☆4 最判平18・4・10民集60巻4号1273頁・判タ1214号82頁・判時1936号27頁。

☆5　大阪地判平12・9・20判タ1047号86頁・判時1721号3頁。
☆6　最判平21・7・9判タ1307号117頁・判時2055号147頁。
☆7　東京高判平22・9・29判例集未登載。
☆8　大阪高判平18・6・9判タ1214号115頁・判時1979号115頁。
☆9　最判平23・9・13民集65巻6号2511頁・判タ1361号103頁・判時2134号35頁。
☆10　最判平24・3・13民集66巻5号1957頁・判タ1369号128頁・判時2146号33頁。
☆11　最判平24・12・21判タ1386号169頁・判時2177号51頁。
☆12　東京地判平21・10・22判タ1318号199頁・判時2064号139頁。

【中村　信男】

Q10 リスクマネジメントが重視される背景

リスクマネジメント体制の整備が求められるようになったのはどのような背景からでしょうか。

A

(1) 1980年代まで，リスクマネジメントは，事業上の損害の補填手法，特に保険購入の対象を扱う業務と一般的に考えられていました。

(2) 金融機関では1990年代以降，金融の国際化と自由化を背景に，金融機関の業務の多様化に伴う事件が多発し，新たな種類の事業リスクが次々と認識されたことから，バーゼル銀行監督委員会などによる事業リスク規制が整備されました。

(3) ほぼ並行して，金融機関以外の事業会社でも，著名企業における粉飾決算等の経営スキャンダルが多発したことから，適切なガバナンスのあり方についてガイドライン等が生まれ，上場会社を中心に導入が進みました。

(4) さらに，リスクの移転や受容を財務面で支え，経営の効率性と安定性を支えるリスクファイナンシング手法が充実し，リスクマネジメント体制の整備が現実に可能になったことから，投資家が要求したり，自主的に取り組んだりすることが増えました。

解説

1 リスクマジメントの進化[*1]

(1) 1960から1970年代

リスクマジメントは，保険分野から発達した経営管理の手法です。当初は，いかにして適正な保険を購入するかが実務の中心的な課題でした。経営手法と

してのリスクマネジメントが欧米社会で形作られたのは1960年代と考えられています。

1970年代になると，企業活動の多様化や規模の拡大に伴い，保険が急速に発達・普及しました。急増する保険コストの適正規模をどのように考えるかについて経営の関心が集まるなか，製造物責任，労働災害，環境汚染など企業の社会的責任の高まりに対応する保険を購入できないことへの経営者の危機感も重なって，付保から自家保険（利益処分による準備金）やキャプティブ（保険引受けを目的とした特別目的子会社）の導入が促進されました。

(2) 1980年代

1980年代になると，事業・組織のグローバル化，技術・市場の変化，為替変動など，リスクマネジメントの対象範囲は拡大しました。自家保険を中心にリスクの保有を進めるなか，経営レベルのリスクテイクに関する意思決定を必要とする場面は増えたと想像できますが，その後のリスクマネジメント理論の発展からみれば，事業部門や職能組織が固有のリスクを個別に管理する段階にまだとどまっていたといえるでしょう。

(3) 1990年代以降

1990年代になると，①金融機関の健全性に関する規律の強化，②取締役会によるリスク管理・内部統制の要請，③ライン管理による管理効率の限界等々の背景から，経営トップの主導のもとに，組織横断的にすべての事業活動を対象とする全社的リスクマネジメント（ERM）を導入する事例が登場してきました。これが，現在のリスクマネジメンの原型です。

また，この時代，保険・再保険市場の引受能力の低下に伴い，保険とは比べものにならない規模の資本市場にリスクの移転先を求める動き，たとえば保険とデリバティブを統合した金融商品で対応する手法なども登場しました。

(a) 金融機関の健全性に関する規律の強化　　金融機関のリスクマネジメントでは，貸出判断の与信管理，ならびに資金調達の流動性管理および総合的な資産負債管理（ALM）が伝統的に重視されてきました。1970年代以降，金融の国際化と自由化を背景に，金融機関の業務の多様化に伴う事件が発生し，新たな種類の事業リスクが次々と露呈しました。こうした金融業界の健全化に向けて，取締役会による全社的リスク管理の必要性を説いた民間の実務指針

「G30レポート」(1993年) を皮切りに，国際決済銀行 (BIS) のバーゼル銀行監督委員会による「デリバティブ取引のリスク管理に関するガイドライン」(1994年)，同委員会による自己資本規制 (BIS規制) の段階的強化が図られています。

　管理対象リスクの拡大（信用リスク＋市場リスク＋オペレーショナルリスク），ディスクロージャーの強化，リスクの時価評価の徹底，将来のリスクの数値化などが規制の中心的なテーマとなり，現在も規制が拡大・強化されています。

　(b)　取締役会によるリスク管理・内部統制の要請　　事業会社では，1980年代後半から経営トップの暴走による企業不祥事が各国で続出し，取締役会によるガバナンスやリスクマネジメントの要請が高まりました。その先鞭を切ったのがイングランド・ウェールズ勅許会計士協会「ターンバルガイダンス」(1999年) であると評価されています。

　同ガイダンスでは，取締役会の責任は，企業集団の内部統制が有効に機能するよう方針を示し，必要な手当を講じ，常時監視することにあるとしています。

　(c)　ライン管理による管理効率の限界　　事業会社では，事業の成長やグローバル化が進み，またデリバティブ取引による多額の損失発生など，あらたなタイプのオペレーショナルリスクが顕在化したことから，より高度な水準で経営戦略の実現（経営目標の達成）プロセスが求められるようになりました。しかし，従来のライン管理だけでは事業戦略に即したリスクを把握できず，費用対効果にも問題があると考える企業が増えてきました。そのうちの管理手法に秀でた企業では，事業目的を妨げるすべての不確実要素をリスクと定義し，組織横断的に権限と責任をもつ専任上級役員（CRO）を任命し，リスクの計量化，最重要リスクの絞り込み，リスク管理戦略の最適政策の決定，統制状態のモニタリング，プロセスの見直し等々から成る経営管理サイクルを考案・導入しました。

2　金融リスク管理実務指針の土台──G30レポート[*2]

(1) デリバティブ取引の急増

　1980年代の後半以降，為替相場を含む金融資産価格の変動が大きくなり，為替相場や金利の変動リスクのヘッジニーズが高まったこと，また，米銀を中心にフィナンシャル・エンジニアリングによる商品提供が増大したことを背景に，デリバティブ取引規模が急速に拡大しました。

　そうしたなか，大手企業によるデリバティブ取引の巨額な損失，さらにはデリバティブ取引によるシステミックリスク（特定の支障が金融システム全体の混乱・動揺に波及していくリスク）の懸念が指摘され，デリバティブ規制の検討・導入が進みました。

　なお，こうした警告にもかかわらず，1995年，リスクマネジメントの考え方を大きく転換させる英国のマーチャントバンク，ベアリング銀行の破綻事件が生じました。この事件は，トレーディング業務と経理業務を28歳のトレーダー1人に任せた内部統制の不備が直接の原因ですが，デリバティブ取引とオペレーショナルリスクの怖さを国際社会に知らしめました。

(2) G30レポートの公表

　1993年，各国の中央銀行や民間銀行の関係者の集まりであるグループ・オブ・サーティー（G30）が，デリバティブ取引の管理に求められる実務指針「デリバティブ：その実務と原則」（通称G30レポート）を公表しました。

　その構成は，①経営陣の役割の明確化等の一般原則，②マーケットリスクの評価および管理，③信用リスクの測定および管理，④法的有効性，⑤システム，事務，管理，⑥会計およびディスクロージャー，となっています。特に次の点は，その後の事業会社を含むリスクマネジメントの実務指針に影響を与えたといえるでしょう。

　① 　デリバティブ取引管理方針は最高意思決定機関（取締役会）で決定する。
　② 　ＶａＲなどの統計的な手法を用いたリスクの定量的把握と，不測の事態における損失の程度や回避策のストレステストを併用する。
　③ 　ポートフォリオの市場リスク評価は，一貫性のある測定方法で，少な

くとも1日1回，限度枠と対比する形で実施する。
④　デリバティブ取引の目的，取引規模，内包するリスクの大きさ，および会計処理方法を適切に開示する。

　このレポートは，現在に至る金融リスク管理の要点が網羅されており，監督当局の規制や金融機関のベストプラクティスの基礎になったと評価されています。提言内容の多くは，バーゼル銀行監督委員会「デリバティブ取引のリスク管理に関するガイドライン」（1994年）に反映されました。

3　取締役会の責任の拡充——ターンバルガイダンス

(1)　統合規範の制定

　英国では，1980年代後半から90年代初頭にかけて，ギネス事件，ブルー・アロー事件，BCCI事件，マックスウェル事件など，上場企業の不祥事が相次ぎ，ポリーペックの倒産事件をきっかけに，上場企業の取締役会や役員の行動規範を勧告するキャドベリー委員会が1991年に設置されました。
　ロンドン証券取引所は，その他の委員会の勧告と併せた「コーポレート・ガバナンスに関する統合規範」を作成し，この統合規範を遵守しているか否かを上場企業の年次報告書で開示させ，遵守していない場合にはその項目と理由を記載する上場規則を定めました。

(2)　内部統制に関する行動規範

　統合規範の原則C2「内部統制」（制定時はD2）には次の記述があります。
〈主要原則〉
　・取締役会は，株主の投資と会社資産を保護するために健全な内部統制システムを維持すべきである。
〈規範条項C2.1〉
　・取締役は，少なくとも年1回，企業集団の内部統制システムの有効性をレビューし，レビューを実施したことを株主に対して報告すべきである。かかるレビューは，財務上，業務上および法令遵守の統制，ならびにリスク管理をはじめとするすべての統制を包含すべきである。

(3) ターンバルガイダンスの概要

統合規範の原則Ｃ２の実務指針として作成されたのが，前述のイングランド・ウェールズ勅許会計士協会「ターンバルガイダンス」(1999年)です。同ガイダンスは，①序説，②健全な内部統制システムの維持，③内部統制の有効性のレビュー，④取締役会の内部統制報告書，⑤内部監査の5編，47の提言・解説，そして取締役会が検討したいと望むであろう質問事項例を記載した付録で構成されています。

次の考え方を基本において，健全な内部統制システムの確立とその有効性やレビューを解説しています。

① 企業の内部統制システムは，企業の事業目的の達成にとって重要なリスクの管理において主要な役割を果たしている。
② 取締役会は，企業の内部統制システムに責任を負っており，方針設定，保証の確保，有効化を実施しなければならない。
③ 取締役会は，直面しているリスク，受容するリスク，顕在化する可能性，発生・影響を抑制する企業の能力，統制手段の便益と費用の対比を踏まえて検討しなければならない。
④ 経営者は，リスクおよび統制に関して取締役会が設定した方針を履行する責任を負う。
⑤ すべての従業員は，目的を達成するために自らのアカウンタビリティの一部として，内部統制に関して何らかの責任を分担する。
⑥ 内部統制の有効性のレビューは取締役会の責任の中核をなしている。
⑦ 経営者は，内部統制システムを監視すること，ならびに監視した事実を保証することについて，取締役会にアカウンタビリティを負う。

4 リスクファイナンスの展開

(1) 経営の責任を支えるリスクファイナンス

企業経営の平常時においてはリスク・コストの効率的な配分，緊急時においては資金繰りと事業継続が求められます。どのようなリスクをどの資本で受容して経営するのが企業価値の最大化につながるかを考えるのがリスクファイ

ナンス戦略です。顧客から安定供給を，投資家から持続的成長を求められる経営は，適切なリスクファイナンシング手法を選択し，財務面から効果の検証を行い，アカウンタビリティを果たさなければなりません。こうした背景から様々なリスクファイナンシング手法が開発され，リスクマネジメント実務をより高度なものにしています。

(2) リスクファイナンシング手法の紹介

リスクファイナンシング手法は，保険という外部資本へのリスク移転，自己資本によるリスク保有，さらには保険デリバティブや保険リスクの証券化などによる資本市場へのリスク移転などの組み合わせによって，企業経営における効率性と安定性の両立を図ります。

具体的な手法には次の種類があります。

(a) 融資枠契約を活用した資金調達　合意した期間と融資枠の範囲内で実行するコミットメントラインと，特定のリスクにのみ対応するコンティンジェント・デットがあります。

(b) 保険デリバティブ　保険関連リスクに連動する指標の変動等を対象としたデリバティブ取引です。

(c) ＣＡＴボンド　台風，寒波，ハリケーン等の異常災害リスクを証券化したものです。

(d) ファイナイト保険　個別リスクに応じた保険料を一定期間，一定金額ずつ支払い，現実の損害に応じて返戻もしくは追加支払する保険プログラムです。

(e) キャプティブ　特定の親会社や関連会社のリスクを専門的に引き受けるための保険会社（特定目的子会社）を設置し，保険・再保険業務や企業集団のリスクファイナンスを一元管理する手法です。

注　記

*１　参考文献：竹谷仁宏『トータル・リスクマネジメント――企業価値を高める先進経営モデルの構築』（ダイヤモンド社，2003）。

*２　参考文献：藤井健司『金融リスク管理を変えた10大事件』（金融財政事情研究会，2013）。

【笹本　雄司郎】

Q11　新たなタイプのリスク

企業の社会的責任（CSR）やレピュテーション・リスクの高まり，事業活動・投資のグローバル化などが進むなかで，経営にはどのような配慮が求められますか。

A

(1) 企業の社会的責任（CSR）とは，企業の経営は，社会や環境への悪影響を防止・軽減することは当然として，持続可能な社会の実現に向けた役割を積極的に引き受けるべきである，とする社会からの要請の総称です。

(2) 法律で強制されるものではありませんが，CSR調達を導入した得意先から取引関係を打ち切られるリスク，事業戦略にCSRの視点を取り込んだライバル企業に市場優位を確保されるリスク，不祥事を起こしたときに社会の批判が収まりにくいリスク等があります。

(3) 事後規制社会への転換，社会的格差・孤立の増加，ポピュリズムの台頭，インターネット／Webサイトの普及を背景に，社会の怒りや不信を買う経営行動には強いバッシングが浴びせられ，顧客離れ，投資家離れ，人材流出など企業価値の毀損につながります。

(4) 事業活動のグローバル化に伴い，監督が届かず社内不正を招くリスク，同様の行為でも日本とは異なり厳罰に処せられるリスク，日本国内の習慣を不用意に持ち込んで法令に違反するリスク，現地労働者や現地社会との摩擦や衝突を起こすリスクなどが顕在化しています。

解説

1 企業の社会的責任（CSR）

(1) 企業の社会的責任（CSR）の意味
近年,「企業の社会的責任（CSR）」という専門用語が広く使われるようになりましたが, 統一した定義や解釈はありません。

これまでCSRの概念化を国際社会で牽引してきた欧州連合では「CSRについての欧州連合新戦略2011－2014」（2013年）のなかで, 次のように定義・解釈しました。国際社会では, この定義・解釈が一つの標準となっています。

① 「企業の社会への影響に対する責任」と定義する。
② 法令や労働契約の尊重は, いわずもがなの前提条件と考える。
③ 企業の経営は, ステークホルダーとの密接な協働を通じて, 社会・環境・倫理・人権, 消費者の懸念を, 企業活動と経営戦略の中核に統合する。
④ 上記の統合プロセスは次の目的のもとに構築する。
　(ⅰ) 株主, その他のステークホルダー, 社会との共通価値の創造を最大化する。
　(ⅱ) 企業の潜在的悪影響を特定, 防止, 軽減する。

(2) 誕生の社会背景
産業革命以降, 人類の人口は6倍, 経済規模は50倍に拡大しました。特に第二次世界大戦後の人口増加は著しく, 1950年に25億人, 2000年に61億人まで急増し, 現在は70億人を突破しています。

この爆発的な人口増加を背景に, 近年, 失業, 貧富の格差, 社会的排除・対立, 環境破壊, 地球温暖化, 水・食料不足など, 地球と人類の持続可能性（サステナビリティ）への懸念が増大しています。その原因の多くに関与し, かつ社会への影響力が大きくなったところの「企業」に対して, 社会・環境の課題解決への貢献（積極）と事業活動に伴う悪影響の防止・軽減（消極）の双方についての期待や要請が高まりました。これが, 企業の社会的責任（CSR）が誕生した社会背景です。

(3) 企業行動を誘導する外部環境

企業のＣＳＲ行動を促進する外部環境として，次の支援・協力（太陽）と監視・牽制（北風）が働いています。

(a) **望ましい企業行動を示すもの**　国連やＩＬＯの条約・原則・推進活動，ＯＥＣＤのガイドライン，業界団体（ＥＩＣＣ，ＩＣＭＭなど）によるガイドライン，ＩＳＯ26000ガイダンス文書，国際ＮＧＯの支援・啓発活動などが強い影響力をもちます。

(b) **企業の対応状況の情報開示を促すもの**　ＣＳＲ報告書のガイドライン（ＧＲＩ，ＩＩＲＣなど），機関投資家からの開示要求（ＣＤＰなど），法律・規則（ＥＵ諸国の非財務情報開示義務，米国・ドットフランク法の紛争鉱物規制など）などがあります。

(c) **企業の対応状況を評価するもの**　社会的責任投資（DJSI，FITS 4 Goodなど），投資家向け情報提供（Bloombergなど），国際ＮＧＯ監視・抗議活動などが企業の取組み動機を形成します。

(4) 企業における実際の活動

企業経営における実際のＣＳＲ活動は，おおむね次のとおりです。

(a) **対象テーマ**　ＣＳＲ活動で考慮・検討するテーマ分野は，①コーポレート・ガバナンス・リスク管理・コンプライアンス，②人権，③雇用・労働，④環境，⑤公正競争・消費者，⑥コミュニティ参画・活性化，⑦社会貢献活動などが代表的です。

各テーマ分野について，信頼を維持・確保する「守り」の経営（コンプライアンス）を土台としつつ，ステークホルダーとの共通価値を生み出す「攻め」の経営（社会課題の解決＝企業の成長）を伸ばすことが，具体的な活動内容となります。

ハーバード大学ビジネススクールのマイケル・Ｅ・ポーター教授が中心となり提唱している「共通価値の創造」（Creating Shared Value，2011年）は，従来の贖罪的なＣＳＲから価値創造のＣＳＲに転換する契機となりました。この概念では，これまで企業の外側と捉えていた環境，貧困，教育などの社会的課題をも経営の視野に入れて市場や製品を開発することで，企業と共通の利益を追求する関係者が増え，新たな産業を築くことになると説きます。

(b) 自社の影響力の範囲　ＣＳＲ活動で考慮・検討する自社の影響力の範囲（バウンダリー）は，基本的には自社および資本関係にある国内外の子会社・関連会社までですが，原材料・部品の調達先で問題が起きやすいことから，国内外のサプライチェーンを含めて「自社の影響力の範囲」と考える方向にあります。

(c) 具体的な活動　ＣＳＲの観点から事業の計画・業務執行・監督を促進・充実する組織横断の担当役員・担当部署・委員会等を設置し，自社の重要課題（マテリアリティ）を抽出したうえで，その対応策を会社の事業計画・目標に織り込み，管理のＰＤＣＡサイクルを回します。つまり，本業を通じたＣＳＲの実践を基本とし，その他に応分の責任として社会貢献活動を行います。

この一連の活動をステークホルダーに開示・説明し，指摘や意見に耳を傾け，次の改善につなげます。

(5) 対応が不十分な場合のリスク

ＣＳＲは，法令違反の防止を除き，義務として強制されるものではありません。しかし，取り組む企業が増えれば増えるほど競争戦略の意味合いが強くなりますので，対応が不十分な場合，次のリスクが想定されます。

① 仕入先にもＣＳＲを求める調達活動（ＣＳＲ調達）を導入した得意先から取引関係を打ち切られる。
② 事業戦略にＣＳＲの視点を強く取り込んだライバル企業に市場優位のポジションを取られる。
③ あるテーマが法律で義務化されたときに先行企業より対応の負担が大きくなって事業の足かせとなる。
④ 国際ＮＧＯから，公開質問を受け，相手にとって対応が不十分であれば，Ｗｅｂを利用した国際規模の批判キャンペーン等の標的になる。
⑤ ライバル企業と比べて企業イメージが相対的に低下して，顧客や従業員が離れる。
⑥ 社会からの期待値が最初から低いため，不祥事を起こしたときに社会の批判が収まらず，再起のチャンスを与えられない。

具体的なリスクは**Q46**を参照してください。

2　企業監視社会の到来

(1) 社会環境の変化

近年，消費者・地域社会・投資家の信頼を裏切る行為や弱い立場の者に過剰な負担を強いる行為に社会の批判が集まり，抗議行動，不買運動，株価低下，など，企業の存続を危うくする事態が生じています。

その背景として，次のような社会の変化があります。

① 事後規制社会への転換によって行政の役割が，市場・生活者の保護や違反行動の摘発・制裁に軸足を移した。

② 就職難，所得格差，閉塞感，排除・孤立が広がるなかで，いわゆる「勝ち組」に対する反発が強まっている。

③ 終身雇用・年功序列の崩壊でムラ型組織が消滅し，労働者にとって内部告発のハードルが低くなっている。

④ 企業＝権力，市民＝弱者というステレオタイプな大衆迎合の情報流布が増えている。

⑤ インターネット／Ｗｅｂサイト／ＳＮＳの普及で，個人レベルの情報発信（内部情報の漏出，感情的な批判・攻撃）と幾何級数的な情報拡散が起きている。

(2) 批判・攻撃の質的変容

企業性悪説に立った観察・評価が増えている結果，企業行動の問題性の指摘は，その影響の軽重（結果）ではなく，社会の信頼・期待に背く姿勢（行為）に重点が移っています。たとえば，製品の表示偽装が問題化するケースにおいて，被害発生の有無や影響ではなく，「消費者・市民を騙しても売上・利益を上げようとする企業姿勢が許せない」という論調が批判の中心になります。

また，消費者や市民が教育されて多くの情報をもつようになった結果，不安の連鎖が企業の負担を拡大するケースが増加しています。たとえば，ある製品（事業所）で不祥事が発生したケースにおいて「国内外の他の製品（事業所）は大丈夫か？」との質問が集中したり，ライバル製品を含めて買い控えが起きたりします。これは情報化社会の影響といえるでしょう。

(3) レピュテーション・マネジメント

　企業に対する否定的な評価や評判によって企業の信用やブランドが低下し，事業上の影響を受ける危険を回避・軽減する経営行動をレピュテーション・マネジメントといいます。

　企業に対する警戒感が強まるほど，些細なミスでもマイナスの評判に変化して事業の障害，場合によっては致命傷になりかねません。そこで，一般的には次のような手当を講じます。

① 自社の企業イメージやブランドが一般市民にどのように受け止められているかを調査し，目指す方向に向かうように措置を講じる。
② メディア報道やソーシャルメディア上の評判の収集・分析を常時行い，ダメージの軽減を図る。
③ 社会に影響力のある情報発信者（インフルエンサー）との接点を強化し，自社に対して良い評価を得る。
④ 重大な事故・事件が発生した場合に被害者やステークホルダーと適切なコミュニケーションが図れるプログラムを普段から準備・訓練しておく。

3　事業活動のグローバル化

(1) グローバル化に伴うリスク

　海外に調達・生産・販売網をかかえる以上，株主その他のステークホルダーに対する説明責任として，これらを包含するリスクマネジメント体制を整備しなければなりません。

　海外の事業拠点は，現地のルールや事情がわからない，監督の目が届かない，という経営管理上のハンディキャップがあります。

　しかも，国や地域によって法律の内容や執行，ビジネス習慣が異なるため，統一の枠組みと基準でリスクマネジメント体制を敷くことは困難を伴います。新興国・途上国では厳しすぎる，先進国では甘すぎる，という矛盾を抱えることは珍しくありません。

(2) 整備の方針

実務では，見た目の統一感にとらわれず，合理性と実効性を優先した整備の方針が求められます。一般的に指摘される要点は次のとおりです。

① 製品・サービス，ブランド使用，会計・財務の基準未達は認めない。監査は厳格に行う。
② 日本とは異なり厳罰に処せられる法令違反の防止は，現地の水準で行う。現地の専門家による指導や監査を厳格に行う。
③ 人権・労働慣行・環境・行政手続に関する事項は現地のルールを優先する。ただし，国際規範に満たないときは自主的に上乗せ規制する。
④ 内部統制の限界を補う外部監査等を導入して，不正の隠蔽を抑止する。

上記の整備方針と同じように重要なのは人事政策です。経営や幹部を出向した邦人が占め，現地採用の人材に地位や報酬のチャンスがなければ，健全かつ効率的に働こうという動機が形成されません。現地採用の人材をどのように処遇，訓練，登用するかの人事政策がリスクマネジメントの実効性を支える点に注意が必要です。

(3) 重要な管理テーマ

海外拠点のリスクマネジメントにおいては，バリューチェーンの停止につながりかねない事項，厳罰化が進む法令違反，横領着服・公私混同などの不正に注意を払う必要があります。重要な管理テーマ例として，次の事項が挙げられます。

(a) バリューチェーンの停止につながりかねない事項　社会インフラの脆弱性，労働慣行・賃金制度やビジネス習慣の違い，業務品質の能力・感度の不足など，基礎的な要因による調達・生産・物流の障害を想定する必要があります。

海外拠点のリスクマネジメントは，仕事は国内と同じにできるはずだという思い込みを捨てるところから始まります。

(b) 厳罰化が進む法令違反　新興国も含めて国際規模でカルテル規制が強化されています。その背景には，厳罰化と執行の厳格化，リーニエンシー制度の普及，競争当局間の情報交換・捜査協力の強化があります。

また，1997年にＯＥＣＤ腐敗防止条約が締結されて以降，反汚職の機運が

世界的に高まり，各国の法規制も整備されました。特に代理店の選別・監督には十分配慮する必要があります。

　(c)　横領着服・公私混同などの不正行為　　実績・売上・利益の粉飾，会社資金の詐取，裏金プール，在庫の横流し，ファミリー企業との取引，取引業者からのキックバック受領，架空社員の給与横領などに注意が必要です。

【笹本　雄司郎】

第2章

全社的リスクマネジメント体制の構築・運用

Q12 標準的なフレームワーク（COSO，COSO-ERM，ISO31000）

リスクマネジメント体制はどのような枠組みで考えればよいですか。

A

> リスクマネジメントについては，1990年代以降急速にその思想・手法が高度化し，様々なフレームワークが開発され普及するに至っています。さらに2009年に発行されたISO31000は，他の管理と同様にマネジメントサイクルを好循環させることがリスクマネジメントの要件であると定義した点が特徴であり，企業はこれらのフレームワークを参考に体制を構築する必要があります。

解説

１ 今までのリスクマネジメントに関する枠組み

(1) トレッドウェイ委員会組織委員会の内部統制フレームワーク

米国公認会計士協会，米国会計士学会，米国財務担当経営者協会，米国内部監査人協会，米国会計人協会（後に米国管理会計人協会と改称）による産官学共同の研究組織として1985年に発足したトレッドウェイ委員会組織委員会（The Committee of Sponsoring Organizations of Treadway Commission：略称COSO）は，1980年代後半のアメリカで多発した企業倒産と粉飾決算を防止することを目的として，1992年に内部統制のフレームワークを発表しました。COSOの内部統制フレームワークでは，内部統制の3つの目的として「業務活動」「財務報告」「コンプライアンス」を挙げ，各々の目的を達成する要素として「統制環境」「リスク評価」「統制活動」「情報と伝達」「モニタリング」の

5つを挙げました。このフレームワークは，エンロン事件などの会計スキャンダルを契機に2002年に制定された米国企業改革法（ＳＯＸ〔Sarbanes-Oxley Act〕法）や，日本における金融商品取引法24条の4の4などで定められた，財務計算に関する書類その他の情報の適正性を確保するために必要な体制の構築を要求する条項（日本版ＳＯＸ法）の実施基準に影響を与えるなど，内部統制フレームワークのデファクト・スタンダードとして認知されています。

(2) ＣＯＳＯ－ＥＲＭのフレームワーク

ＣＯＳＯ－ＥＲＭは2004年にＣＯＳＯが発表したＥＲＭ（Enterprise Risk Management：全社的リスクマネジメント）のフレームワークです。従来のリスクマネジメントは，リスク別に個別に対応がなされてきましたが，1990年代頃から，必要に応じて個別にリスクを管理する方法を発展させて，企業の持続的な発展を目的とし，企業の存亡に影響する資産の減少と負債の増加のリスクに着目して企業全体のリスクを総合的に管理する取組みが生まれてきました。これがＥＲＭです。ＣＯＳＯ－ＥＲＭは，ＣＯＳＯの内部統制フレームワークを事業全体のリスクマネジメントに適用できるように発展させており，リスクマネジメントの目的として最初に「戦略」を掲げ，経営戦略の立案に際してリスクマネジメントの手法を適用することを念頭に置いています。そのうえで，経営戦略の実行を支援する目的として，「業務活動」「報告」「コンプライアンス」といったＣＯＳＯの内部統制フレームワークの3つの目的を掲げています。また，ＥＲＭの4つの目的を構成する要素として，ＣＯＳＯの内部統制フレームワークにおける5つの構成要素を基本としながらも，「統制環境」の概念を拡大して「内部環境」とし，またＣＯＳＯの内部統制フレームワークでは当然のものとして考えられていた「目的の設定」を新たに加え，「リスク評価」を「事象の識別」「リスク評価」「リスク対応」の3つに細分化して，全部で8つの構成要素を挙げています。

(a) 4つの目的　「戦略目的」とは，企業理念を実現するための上位目標を意味します。経営者は戦略目的を設定した後に，それを達成するために具体的な経営戦略を立案しますが，その際，戦略の実行にかかわるリスクは，経営者の判断した企業としてのリスク選好度と整合する必要があります。「業務活動目的」とは，人・モノ・資金など経営資源の活用の有効性および効率性を意

Q12 標準的なフレームワーク（COSO, COSO-ERM, ISO 31000）

■COSO-ERMのフレームワーク

	目的			
	戦略	業務活動	報告	コンプライアンス
構成要素	内部環境			
	目的の設定			
	事象の識別			
	リスク評価			
	リスク対応			
	統制活動			
	情報と伝達			
	モニタリング			

味します。業務活動目的が不適切であったり，従業員が業務活動目的を理解できないことがあったりすることは，配分された経営資源を浪費することにつながります。経営者は，業務活動目的を達成したか否かの結果を定量的に測定（たとえば，生産量を5％アップさせる，新興国における販売量を10％アップさせる，等）できるようにしたうえで，目的を設定することが望ましいといえます。
「報告目的」とは企業が外部および内部に行う各種報告の信頼性を意味します。外部に行う報告の内容としては，財務諸表などの財務情報と，環境報告書などの非財務情報の両方が含まれますが，SOX法などでは財務報告の信頼性が特に重視されています。また，内部に行う報告としては，日々の業務報告や月次の売上報告，予算の消化状況などが挙げられます。経営者が正しく意思決定を行うためには，信頼性の高い情報が必要であり，逆に情報が不正確な場合は，経営者の判断に誤りを引き起こし，企業全体の活動に悪影響を及ぼす可能性もありますので，報告の信頼性を確保することは非常に重要です。「コンプライアンス目的」とは，事業活動に関連する法令，ガイドライン，社内規定等の遵守を意味しますが，最近は，倫理観もコンプライアンスに含めて捉えている企業が増加しています。たとえ犯罪行為でなくとも，社会通念上好ましくない行為は社会から糾弾される傾向が年々強くなっていることを踏まえた対応といえ

ます。

　(b)　8つの構成要素　「内部環境」とは，ＣＯＳＯ−ＥＲＭの基礎となるような考え方です。内部環境の要素としては，リスクマネジメントの考え方や，リスク選好度，取締役会，誠実性と倫理観，専門能力に対するコミットメント，組織構造，権限と責任の付与，人的資源に関する基準などが挙げられますが，これらの要素は，企業の文化，歴史などが背景となり，企業内のリスクに対する意識の高さに影響を与えるものです。「目的の設定」は，戦略目的で設定されるものと，業務・報告・コンプライアンス目的で設定されるものに大別されます。報告目的とコンプライアンス目的については，目的を達成するために必要な活動は企業内に閉じられていますので，自社でコントロールできます。一方，戦略目的と業務活動目的は，競争環境や自然災害，カントリーリスクなど外部環境によって影響を受けることも多く，完全にはコントロールできないことを認識する必要があります。「事象の識別」とは，経営戦略およびその他の目的の達成に影響を与える様々な事象を識別することを意味します。影響は，製品不具合の発生や競合他社の新規参入，自然災害の発生，規制の強化など，目的の達成を阻害するマイナスの影響と，好景気や競争環境の改善，規制緩和など，目的の達成を後押しするプラスの影響とに大別されます。「リスク評価」は，リスクが顕在化した場合の影響度と，リスクが発生する頻度の2つの観点で個別のリスクごとに評価します。この際，個別のリスク間で比較が容易となるように，5段階などで評価指標を明確にすることが求められます。たとえば影響度であれば，1：被害金額として1万円以下，5：会社資産の50％以上に相当する被害金額，頻度であれば，1：10年に1度も発生しない，5：毎月発生する，というようなイメージです。「リスク対応」とは，リスク評価の結果に基づき決定すべき対応策のことです。対応策は大まかにいって，「回避」（リスクの発生要因を根本から取り除くこと），「低減」（リスクの影響度または発生頻度を低くすること），「転嫁」（リスクの一部を他社と共有する。損害保険など），「保有」（何も対応を行わない）の4つに大別されます。「統制活動」とは，リスク対応策の実行そのものです。モニタリングの強化や，マニュアルの策定，教育・訓練の実施，報告制度の創設等がこれに該当します。「情報と伝達」とは，正しく，内容が十分な情報を，適切なタイミングで適切な人に伝達する，とい

Q12 標準的なフレームワーク（COSO, COSO-ERM, ISO 31000） | 103

う趣旨の要素です。特に情報伝達の観点でいえば，株主や顧客，取引先，監督官庁とのコミュニケーションの仕組みを定めることが重要です。最後に「モニタリング」ですが，環境の変化に伴い，リスクの種類や大きさ，発生頻度は常に変化する特性を有しています。またリスクの変化に伴い，必要とされるリスク対応策も変化していかなくてはなりません。そのため，経営者はERMが有効に機能しているかを定期的にモニタリングし，必要に応じて新たな対応策を検討・実行する必要があります。同時に，監査役や外部監査人などの第三者から，自社のERMが有効に機能しているかどうかを監査してもらう必要もあります。

2 ISO31000の考え方

ISO31000は，2009年にリスクマネジメントの指針規格として発行されました。それまでのリスクマネジメントは，マイナスの影響をコントロールするための活動という認識が強いものでしたが，リスクの影響を好ましくない影響に限定せず，リスクを「諸目的に対する不確かさの影響」と定義し，その影響には好ましい影響（プラスの影響）も好ましくない影響も含まれるとしています。

また，リスクを組織目的の達成に影響を与える要素と捉えている点，さらに，リスク分析に先立って，リスクに影響を与える環境を調査することの重要性を強調している点も特徴ではありますが，これらはおおむねCOSO-ERMと類似した概念と捉えることができます。一方，ISO31000の特徴として特筆すべき点は，マネジメントサイクル（PDCA：Plan-Do-Check-Action）の考え方をリスクマネジメントの要件として明確にしたことにあります。計画段階（Plan）では，自社が置かれている状況を確定したうえで，リスクを特定し，分析・評価を経て対応策を計画します。また実施段階（Do）では，実際にリスク対応策を実行します。さらに点検（Check）段階では現状のモニタリングを行い，レビューします。そのうえで改善段階（Action）では，適切な対応について，適宜外部の有識者とのコミュニケーションおよび協議を経て，推進していくという流れになります。

企業がリスクマネジメントの仕組みを検討するにあたっては，COSO-

第2章 全社的リスクマネジメント体制の構築・運用

ERMおよびISO31000の規格を理解し，積極的に取り入れていくことが求められます。

■ISO31000の提起するリスクマネジメント概念図

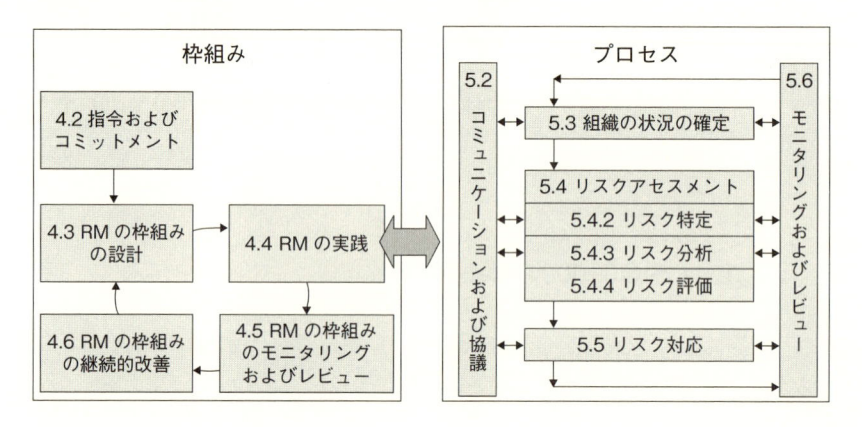

```
┌─────── 枠組み ───────┐      ┌──────────── プロセス ────────────┐
                                5.2                              5.6
  ┌─────────────┐               コ                               モ
  │ 4.2 指令および│               ミ   ┌──────────────────┐      ニ
  │ コミットメント │               ュ   │ 5.3 組織の状況の確定 │      タ
  └─────────────┘               ニ   └──────────────────┘      リ
         │                       ケ   ┌──────────────────┐      ン
  ┌─────────────┐ ┌──────────┐   ー   │ 5.4 リスクアセスメント│      グ
  │4.3 RM の枠組み│ │4.4 RM の実践│   シ   │ 5.4.2 リスク特定   │      お
  │   の設計    │⇔│           │   ョ   │ 5.4.3 リスク分析   │      よ
  └─────────────┘ └──────────┘   ン   │ 5.4.4 リスク評価   │      び
         │            │         お   └──────────────────┘      レ
  ┌─────────────┐ ┌──────────┐   よ   ┌──────────────────┐      ビ
  │4.6 RM の枠組み│ │4.5 RM の枠組み│  び   │   5.5 リスク対応    │      ュ
  │ の継続的改善 │ │ のモニタリング │  協   └──────────────────┘      ー
  │            │ │ およびレビュー │  議
  └─────────────┘ └──────────┘
```

【青島　健二】

Q13　平時における経営層・管理職層・担当者の役割

リスクマネジメントにおいて，経営層，管理職層，担当者は各々どのような役割を担いますか。また，それらをどのようにして連携させるのでしょうか。

A

　経営層は，会社を取り巻くリスクの全体像を把握したうえで，重点的に対処すべきリスクについて指示を出す等，トップダウンで取組み方針を示します。その方針を踏まえ，リスクを主管する部署の管理職層はリスク対応計画を立案するとともに，進捗管理や対応内容の評価・改善を行います。主管部署の担当者は，管理職層の指示のもと，具体的な対応策の実行や，リスクの予兆がみられる場合には管理職層に報告を行うなど，現場におけるリスクマネジメントの実践を担います。また，それぞれの役割を連携させるためには，経営層とリスク主管部署の管理職層で構成される会議（例：リスクマネジメント委員会）を定期的に開催し，各部署における対策の状況などについて共有を図るとともに，当該会議を関係部署間で連携を図る場として機能させることが効果的です。

解説

1　経営層の役割

　社会経済環境や業務内容等の変化に応じて，企業を取り巻くリスクの内容も変化します。そのため，リスクマネジメントの取組みは，一度形をつくって終わりとするのでなく，リスクに対する現状認識が十分か，対策内容は十分か等について継続的に見直しを行うことが極めて重要となります。しかし，この

取組みを地道に行っていくことは,"言うは易し,行うは難し"。社内関係者のリスクに対する意識やアンテナを高く保たなければ継続は難しくなります。そこでポイントとなるのが経営者の関与となります。経営者がかかわる内容は大きく2つに分けられます。

■1　トップが率先垂範する

- リスクマネジメント方針を出すこと
- リスクマネジメントの重要性や取組み内容ついて社内に発信すること
- トップ自らが率先して取り組む姿勢を見せることで,リスクに関する情報等が現場から上がってきやすい風土をつくること
- 社外に対して自社の取組み内容・取組み状況等を発信し,コミットすること

また,上記によって社内外に姿勢を示したうえで,果たすべき役割は次の5点になります。

■2　継続的に取組みに関与する

① リスクマネジメントの方針を策定する
② リスクの実態を認識する。特に対応できていない／対応が遅れているリスクを認識する
③ 計画の策定とレビューを責任もって実施する
④ 必要に応じた経営資源を投入する
⑤ 監査結果を真摯に受け入れ,是正・改善を図る

企業経営においては,戦略的に経営に関する判断を行うのと同様に,コントロールすべきリスクについて,日頃からその危険の発生抑制や損失極小化を図るための仕組みを整備することが求められています。リスクマネジメントは経営者の本来業務そのものともいえます。

2　管理職層の役割

　経営層が立案した全体方針を具現化し，対策を実行するのは各部門の責任者や管理職の役割になります。管理職の役割は，自部門にかかわるリスク情報を収集・分析しリスクの動向を経営層に報告すること，重要なリスクについて具体的な対策を考え年間計画を策定すること，対応内容や行動要領をマニュアル化する等の対策実行を担当者に指示すること，リスク管理実施状況を定期的に確認・点検し問題の有無について適宜調査を行うこと，などが挙げられます。ポイントとしては，各部門・管理職が個別に好き勝手に対策を考え実行に移すのではなく，経営層の指示と整合的な内容となっているのか，全社として効果的な対策がとれるか，また，どこかの部署が対応していると思っていたらどこの部署も対応していなかったというように，抜け漏れなく管理が行えるかにあります。縦割りの管理ではなく，部門横断的なリスク管理体制が必要といえます。

　管理職としては常に全社のリスクマネジメントの動向に気を配りながら役割を果たしていくことが求められることになります。これを効果的に行うためには，経営層とリスク主管部署の管理職層で構成される検討・調整の場（例：リスクマネジメント委員会）をもつことが不可欠になります。このような場を作ることで，経営層のトップダウンで指示を出す機会が定期的にできる，各部門が責任をもって管理するリスクを明確に割り当てる場となる，全体の状況を集約したり全体調整を行ったりできる，管理職や担当者はリスクマネジメント委員会への報告を一つの期限として意識して対応を行うことで計画的なリスク管理が可能になる，といった効果が期待されます。なお，このリスクマネジメント委員会を実際に運営していくうえでは，専任の部署を設けて対応に当たらせることが理想的ですが，現実的には総務部門などが兼務する例が多くあります。

　話を戻しますが，管理職の役割という観点から考えると，管理職とは経営層やリスクマネジメント委員会の全体統制のもと，部門が所管するリスクについて対策・実行を担当者に指示しながら，その進捗管理や対応内容の評価・改善を行うことであり，正に会社のリスクマネジメントの要を担う者であるとい

えます。

３　担当者の役割

　業務の最前線の現場において何がリスクとして考えられるか，どのような対策が必要になるのか，具体的に考え実行することが担当者の役割になります。ただし，何か特別なことばかりを考える必要はありません。リスクマネジメントというと，難しい方法論や特殊な対策が必要になるのではと身構えてしまう人がいるかもしれませんが，リスクマネジメントということを意識せずとも日常の業務において，間違いやミスが起きないようにするにはどうすればいいか，計画どおりに物事が進まない場合にどのような対応が必要になるか，思わぬ損失や事故が起きないようにするにはどうすればよいか，等について日々考えながら業務に取り組んでいる人は多いと思います。会社として体系的に取り組むかどうかの違いはありますが，リスクマネジメントに関する取組みはこういった意識の延長線上にある活動といえ，担当者レベルの社員はリスクマネジメントの重要な一端を担っていることになります。自分が失敗したときに隠さず報告・相談すること，自分以外の原因によるリスクを知った時も迅速に上司もしくは通報窓口に報告することも，重要な役割と考えます。

【本間　稔常】

Q14 リスクの洗い出し，評価と重点統制リスクの絞り込み

リスクの洗い出しと評価はどのように行うのですか。また，そのなかから重点統制リスクをどのように絞り込むのでしょうか。

A

　　会社の事業や管理について広く全体を理解している者や，現場の実務について精通している者を集め，アンケート形式やディスカッション形式で，会社を取り巻くリスクについて洗い出し・評価を行い，会社を取り巻くリスクの全体像を一覧化します。現状の対策内容についても考慮したうえで重点統制リスクの選定を行います。

解説

１　リスクマップを活用したリスクの洗い出し・評価の実施

(1) 洗い出し・評価の方針検討

　リスクマネジメント体制を構築するにあたっては，自社にどのようなリスクが存在しているかを把握する必要があります。まず実施することは，自社を取り巻くリスクを洗い出し，それを評価し，そして対応すべきリスクの優先順位を付けることです。自社を取り巻く様々なリスクを把握し，そのリスクがどの程度悪影響を及ぼすかを想定することは，その後の対策の実施度合いや投入する経営資源等を決めるうえで重要な要素になります。企業の業種，業態，立地場所，ビジネス環境等により，企業を取り巻くリスクは異なりますので，Q2　１（組織に存在するリスク）をヒントに自社を取り巻くリスクの洗い出しをするとよいでしょう。事業の実態にあわせ，リスク項目を細分化したり，統

合したり，追加や削除をしたりすることで，一般的には80～100程度にリスク項目が集約されると思います。その際，漠然とリスク項目を洗い出すのではなく，経営戦略関連リスク，環境関連リスク，人事・労務関連リスク，災害・事故関連リスクのように，大きな分類（大項目）ごとに整理することで，分野に偏りがないか，過不足はないか，各項目（小項目）の内容のレベルはそろっているか等をチェックすることができます。

　洗い出しを行ったすべてのリスクに対して，充分なリスク対策を実行することは経済合理性からみて適当ではないため，それらのリスクを評価し，対応すべきリスクに優先順位を付けることが必要になります。

(2) 評価実施

　すべてのリスクを定量的に評価することができれば，それは理想的なことですが，実際にはすべてのリスクを定量化することは非常に困難です。理論的に定量化できる場合でも，その定量化のためのコストを考慮すると，ほとんどの場合，経済合理性から妥当ではありません。したがって現実的な手法としては，AというリスクがBというリスクに対して，そのリスクが顕在化した際の影響度が大きいか小さいか，また顕在化する頻度が多いか少ないか，といった相対評価でリスクの全体像を把握することが適当です。一例ですが，洗い出したリスク項目ごとに，影響度と発生頻度を3段階，あるいは5段階などで評価することが考えられます。

　リスクの評価をするうえでは，例えば5000万円の被害額というように，定量的に評価することが理想的です。しかし，経営リスク，政治・経済・社会リスク等のほとんどのリスクについては，リスクを定量化することは困難です。あえて定量的に評価を行うにしても，ある程度の幅をもった評価をせざるをえないでしょう。そのため，リスクの全体像を整理するためには，定性的な指標により評価を行うことが一般的です。最も多く用いられるのは，リスクの発生頻度と被害影響の大きさで，この2つの指標による評価結果をリスクマップとして2次元でマトリックス化する方法です。発生頻度と被害影響の大きさの評価指標の例を以下に示します。

■ 発生頻度と被害影響の大きさの評価指標の例
＜被害影響の大きさ＞

```
0：まったく被害・影響なし
1：売上にほとんど影響しない程度
2：一時的に売上に多少の影響がある
3：数か月以上にわたって売上に影響がある
4：長期にわたって売上に大きな影響がある
5：会社存続が困難になる
```

＜発生頻度＞

```
0：発生しない
1：10年に１回も発生しない
2：３年～10年に１回発生する
3：１年～３年に１回発生する
4：１年に１回発生する
5：３か月に１回以上発生する
```

　定性的な評価は，主観的になる傾向もあることから，社内関係者の意見も聞きながら，できる限り明確な基準を設定することが求められます。
　リスクの評価では，選定したリスク項目ごとに，発生頻度と被害影響の大きさのそれぞれについて０～５で評価を行ってもらいます。評価者は，一部の限られた部門や役職層だけではなく，すべての部署を対象として選ぶのが一般的です。回答者の階層としては，社歴が長く会社の業務内容等に通じた管理職層以上を対象にすると，より精度の高い結果を得ることができます。なお，大々的にアンケートにより評価を実施することが困難な場合には，主要部門の管理職を集めたディスカッションの場を設定し，それぞれのリスクについてどのような影響が想定されるか，その大きさはどれほどか，どれくらいの頻度で発生しうるのか，集中的に議論することでリスクマップを作成する手段も考えられます。

(3) **重点統制リスクの選定**
　(2)を踏まえて対応すべきリスクの優先順位付けと選定を行います。リスク

評価を行った際，影響が大きくかつ発生頻度も多いと評価されたリスクが，当然のことですが，対応すべき優先順位の高いリスクとなります（後掲の■リスクマップの例では右上の領域）。また，影響度は極めて大きいが発生頻度は少ないと評価されたリスクや，影響度は小さいが発生頻度が極めて多いと評価されたリスクも，対応すべき優先順位の高いリスクになる可能性があります。一方，影響度も発生頻度も低く評価されたリスクは，当面対策を実施しないことが基本です。ただし，どのリスクから優先的に取り組み始めるかの最終的な判断は，経営者やリスクマネジメント委員会が決定することになります。

なお，重点統制リスクを選定する際には，リスクの大きさとともに，現状の対策状況についても考慮する必要があります。リスクを処理する手段としては大きく分けて，回避，低減，共有，保有の4つがありますが，現状どのような対策がなされているか／なされていないか，今後どのような対策が必要か，費用対効果はどうか等を検討したうえで，優先的に対処すべきリスクの選定を行います。

(a) 回　　避　　回避とは，リスクの発生要因を根本から取り除くことを指します。たとえば，製品Aのリコールのリスクを回避するために，製品Aの製造を終了することなどが挙げられます。

(b) 低　　減　　低減とは，リスクの発生頻度または被害影響の大きさを低くすることを指します。たとえば，システム障害の影響度を低減するために，システムのバックアップを構築することなどが挙げられます。

(c) 共　　有　　共有とは，リスクの一部を他社と共有することにより，リスクの被害影響の大きさや発生頻度を低くすることを指します。たとえば，損害発生時の金銭的な影響を低減するために保険に加入することなどが挙げられます。

(d) 保　　有　　保有とは，リスクに対して回避，低減，共有のいずれの対応も行わないことを指します。たとえば，損害を被った場合の想定被害額よりも，損失を補てんするための対策費用が大きいため，あえて対策を実施しないことなどが挙げられます。

2　リスクマップの例

　リスクマップは，アンケート等によって得られた評価値の平均値を発生頻度と被害影響の大きさの2次元の散布図形式でプロットすることで作成できます。リスクマップの一例を示します（■リスクマップの例参照）。

　リスクマップによって会社を取り巻くリスクの全体像と各リスク間の相対的な関係を把握することが可能になります。おそらく役職員それぞれにリスクに対する感性は異なり，どのような方法でリスクを管理すべきか，意見が分かれることもあるかもしれません。しかし，お互いの頭の中にあるそれぞれのリスク認識はみることはできませんので，相手の考えがよくわからない状況で，自分の意見を主張し合っても，議論はまとまらないでしょう。リスクマップは，多くの社員のリスク認識を目に見える形で一覧化するためのツールです。多くの社員，それもある程度会社の業務内容に通じている管理職層を対象にアンケートを行った場合，リスクマップが示すリスクの全体像は，かなり正確に会社を取り巻くリスクの分布状況を明らかにしてくれます。そのような観点から考えると，リスクマップはある意味コミュニケーションのためのツールとも考えられます。

　前述したように，企業を取り巻くリスクを洗い出し，そのリスクがどれくらい企業に影響を与えるかを把握することは，リスクマネジメントにおいて重要な第一歩です。しかし，企業の業務内容や経営環境は絶えず変化しているので，新たなリスクの発生や，計測することが容易ではないリスクも数多くあります。そのため，1回だけリスクの洗い出し・評価を行って満足するのではなく，1年に1回，3年に1回等，定期的に評価を行うことが不可欠です。リスクの洗い出し・評価をもとに会社としてのリスクマネジメントの方針や重点統制リスクが決まることを考えれば，リスクの洗い出し・評価はできる限り正確に行うことが要求されます。しかし，あまりに神経質になり，精緻に評価を行うことばかりに時間を使っていては先に進みません。また，今後5年後，10年後の将来について会社のリスクを詳細に分析しても限界があります。まずは，現段階や数年先など，想定しやすい状況下でのリスクの内容を明らかにすべく，

第2章 全社的リスクマネジメント体制の構築・運用

まずは一度取り組んでみることが大切です。

リスクマップ

縦軸：被害・影響の大きさ（1〜4）
横軸：発生頻度（1〜4）

被害・影響の大きさ＝4
- 地震・噴火・津波
- 粉飾決算・不正経理
- 火災・爆発
- カリスマティーダの失墜
- 有害・危険物質の漏えい
- 独占禁止法違反
- 不当な利益供与

被害・影響の大きさ＝3
- 不正行為・不祥事
- 有能社員の引き抜き・集団退職
- 新規事業・設備投資の失敗
- 欠陥商品・リコール
- 幹部候補社員の不足
- 円部告発
- 社内不正・不法行為
- 貿易・輸出入に関わる制度の変化
- マスコミ対応の失敗
- 社員の通勤災害・自殺
- 為替の大幅な変動
- 社員高齢化に伴う負担増大
- 価格競争の激化
- 製品の品質保証の不備
- 悩む・生産ミス

被害・影響の大きさ＝2
- 電子データの破壊・消失
- 社内機密情報の漏えい
- 社内不適切な廃棄物処理
- 個人情報の漏えい
- 著作権侵害
- インサイダー取引
- 宣伝・広告の失敗
- 防災対策の周知不徹底
- 安全衛生管理不良
- 労災事故
- 台風・風災・雷害
- 公私混同・経費の不正使用
- クレーム・問い合わせへの不適切な対応
- 労働基準法違反
- パワーハラスメント
- セクシャルハラスメント
- ソフトウェアのプログラムミス
- コンピューターのオペレーションミス
- コンピュータウイルス・サイバーテロ
- 生産設備の故障・不稼働

被害・影響の大きさ＝1
- 差別
- 風評被害
- 労働争議・ストライキ
- 水害・洪水
- 零害
- 就業中の交通事故

■リスクマップの例

【本間 稔常】

Q15 対応方針・組織化・措置の決定

重点統制リスクに関する対応方針、統制目標、体制整備、対応策は、何をどのように決めたらよいでしょうか。

A

重点統制リスクについて対応するにあたり、どのようなリスクが具体的に想定されるか、会社にどのような被害や影響をもたらすかを洗い出す作業が出発点になります。それを踏まえ、対策の目的や目標を明確化したうえで対策を具体化していきます。そして目指すべき目標と現状の対策内容を比較し、リスクを低減させていくためにどのような対応が必要かを考えます。この検討過程では、主管部署を指定したりタスクフォース型のチームを組織して集中的に対応にあたる方法も考えられます。

解説

企業として優先的に取り組むべきリスクの選定をした後は、選定されたリスクそれぞれについて、どのように対処するか（対応方針）、どの程度までリスクを減らすことを目指すか（統制目標）、どのような組織で対処するか（体制整備）、どのような手段で対処するか（対応策）について検討する必要があります。ただし、後述の内容をすべて実施することが難しい場合は、企業の実態にあった内容から順に手を付けていくことでよいと考えます。基本的なリスクマネジメントシステムを構築し、順次実施事項の幅を広げ、継続的なマネジメントサイクルを描けるようになることのほうが重要であるからです。また、既に実施しているリスクマネジメント関連の業務やマニュアル等がある場合には、このリスクマネジメントシステムのなかに組み入れるべきでしょう。

(1) 影響想定

　重点統制リスクの対処方針を検討するうえでは，まず影響想定を行うことが不可欠です。影響想定とは，そのリスクが顕在化した場合，どのような被害・影響が会社に発生するかを洗い出す作業です。企業として何を守らなければならないのか，リスクが顕在化すると企業はどのような被害を被るのか，復旧対策や応急対策はどのような方策が最適なのか等を確認するために必要となります。したがって，できるだけ具体的に影響想定を作成する必要があります。影響想定を行ううえでは，物的損害，人的損害，利益損失，信用失墜，賠償責任のほか，社会全般の想定（電気・電話・水道・ガスなどの被害，公共交通機関・道路などの被害）などの広い範囲で想定することが必要です。消費者，取引先，行政等の会社を取り巻く利害関係者の見る目が厳しくなっている現状においては，たとえば企業不祥事を起こした際の想定として，取引停止，シェア低下，株価下落，監督官庁からの指導，経営層の総退陣，有能な人材の流出，レピュテーション（信用）の毀損等，想定される被害・影響をできるだけ多く挙げ，その重大性を評価することが影響想定を作成するうえでのポイントとなります。

　影響想定はリスクの種類によって作成するポイントは異なりますが，地震リスクの場合であれば，主要な事業活動地域の地震危険度を把握することから始まり，ついで社屋の耐震性やオフィス内の地震対策と照らし合わせ，自社の地震リスクによる危険度を把握します。発生曜日，発生時刻，その後の事業への影響等を鑑み，影響想定を作成します。損害の程度は，物的被害，費用損害，賠償責任損害，人的損害等を具体的に記述します。

■シナリオの例1

> 〈地震災害の場合〉
> 日曜日の夜，工場で地震による火災が発生し全焼。工場建屋，設備，在庫，原料のすべてを損失（物的損害），復旧に向けた臨時の費用（費用損害）や納品先への保証金が発生（賠償責任損害），従業員2名も死傷（人的損害），逸失利益として工場再開までの2か月間の利益，同業他社に顧客が流出し，生産再開を果たせても売上が現状の60％程度にダウンする。

■シナリオの例2

〈パワーハラスメントの場合〉
ある社員が上司や同僚等から仕事上で理不尽な扱いや嫌がらせを受け，労働意欲が減退し，出社拒否をするようになった。
その後，当該社員が提訴し，5000万円の損害賠償をすることとなった。また，同様の事例が多く発覚し，職場環境の悪化や社員のモチベーションの低下をもたらした。

(2) **目標設定**

　リスクマネジメントを効果的に実施するためには，目的や目標を明確化することが重要です。まず，目的の明確化についてですが，例えば災害対策を例に挙げれば，企業市民としての当然行うべき項目，すなわち社会的責任を果たすという観点と，企業としての社会的信用を守るという観点からの項目を掲げることが考えられます。社会的責任という観点からは，従業員・家族の安全を確保する，経営試算を守る，業務を早期に再開するといった項目が挙げられます。社会的信用という観点からは，顧客や取引先の安全確保・業務再開支援，被災地域への支援などが挙げられます。次に目標の明確化についてですが，目標を具体的に表すことで，影響想定に基づき，万一その事態に至った場合，その最悪の被害状況をどこでくい止めるか，通常レベルの事業活動にどのように復旧させるか等を設定します。たとえば，地震リスクの場合では，建物を耐震化し什器・備品等も固定化することで従業員・来訪者に死者を発生させない，火災リスクの場合では，複数の工場があれば3日以内に代替工場で生産を開始する体制を整える，といった目標を定めます。できる限り定量的に定めることがポイントです。ただし，コンプライアンスに関するリスク等，定量的に定めることが難しい場合もあります。その場合でもできる限り具体的に目的や目標を設定することが求められます。たとえば，パワーハラスメントの場合，従業員の個人としての尊厳や働く権利を不当に侵害することを防止するという観点に加えて，パワーハラスメントにより職場環境が悪化することが従業員の能力発揮を妨げ，企業の人材活用の面からも大きなマイナスであるという観点からの項目を掲げることが考えられます。

(3) 対　　策

目標が設定されるとその達成に向けて対策を決定していきます。対策の推進に際しては，時間，労力ともに大規模な活動となる場合もあり，会社として多大な経営資源（人・モノ・金）を投入しなければならないことを経営層を含め，社内で理解を得ておく必要があります。

たとえば，地震リスクでは，建物設備の耐震補強の実施，製造ラインの分散化，部品納入先の複線化，製造図面のバックアップ等が考えられます。緊急時に支出できる準備金等をあらかじめ把握しておくことも必要でしょう。また，災害対策本部のための事前準備も必要になります。本部をどこの会議室に設置するか，電話回線数は十分か，設置するＯＡ機器はどうするか等，これらの事前準備もあわせて実施します。また，たとえば，パワーハラスメント等のコンプライアンスに関するリスクでは，規程類の整備によるルールの明確化，相談窓口や通報窓口の設置，役職員に対する教育・啓発の実施等が考えられます。

(4) リスク対応組織の設置

リスクマネジメント委員会を母体に対応すべきリスクごとの体制を定めます。たとえば，地震リスクでは総合リスク管理部や総務部，コンプライアンスでは法務部，リコールでは生産事業部等が主管部署になり，そのリスクに関係する部門から対応組織を構成します。なおこの対応組織のトップは，一般的には主管部署の担当役員とすることが適切です。

(5) 有事の業務

リスクが顕在化してから通常レベルの事業活動に復帰するまでの業務を整理します。顕在化したリスクが大きければ大きいほど，実施すべき有事の業務は日々変化します。企業の活動資源が限られている状況下では，実施すべき業務に優先順位を付けて柔軟に対応しなければなりません。有事に実施すべき業務を列挙し，優先度を付しておくことが望まれます。また有事の業務は，明確に始まりと終わりがある非定常業務です。したがって，リスクが顕在化してから通常レベルの事業活動に戻るまでの期間を，初動期，展開期，安定期，撤収期といった時間フェーズに分けて実施する業務を整理しておくことも必要です。当然のことながら人員は不足しがちになりますので，あらかじめ有事対応を実施する要員を明確にしておき，後述する教育訓練を通じて業務に精通させてお

く必要があります。

(6) マニュアル

　企業として優先的に対応すべきリスクについての対応組織を定め，リスクが顕在化した際の影響想定を作成し，そのリスクに対する企業としての目標を決め，事前の準備を行い，発生した事態に対する有事の業務を整理し，それらすべてをまとめたものがマニュアルの骨格となります。マニュアルは，平時によく読んで理解し，有事にはマニュアルを熟知した者がチェックリストを参照して指示や進捗確認を行います。したがって平時には十分な解説によって方針や組織，日常の活動等を理解でき，有事には必要最低限の実践的な利用方法が図れるマニュアルを作成することが望まれます。

(7) 教育訓練

　実践的なリスクマネジメント体制を構築するためには，リスクマネジメント委員会のメンバーを中心とした定期的な教育や訓練（シミュレーション訓練等）が必要です。訓練を実施することで，訓練対象者の危機対応力を向上でき，さらにそれまでに策定した対応策やマニュアル等の理解と不備の発見が図れます。実際にリスクが顕在化したときはマニュアルに記載された内容を超えた案件が多数発生することもありますので，そのような突発案件に即座に対応できる人材を育成しておくことが必要です。前述の一連の対応を実施した後は，訓練を中心にリスクマネジメント体制の改善を図っていくとよいでしょう。なお，訓練において想定や検討課題を設定する際や，訓練から得られた問題点を改善する際において，上司や他部門への配慮等が原因となり，重要であるが腰の重い問題の解決を先送りにしてしまう企業が散見されます。訓練の実施にあたっては，第三者を参加させ，外部の目を利用することが望まれます。

(8) 点　検

　一般的にリスクマネジメント体制を構築し始めている段階では，日常の業務のなかで，リスクマネジメントにかかわる業務の優先順位は下がりがちになります。形骸化や計画の未実施を防ぐためには，日常業務のなかで定期的な点検を実施することを運用ルールとして定めておくことも必要です。不具合を発見した場合は改善策を実施します。

【本間　稔常】

Q16 継続的な運用と改善（点検・監査の実施）

体制と対応策の浸透・定着は，何をどのように進めたらよいでしょうか。

A

> 経営者はリスクマネジメントに関する社内の取組みが適切な内容となっているかレビューし，必要があれば対応部署に改善の要求を行っていくことが不可欠です。また，経営者がレビューを行えるよう，各リスク主管部署は定期的にリスク対応計画の実施状況等について点検を行い，また監査部門等は第三者の立場から運用状況や有効性の評価等について監査を行い，経営層にその結果を報告する仕組みが必要になります。

解説

1 継続的改善の必要性

社内でリスクマネジメント体制を整備し，規程，マニュアル類をせっかく作成しながらも，下記のようなことが原因で，事件・事故・問題を発生させてしまう例が散見されます。

・作成した規程・マニュアル類が周知徹底されていない
・誤った運用がなされている
・管理が甘くルールを守らない社員がいる
・実際に運用してみると，改善点・新たな課題がみつかった

原因としては，Q17にあるように教育・啓発を怠っていたことも考えられますが，リスクマネジメント対策の運用状況や，対策の実効性を検証するプロセスが欠如していることによる場合も多くあります。リスクマネジメントの推進においては，リスクマネジメント体制を構築し，規程・マニュアル類を整備して終わらせるのではなく，それを維持していくために定期的なチェック（点検，モニタリング・監査）を行うことが不可欠です。また，チェックした結果をフィードバックし継続的な改善につなげることが不可欠です。

2 経営層によるレビュー

リスクマネジメントに関する体制を整備しただけでは，経営者としての役割を果たしたことにはなりません。会社法施行規則100条1項2号において，「損失の危険の管理に関する規程その他の体制」を整備することが求められていますが，これはすなわち，リスクマネジメントに関するPDCAサイクル[1]のすべてにわたって経営者の関与が求められていることを意味します。

経営者は，リスクマネジメントの活動において，リスクの現状を把握し，重点統制リスクを選定するなどの全体方針を定めます。対策すべきリスクを決定した後は，その対策を実行するための予算や手段について検討します。そして，リスク対策を実行した後は，対策の主管部署による実行結果の点検や監査部門によるモニタリング・監査結果などをレビューし，対策が有効に機能していない場合や，リスクの状況に変化があった場合には，対策に関する見直しの指示，重点統制リスクの変更，組織・体制の変更を行うなど，リスクマネジメントの継続的改善を率先することが求められます。

レビューすべき項目は以下のとおりです。またレビューした結果は，文書化し記録に残すことが必要です。

・リスクマネジメントの方針
・リスクマネジメントに関する計画
・リスクマネジメントの運用状況の評価
・リスクマネジメントの有効性の評価

- リスクマネジメントに関する是正・改善の実施
- リスクマネジメントに関する体制・仕組み
- （実際に危機が発生した場合）危機対応内容に関する事後的な検証

3 点検・監査

(1) 点検・監査とは

　経営者がリスクマネジメントのレビューを行うためには，当該リスクもしくは当該対策の主管部門リスク主管部署においてリスク対策の実施状況などについて管理を行い，定期的に点検を行うこと，そしてその結果を経営者に報告することが大前提となります。よくリスクを分析し，きちんと練られた計画を作っても，それが実行に移されなくてはリスクを処理したことにはなりません。点検をしっかり行っていない会社の計画をみると，数年前に計画された対策がそのまま放置された状態になっていることも少なくありません。

　リスク対策がきちんと実行されているかどうかを確認する方法にはいくつかありますが，上記のように対策を実施するリスク主管部署が自らその内容を確認することを「点検」と呼びます。一方で，社内の独立した立場にある監査部門などが確認することを「モニタリング」や「監査」と呼びます。社内に監査部門がない場合には，社内の他の部門が第三者の立場から内容を厳しくチェックすることで替えることも可能です。点検と監査の違いは，点検はリスク管理部門が主体となり，各現場を対象としてリスクが管理されているかを点検するのに対し，監査は監査部門が主体となり，リスク管理部門を対象として点検が実効的に行われているかを監査することにあります。主な点検・監査における確認項目は以下のとおりです。

- 年間計画は実施されたか。特に重点施策として計画されたリスク対策はもれなく実行されたか
- 定められたルールどおり運用されたか
- リスクはどの程度発生したか。発生回数は目標値を下回ったか

- 事故状況等のデータ収集，原因・結果分析等を行っているか
- 実施したリスク対策は有効であったか
- マニュアル類は最新のものが配備されているか，更新されているか
- 必要な教育・啓発は予定どおり実施されているか
- 前回の点検結果で改善が必要とされた項目は改善されているか
- 点検結果をきちんと記録されているか
- 点検結果は，管理者がチェックしリスクマネジメント部門に報告されているか

(2) 点検・監査のポイント

　何をどう点検・監査するのか，チェックリストを作成して点検を実施するなど，抜け漏れなく実施できるよう工夫を行うことも重要です。また，上記のなかで運用状況の評価，有効性の評価は，是正・改善の観点からは重要となります。

　(a) **リスクマネジメント対策の運用状況の評価**　規程・マニュアルにより定めたルールやリスクマネジメント対策が正しく行われているか，省略されていないか，一部の人間だけにしか実行されていないか等に関して，現状の運用状況の点検をすることが最低限必要です。規程やマニュアルに記載されている実施事項の内容や実施プロセスが適切かどうか確認を行います。たとえば，教育の実施時期や実施回数などがリスク対策の計画に記載されている場合には，所定の時期や回数に合致して運用されているかどうかを点検します。

　(b) **リスクマネジメントシステムの有効性の評価**　リスクマネジメント体制や規程・マニュアル類をいったん作成しても，実際に運用してみると必ずしも効果的にリスクを削減できていない，効果的に組織が対応できていないなどの問題点が見つかることがあります。ただし，始めからそのような問題点を予見して完璧な体制を整備することは不可能であることから，リスクマネジメントシステムの有効性を評価することが不可欠となります。たとえば，事故発生件数，不祥事発生件数などの指標の増減で有効性を評価すると客観的な確認を行うことができます。

　リスクマネジメントを実践していくうえでは，継続的に問題点を改善していくことが重要です。そのためには訓練・監査・経営層の見直し等により問題

点・改善点・検討点を洗い出し，継続的に改善していくシステム作りが欠かせません。一度に100点満点の体制を整備することは困難です。また企業を取巻く状況は刻々と変化しますから，いったんは70点程度の出来でＰＤＣＡサイクルを回し，経営層の責任のもと少しずつレベルアップをさせていくという考え方で実行していくことが現実的です。

■リスクマネジメントシステム維持のための仕組み

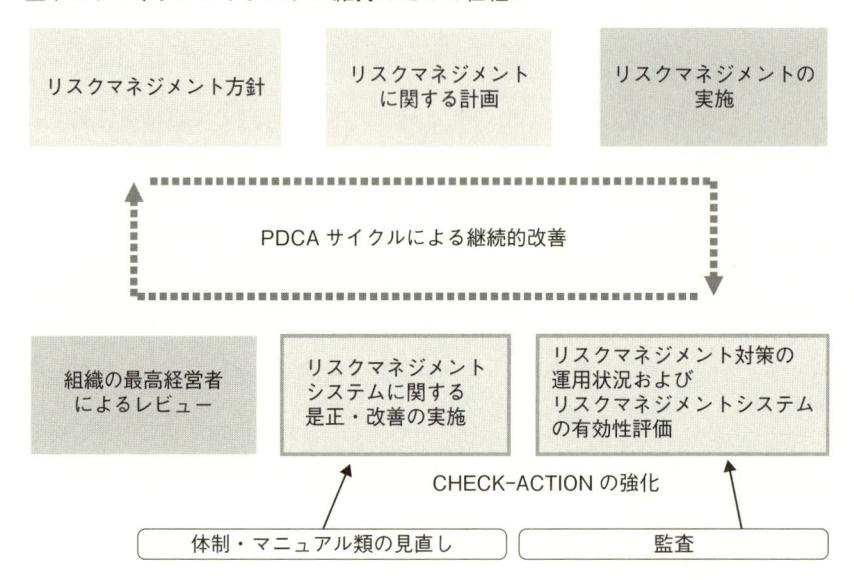

```
[リスクマネジメント方針]   [リスクマネジメントに関する計画]   [リスクマネジメントの実施]

                    PDCAサイクルによる継続的改善

[組織の最高経営者によるレビュー]   [リスクマネジメントシステムに関する是正・改善の実施]   [リスクマネジメント対策の運用状況およびリスクマネジメントシステムの有効性評価]

                    CHECK-ACTION の強化

          [体制・マニュアル類の見直し]              [監査]
```

注　記

*1　ＰＤＣＡサイクル（plan-do-check-act cycle）は，事業活動における生産管理や品質管理などの管理業務を円滑に進める手法の一つ。Plan（計画）→ Do（実行）→ Check（評価）→ Act（改善）の４段階を繰り返すことによって，業務を継続的に改善します。

【本間　稔常】

Q17　役職員に対する研修

経営層，管理職層，担当者に対して，リスクマネジメントの重要性をどのように教育・啓発すればよいでしょうか。また，効果的な方法はありますか。

A

> まずは，リスクマネジメントの重要性やポイントについて，担当者を含む社員全員に対して，社内通達や広報ツールを用いて，継続的に周知し続けることが不可欠です。そのうえで，担当者に対しては，リスクマネジメントにおける自らの役割を認識させるための演習やロールプレイング等を交え，自ら考えさせる内容の研修を行うこと，経営層や管理職層については，意思決定事項の確認や判断力を養成するためのシミュレーション訓練を行うことが効果的です。

解説

1　教育・啓発の重要性

(1) 教育・啓発のポイント

リスクマネジメントにおいて最も重要なのはリスクに適切に対応できる人材を確保することです。リスクマネジメント体制やルールを整備しても，平常時においてその内容をしっかりと理解し，緊急時において臨機応変に対応できる人材がいなくては，絵に描いた餅で終わってしまいます。「マニュアルを作っても実際には役に立たない」といったことを言う人もなかにはいますが，役に立たなかった理由や原因を探ってみると，社員の教育や意識啓発まで手が回っておらず，結局は基本的な対応要領の理解不足であったということがよく

あります。そのため，リスクマネジメント体制の構築を行い，規程やマニュアルを整備した後は，まずは社内への啓発・周知徹底を行い，教育・研修を繰り返し行うことが重要なポイントとなります。社内通達等で役職員全体に知らしめることはもちろん，緊急性や重要性の高いリスクへの対応については，社内報や社内ポスターといった社内広報ツールを活用することや，経営層や従業員に対する教育・研修を行うことが不可欠です。その際，経営層自らが率先して取り組む姿勢を伝えることがポイントとなります。意識啓発や教育・訓練を行わなければ，企業のリスクマネジメント活動は形骸化してしまいがちです。従業員一人ひとりの意識醸成を図っていくことは，継続的な改善を行い，リスク対策の実効性を高めることにつながります。

(2) 教育・啓発方法

実際には，何か一つの対策によって多くの従業員の意識を醸成することは困難であるため，以下に例として挙げる施策をいくつか組み合わせながら，教育・啓発を行うことが効果的です。

■教育・啓発の例

① 社内通達等での周知
　規程やマニュアルの策定・更新の際は，必ず，社内で定められた手続に従い，すべての役職員に周知します。情報管理等のコンプライアンスにかかわる対策のように，重要かつ多くの部署に幅広く関連するリスク対策においては，各部門に担当者（例：情報管理責任者）を置き，その担当者を通して啓発・周知徹底を図ることもよいでしょう。

② 既存の社内広報ツール等の活用
　社内広報誌等の既存の社内コミュニケーションツールを活用し，定期的に周知することも重要です。体制やマニュアルを整備した時だけしか周知しないのでは，どうしても社員の意識や記憶が薄れてしまいます。たとえば災害対策に関して周知を行う場合，東日本大震災が発生した3月や防災の日のある9月等に，自社の対策内容について改めて周知すると効果的です。

③ その他の広報手段の検討
　自然災害等，大規模な被害が想定されるリスクについては，イントラネットでの情報提供や，従業員家族を対象にした小冊子を配布する等，細やかな情報提供も重要です。また，特に緊急性の高いリスクや，対策の啓発・周知徹底がなかなか進まないリスク等については，ポスターを貼るなどのキャンペーンを実施するという手段もあります。たとえば，災害発生直後の安否確認は従業員

だけではなく，安心して災害対応にあたるためには従業員の家族も含めて確認する必要があります。従業員家族が安否確認の方法について具体的に理解ができるよう，携帯電話による安否報告の方法や災害伝言ダイヤルの使い方等をまとめた小冊子やパンフレットなどを配布することが効果的です。
④　研修の実施
　　役職員にセミナーや研修等を実施することも不可欠です。経営層から管理職層，担当者レベルまで，すべての層に役割に応じた内容で実施する必要があります。リスクマネジメントの重要性や自らの役割を認識させるための座学形式や，ケーススタディやロールプレイングを行うことで自ら考えさせる内容の研修とすることも効果的です。リスクマネジメントのポイントのほか，他社での失敗事例や成功事例を交えて説明するとよいでしょう。
　　また，危機管理マニュアル等を作成している場合には，経営層や管理職層や担当者ごとに，各々の役割，意思決定・判断の基準や情報連絡方法等について具体的に解説する内容の研修とすることでリスクマネジメント対策の浸透を図ることも効果的です。
⑤　訓練の実施
　　マニュアル等で定めたとおりの業務が実際に手順どおりにできるかどうかを確認する訓練や，シナリオをもとに発生した事象に関する情報の記録・整理・分析を行ったり，経営層や管理職層の意思決定事項の確認や判断力の養成を行ったりするシミュレーション訓練を行うことも効果的です。

　いずれにしても教育・啓発は，1回だけで終わらせず，繰り返し実施することが極めて重要です。その際，以前に行った教育の実施結果をアンケート等で確認し，より効果的な教育内容となるよう，教育自体にもPDCAサイクルによる継続的な改善が必要です。教育実施計画や記録等を残し，計画的に施策を運用することで，さらなる従業員の意識醸成およびリスク対策の実効性向上につながります。

2　訓練の実施例

(1)　訓練により災害時の対応を疑似体験する
　リスクマネジメントにおける人材の重要性については既に述べましたが，教育・啓発により役職員の危機管理意識の醸成を図ることに加えて，危機発生時における対応能力を向上させることは，リスクマネジメント体制の実効性を

向上させるため非常に重要です。危機はマニュアルで想定したとおりに発生することはまれですが，マニュアルの基本的な対応事項を事前に理解しておくことで的確に状況の判断と対応を行うことができます。また，いわゆる想定外の事象が発生した場合でも，基本的な対応を迅速にこなすことで，難しい判断が求められる局面に接しても，人や時間などの経営資源を投入する余力を確保することができ，組織としての応用力を発揮することが可能となります。

　この応用力をいかにして養えばよいのか，実はこれは簡単なことではありません。最も応用力・実践力をつける方法は，実際の危機を経験することですが，大規模地震が頻繁には発生しないように，実際に従業員がその対応能力の向上を図る機会は限定的です。そのため，危機発生時の混乱した状況をシナリオとして想定するシミュレーション訓練を実施し，有事を疑似体験しておくことが効果的となります。リスクマネジメントに積極的に取り組んでいる企業のなかには，年に1回程度，定期的にシミュレーション訓練を実施している企業も少なくありません。東日本大震災の直前にシミュレーション訓練を実施していたことで，未曽有といわれる危機の発生に対しても冷静に対応を行い，影響を最小限に抑えることができた企業もありました。

(2) シミュレーション訓練概要

　以下に，シミュレーション訓練の概要を説明します。シミュレーション訓練とは，危機が発生した際の会社の対応のうち，主として会社としての対応の要となる本社の対策本部や事業所の対策本部を対象に行うものです。訓練の目的は，①シナリオシミュレーションによる緊急時の対応事項の確認，②緊急時における事実確認の方法の確認，③優先順位付けの考え方，情報収集，状況判断，意思決定の基準，考え方の確認・検証，④現状の緊急時対応計画の見直し，⑤参加者のリスク感性，危機管理意識の醸成・向上を行うこと，です。シミュレーション訓練には様々な実施方法がありますが，例として机上型シミュレーション訓練とリアルタイム型シミュレーション訓練を紹介します。それぞれの特徴について説明します。

(a) 机上型シミュレーション訓練　　危機管理を担当する事務局要員や実際に判断を行う責任者を対象に，事故や災害のシナリオや，意思決定や判断を要求する課題を提示し，集まった対策本部要員同士でのディスカッションを通

■机上型シミュレーション訓練の実施イメージ

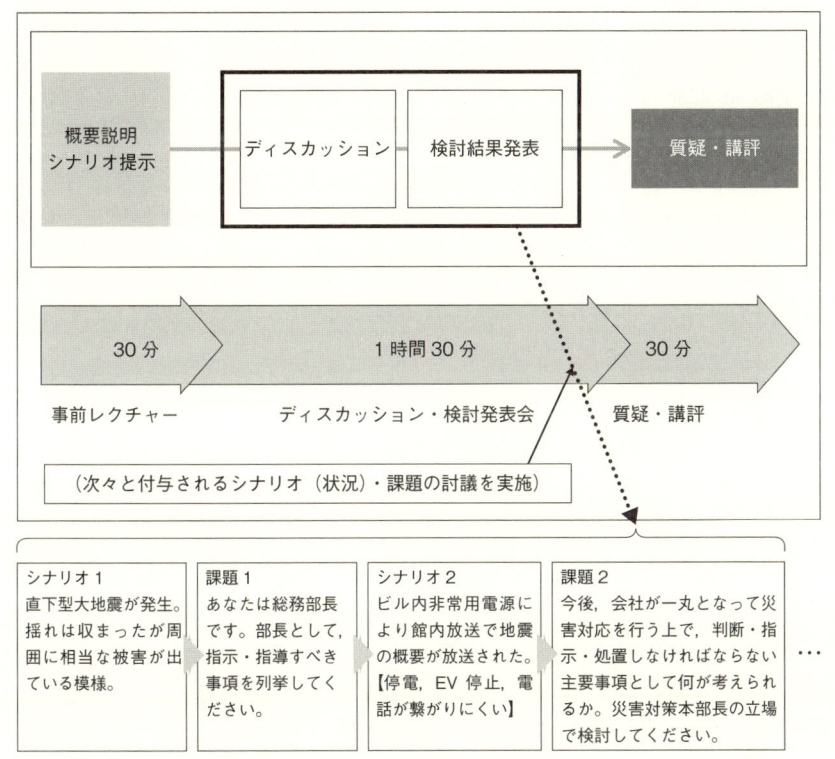

```
┌─────────────────────────────────────────────────────────────┐
│  ┌──────────┐  ┏━━━━━━━━━━━━━━━━━━━━━━━━┓  ┌──────────┐    │
│  │ 概要説明  │  ┃ ディスカッション │ 検討結果発表 ┃ →│ 質疑・講評 │    │
│  │シナリオ提示│  ┃                        ┃  │          │    │
│  └──────────┘  ┗━━━━━━━━━━━━━━━━━━━━━━━━┛  └──────────┘    │
│                                                              │
│   ┌────→┐      ┌─────────────→┐      ┌────→┐               │
│   │ 30分 │      │   1時間30分    │      │ 30分 │               │
│   └─────┘      └───────────────┘      └─────┘               │
│   事前レクチャー    ディスカッション・検討発表会    質疑・講評       │
│                                                              │
│         ┌─(次々と付与されるシナリオ（状況）・課題の討議を実施)─┐ │
│         └──────────────────────────────────────────────────┘ │
└─────────────────────────────────────────────────────────────┘
```

シナリオ1	課題1	シナリオ2	課題2	
直下型大地震が発生。揺れは収まったが周囲に相当な被害が出ている模様。	あなたは総務部長です。部長として、指示・指導すべき事項を列挙してください。	ビル内非常用電源により館内放送で地震の概要が放送された。【停電、EV停止、電話が繋がりにくい】	今後、会社が一丸となって災害対応を行う上で、判断・指示・処置しなければならない主要事項として何が考えられるか。災害対策本部長の立場で検討してください。	…

（出所）　東京海上日動リスクコンサルティング株式会社作成。

じ，短時間で答えを出す訓練で，形態としてはややグループ演習に近いものです。危機対応における意思決定プロセスの検証をするとともに，訓練参加の前に規程やマニュアルをよく読んでから参加することで，規程やマニュアルに対する理解が深まります。訓練を繰り返し実施することで，リスクマネジメント体制やマニュアル類の継続的改善につなげることもできます。

　(b)　リアルタイム型シミュレーション訓練　　実際に対策本部を設置し，事故や災害のシナリオに沿ってリアルタイムに対策本部に入ってくる被害状況，災害情報を処理しながら，対策本部の運営を実施し，発生事態に対する的確な

状況判断や意思決定のプロセスを実践的に体験する訓練です。危機発生現場からの報告，マスコミ等の外部情報や，官公庁や取引先等の関係者からの要請を映像，電話，FAXや電子メールなどで入れ，臨場感のある訓練とすることで，訓練参加者は危機を模擬体験できるとともに，本番さながらの状況において主体的な行動が要求されます。

リアルタイム型シミュレーション訓練では，実際に起こりうる様々な危機に対応した訓練に応用することが可能です。たとえば，不祥事を起こしたとするシナリオの場合であれば，マスコミに対して記者会見を開かざるをえなくなる状況を設定し，記者会見や関係者へのお詫びの場面を実際に訓練することも

■リアルタイム型シミュレーション訓練のイメージ

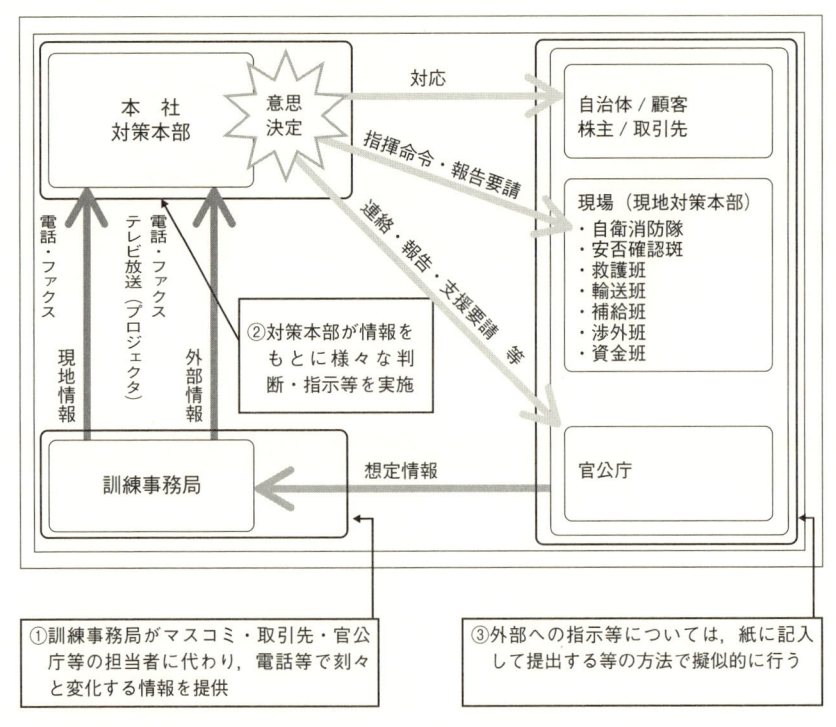

```
┌─────────────────────────────────────────────────────┐
│  ┌──────────┐    対応     ┌──────────────┐          │
│  │  本 社   │ ──意思──→  │ 自治体/顧客  │          │
│  │ 対策本部 │   決定      │ 株主/取引先  │          │
│  └──────────┘ 指揮命令・報告要請                     │
│      ↑↑      ╲連絡・報告・支援要請 等               │
│   電話・ファクス  ╲    ┌──────────────┐             │
│   テレビ放送       ╲   │現場(現地対策本部)│          │
│   (プロジェクタ)    →  │・自衛消防隊   │            │
│   電話・ファクス       │・安否確認班   │            │
│                        │・救護班      │            │
│   現地情報  外部情報   │・輸送班      │            │
│      ↑       ↑        │・補給班      │            │
│      │  ②対策本部が情報を│・渉外班      │           │
│      │  もとに様々な判  │・資金班      │            │
│      │  断・指示等を実施 └──────────────┘           │
│      │                                              │
│  ┌──────────┐  想定情報  ┌──────────────┐         │
│  │ 訓練事務局 │ ←─────── │   官公庁    │          │
│  └──────────┘            └──────────────┘         │
└─────────────────────────────────────────────────────┘
  ①訓練事務局がマスコミ・取引先・官公  ③外部への指示等については，紙に記入
   庁等の担当者に代わり，電話等で刻々    して提出する等の方法で擬似的に行う
   と変化する情報を提供
```

(出所) 東京海上日動リスクコンサルティング株式会社作成。

可能です。また，記者会見に向け，ステートメント，プレス資料やＱ＆Ａの作成を訓練することもできます。危機を疑似体験し，適切な対応を行うことの困難さを実感することが社内のコンプライアンス体制強化のきっかけとなるといった二次的な効果も期待できます。自社を取り巻くリスクの状況に応じて，シナリオ内容を工夫することで，様々な危機に対する実践力を養うことが重要です。

【本間　稔常】

Q18 リスク情報の伝達

組織内部でリスク情報が迅速かつ正確に伝達されるために，どのような措置を事前に講じておくのが効果的でしょうか。

A

(1) リスク情報の伝達で最も重要なことは，迅速性です。特に組織トップに迅速に情報が届くようにルートやルールを定めておくことが求められます。
(2) 危機発生時には，情報伝達がスムースにいかないケースも考えられますので，どのような情報をどこに伝達すべきか等，実際の場面で混乱しないよう，訓練等を通じ，各人が対応力を身につけておくことが重要です。

解説

1 危機発生時の情報伝達とは

(1) 危機発生時における情報伝達の位置づけ

危機発生時における対応で中心となるのは，意思決定です。適切な意思決定のためには，情報をいかに把握し，状況を見極めるのかが鍵となります。したがって，情報伝達を含め，情報管理全体をいかに行うかが危機対応の成否を左右するともいえます。実際に，危機の予兆があったにもかかわらず，その情報を伝達しなかったことから，危機の認知が遅れ，それが対応の遅れにつながり，その結果として，被害が拡大するというような事例もみられます。

(2) 危機発生時の情報伝達で陥りがちな例

危機発生時には，平時と異なる状況での対応が求められることから，通常

の情報伝達とは異なる状況が発生することがあります。たとえば，以下のような状況の発生が想定されます。

(a) **情報の不正確性**　情報の輻輳により，どの情報が正しいのかがわからなくなったり，情報が古いまま伝わる等，情報が不正確な状況となる場合が考えられます。危機発生時においては，複数の情報源から情報が断片的に入ること自体は避けることができないと考えられるからこそ，その点をあらかじめ認識しておくことが肝要です。

(b) **情報の変質**　いわゆる「伝言ゲーム」の状況です。通常時にも発生しうる状況ですが，特に危機発生時においては，混乱したなかで情報を口伝えのみで伝えたりした場合に，情報発信者から伝えた内容がそのとおりに伝わらないケースが想定されます。

(c) **情報の不伝達**　情報を入手した人の危機認識の欠如等から，情報が途中で止まり，その情報を必要とする部署や担当者等に伝わらない状況が考えられます。情報が伝わらないケースとしては，情報通信機器の障害，情報伝達ルート・ルールの不備，関係者の連携不十分，情報集約の遅れ等のほか，事態への関わりを避けるため意図的に情報を伝えないケースも想定されます。

実際の危機発生時においては，上述のような状況が複合的に発生することで，情報伝達がスムースに行われないことが考えられますので，そのことを十分に認識しておきましょう。

2　危機発生時における情報伝達のポイント

(1) 迅速性

危機発生時の情報伝達で最も重要なのは，迅速性です。特に危機発生時の第一報等は，事実の発生を伝えるだけでも十分です。特に，組織のトップまでいかに早く問題の発生を伝えるのかが，その後の対応の成否を分けるともいえます。

たとえば，その危機の発生，または危機の予兆となる情報を認知した段階が，平日日中であれば，通常の報告・連絡体制のなかで上司や責任者等に対して報告・連絡をすることが可能ですが，それが夜間や休日で，仮に就寝している上

司を夜中に起こすこととなっても躊躇なく事実を連絡する必要があります。その場合，報告を受ける側（上司，責任者等）は，たとえ夜間の報告であっても，また，後に誤報であることが判明した場合であっても，不機嫌になったり，報告者を責めたりすることは絶対に避けなければなりません。仮にそのような対応を行った場合，それ以後，報告を躊躇したり，誤報かどうかを確認するために情報伝達が遅れることになる可能性があります。

　また，特に第一報は，たとえその情報が不完全なものであっても，迅速さを重視しましょう。そもそも特に危機発生直後においては，すべての情報を把握することは困難であり，わかっている事実だけでも早急に伝えることで十分です。仮に，情報のなかに，いわゆる「5W1H」が欠けていても構わないので，迅速さを重視することが肝要です。また情報の詳細がわかっている場合には，把握している事実に加え，これから起こりうる最悪の事態・シナリオの可能性や，取りうる対応等も伝えることも考えられますが，それらの検討により，時間が経過してしまうことは絶対に避けなければなりません。

　どのように小さな危機の兆候であっても，それが場合によっては，組織の命運を分ける重大な事態に発展する可能性があるという認識をもって，情報伝達を行うことが肝要です。

(2) 情報の共有化・透明性の確保

　危機の発生後，対策本部等を設置し，情報収集の担当者を定め，実際に発生していることや，変化する様々な情勢を収集・整理することが求められます。情報は刻々と変化しますので，情報の収集・整理にあたっては，特に「いつの時点の情報なのか」を明確にして情報共有することが求められます。さらに，状況によっては，発生している事態をより適切に把握するため，事態が発生している現場の最寄りの現地責任者を現場に急行させたり，本社から専門家を送りこむというような対応も必要です。

　また，共有すべき情報としては，大きく分ければ「現在までに判明した事実（また，判明していない事項も含む）」「現在実施している対応策」「今後の見通し（今後求められる対応策を含む）」というような事項をまとめることになります。

　具体的には，災害発生時においては，従業員の安否確認や人的被害・物的

被害のような社内の情報について，各拠点や部署から報告された情報を，「人的被害」「物的被害」「業務状況」といったような項目に整理し直すことが望ましく，人的被害は人事部，物的被害は総務部というように，平時の所管部署別に項目を分けると，その後の対応につながりやすくなります。たとえば，人的被害については死亡者・重傷者・軽傷者・不明者に整理したうえで，死亡者についてはご家族への連絡が取れているのか，重傷者については応急処置や病院への搬送はできているのか，不明者についてはどのような手段で，誰が捜索をしているのか等，状況のステータスを管理することにより対応の抜け漏れを防止する効果もあります。特に危機発生直後の混乱した状況下では，対応の抜け漏れは人の生死や二次災害の抑止，業務復旧の巧拙に多大な影響を及ぼすことから特に重要であるといえます。また，災害時に収集すべき情報としては，電気・水道・ガス・通信・交通等のインフラの状況や，自社の拠点周辺で発生している火災や混乱の状況等，社外の情報も挙げられます。これらの社外の情報は，テレビやラジオ，インターネット等から収集し，常に最新の情報に更新することが重要です。

　さらに，情報を更新する場合には，「前回の情報からの変更点」「次回の情報のまとめの見込み」も追加しておくことが求められます。共有すべき情報は，口頭や電話だけでなく，メールや掲示板等で共有することになると考えられますが，「いつ時点の情報なのか」「以前の情報との変更点は何か」を明確にして情報の正確さを確保することが重要です。

３　事前に取り組むべき対応

(1) 危機事態への共通認識の醸成

　危機事態の発生は，組織のトップが真っ先に知る必要がありますが，そもそも「何が危機で，連絡すべき情報か」という大枠の考え方について，関係者全員が共通認識をもっておく必要があります。そのためには，組織のキーメンバーだけでなく，緊急連絡に携わる関係者全員が普段から，組織トップの頭になって業務を行うことが求められます。

　想定する危機事態について，具体的な事例を示すことも一つの方法ではあ

りますが，その場合，将来のあらゆる事態を想定したものではないため，いわゆる「想定外」の事象について対応できなくなる可能性があることに注意が必要です。具体的な事例を用いる場合は，事例を継続的に見直し，組織の共通認識と情勢に適合したものにしておくことが求められます。

さらに，前述のとおり，報告を受ける側の姿勢によっては，迅速な報告を阻害する可能性もあることから，「危機発生に係る情報は，予兆段階でもどんなに小さなものでも，躊躇なく報告する」という認識を組織全体でもっておくことも不可欠となります。

(2) 情報伝達のルートやルールの明確化

前述のとおり，危機発生時の情報伝達は，社内や対策本部内での情報共有を図るうえで非常に重要です。そのために，事前に情報の伝達ルートやルールを明確化しておくことが不可欠です。

一般的には，緊急連絡網を準備している場合が多いと考えられますが，その際，組織のトップへ迅速に報告・連絡が行くようなルートを定めておくことが求められます。また，通常時においては指揮命令系統を逆にさかのぼって報告するルールにしている場合が多いと思われますが，危機発生時においては前述のとおり，迅速性が最も重要となるため，組織のトップやキーとなる部署や担当者に直接連絡をとってもよいというようなルールを設けておくことも有用です。

また，重要な情報が一部の担当者のみで完結してしまったり，中間で情報がもみ消されてしまう可能性を低減させるために，たとえばメール等で情報伝達する場合は，宛先に複数名を入れておくといったようなルールを平時から徹底しておく等の対応も検討しておきましょう。

さらに，大規模地震のような自然災害時には，誰の目から見ても危機が発生していることがわかりますが，たとえば，不祥事等のように当初は水面下に隠れており，ごく少ない情報が断片的に見られるだけの場合もあります。したがって，危機を予兆の段階から早期に発見して，事態が深刻化しないように，危機に関連する情報を把握する体制や，組織のトップに迅速に届く体制を作っておくことが求められます。

(3) 伝達情報・伝達対象の明確化

　どのような情報を誰に伝達するのかについて，あらかじめ一定程度定めておくことが組織内での迅速な情報共有のために重要です。また，前述のとおり，口頭だけでは「伝言ゲーム」になる可能性もあるため，たとえば，第一報やその後の組織内での報告・連絡について，様式（テンプレート，フォーマット）をあらかじめ定めておき，危機発生時に口頭での報告と連絡とを併用することも有用です。

(4) 訓練と見直し

　危機管理において基本的なことですが，「いざ」という時に情報伝達がスムースにできるように，あらかじめ教育や訓練を実施し，上述のような共通認識の周知や，情報伝達ルート・ルールに則った対応を身につけておくことが欠かせません。特に，どのような情報を伝達すべきかというような判断については，訓練を通じて適切に判断しておくことが求められます。

　さらに，訓練を通じて，情報伝達のルートやルール，報告様式等に不都合があることがわかった場合は，その結果を検証し，適切に見直しを行うことも重要です。

【濱﨑　健一】

Q19　心理学理論の応用

規則違反や不正行為が発生しにくい職場環境をつくるうえで，参考にできる心理学の理論はないでしょうか。

A

(1) 不正行為は，動機・機会・正当化という3つの不正リスク要素がすべてそろったときに起きる，とする「不正のトライアングル理論」があります。この理論を用いると，内部統制による監視や牽制が甘いと不正を誘発することがわかります。

(2) 軽微な犯罪も徹底的に取り締まることで凶悪犯罪を含めた犯罪を抑止できるとする「壊れた窓理論」があります。この理論を用いると，些細なルールや指示でも厳格に遵守して職場の規律や秩序を維持することが大きな不祥事の防止につながることがわかります。

(3) 危険を回避する手段・対策をとっても，社会全体で危険が発生する確率は一定の範囲内に保たれるとする「リスクホメオスタシス理論」があります。安全対策を講じても，人間の意識を引き締める措置を同時に講じなければ，安全対策以外の箇所で事故や違反が生じることがわかります。

(4) 社会心理学では，集団の作用によって個人の意思決定がどのように左右されるかを研究します。開かれた討議，事実に基づく合理的な判断，透明性のある意思決定プロセスが望ましいことがわかります。

(5) 認知心理学では，リスク・コミュニケーションに影響する要素を研究します。受け手の情報ニーズの把握，誠実かつ公正・透明なリスク情報開示，リスクに対する態度を共に考えるプロセスが，リスク対処における協力関係につながることがわかります。

解説

1　不正のトライアングル理論

(1) 概　要

　なぜ危険を犯してまで不正を働くのかという疑問に対して，米国の組織犯罪研究者クレッシー博士（Donald R. Cressey）が，普通の人間が不正を実行する条件を説明する理論を提唱しました。同氏は，横領関連の罪で服役中の受刑者数百名を対象に調査と分析を行い，①不正を行う動機・プレッシャー，②不正を行える機会，③本人にとっての正当化，の3つの条件が揃うと普通の市民でも横領を実行するとの仮説を抽出しました。これが「不正のトライアングル理論（Fraud Triangle Theory）」です。この理論は，業務または業務の延長上で行われる不正の防止および調査の実務でたびたび引用されます。

(2) 理論の要点

　不正のトライアングルを構成する3つの要素は次のとおりです。

　(a)　動機・プレッシャー　　動機・プレッシャーは，不正を欲する主観的要素です。クレッシー博士の研究では，横領を行った本人たちは，他人と共有できない金銭的な問題を抱えていました。これを一般化して，社会的に妥当かつ適法な方法では解決できない課題が存在すること，つまり，自分の悩みを解消もしくは望みを実現するには，不正を犯すしかないと考えるに至った心情を最初の要素と考えます。実務では，業績のプレッシャー，外部からの利益供与，個人的な借金などが想定されます。

　(b)　機　会　　機会は，不正を可能もしくは容易にする客観的要素です。クレッシー博士の研究では，横領を行った本人たちは，周囲から信頼されている立場を利用すれば秘密裏に問題を解決できると本人が認識していました。これを一般化して，対策の不備や限界によって不正行為が可能な状態にあること，つまり不正をやろうと思えばいつでもできるような状況を次の要素と考えます。実務では，特定の管理者への権限集中，職務分離の無効化，点検・承認の形骸化などが想定されます。

(c) 正当化　　正当化とは，不正を犯す自分を肯定しようとする主観的要素です。クレッシー博士の研究では，横領を行った本人たちは，倫理観を無視して自らの行動を正当化していました。これを一般化して，秘密裏に問題を解決するため，倫理観・誠実性から目をそむけ，自らを納得させる理由づけをすること，つまり，自分に都合のよい理由をこじつけて，「良心の呵責」を乗り越えてしまうことを3番目の要素と考えます。実務では，会社の利益，顧客の要求，職場の目標達成，一次借用，軽微などの釈明が想定されます。

(3) リスクマネジメント実務への応用

不正のトライアングル理論は，次の観点でリスクマネジメントの実務に応用が可能です。

(a) 業務不正を防止する内部統制システムの整備　　主観的要素の「動機・プレッシャー」と「正当化」から，個々人に「心のブレーキ」を掛けさせる仕掛けの重要性が理解できます。実務では，①孤立した状態でプレッシャーを掛けすぎない，②お互いに相談しやすい職場の人間関係をつくる，③厳しい制裁や不利益が待っていることを具体的にイメージさせるなどの観点で対策を講じます。

客観的要素の「機会」から，いつも誰かが見ている状態，つまり不正をしても必ずばれる状態の重要性が理解できます。実務では，①管理者の承認・点検を形骸化させない，②職務分離が無効化しないように組織管理や人事管理と連動する，③お互いに声を掛けあう職場の風土をつくるなどの観点で対策を講じます。

内部統制システムを強化しても，上記のように職場や業務の単位で質の充実を図らなければ不正の発生は止まりません。

(b) 不正調査における活用　　一般に不正調査は，必要な情報収集と情報分析を行い，不正手口の仮説を構築し，その仮説の検証と要因・背景の分析を行うサイクルを何度か繰り返すことで実態を解明します。そして，解明された結果は，責任追及と再発防止に利用されます。要因・背景の分析以降の工程では，生の事実ではなく，不正のトライアングルの3要素で整理した情報に基づいて検討する手法が効率的です。

2 壊れた窓理論

(1) 概　要

　個人の犯罪被害の救済や加害者への制裁と同様に，地域社会の秩序維持も犯罪の予防に大切ではないか，という疑問に対して，米国の研究者ジョージ・ケリング博士（George L. Kelling）が，些細な秩序維持の揺らぎが深刻な秩序の崩壊につながるプロセスに関する理論を提唱しました。これが「壊れた窓理論（Broken Windows Theory）」です。

　ケリング博士は，1枚の割れたガラスあってもこれを直さないなど，「誰も関心をもっていない」「他の窓ガラスを壊してもかまわない」というサインを伴う行動によって，保たれてきた秩序を守ろうとする風潮が揺るがされたとき，地域や組織の破壊はどこでも起こり，さらにそれを放置する行為によって地域や組織の秩序は崩壊へとつながると考えました。ニューヨーク市のジュリアーニ元市長がこの理論を採用し，軽犯罪，交通違反，路上営業等の取締りから始めて町の治安を回復したことで有名になりました。日本国内でも治安維持の活動に導入する地方自治体があります。

(2) 理論の要点

　落書き，酔っ払い，物乞い，乱暴な若者など秩序（非公式だがその地域ではよく知られているルール）を乱す存在，すなわち「1枚の割れたガラス」が放置されると，住民は治安が悪化したと感じて自宅に引きこもり，近所づきあいが希薄になります。高齢者は強盗に遭うのと同じくらい恐怖を受けますし，転居できる者は転居します。住民のつながりが弱くなった地域では，周囲の監視がなく，よそ者がのさばり，麻薬，売春，強盗などの重大犯罪が増加しやすくなります。

　従来の警察は，地域社会の秩序維持における非公式なコントロールのメカニズムを強化する役割を果たしていましたが，現在の警察は，適正手続のもとでの犯罪者の逮捕と司法手続への引渡しに役割が限定され，以前のような「非公式な対処」はできなくなりました。また，地域の規律の揺らぎに不安を感じる住民は，安全な地域に移動することが以前より簡単になりました。こうして，

「1枚の割れたガラス」から地域が崩壊する社会的リスクが高まったといえます。

　ケリング博士は，重大犯罪者の逮捕・制裁という病理現象の対処だけでなく，コミュニティの規律の重要性に気づくこと，規律維持のため自警団（パトロール）や見張り番（ガードマン）を置くことの重要性を積極的に認めるべきであると主張しています。

(3) リスクマネジメント実務への応用

　壊れた窓理論を引用して，職場の社員が不安や不快感を覚える些細な規律違反から丁寧に是正すれば，将来の重大な問題の発生を防ぐことができる，と説明するのが一般的です。

　ケリング博士の論文では，ニュージャージー州で警官による歩行パトロールを導入したところ，現実の犯罪率は上昇したものの，住民はより安全となったと感じた旨が述べられています。つまり，住民の意識が変化し，規律の回復・維持に協力的になることが，長い目で見れば地域の治安向上につながると指摘している点が重要です。

　リスクマネジメント実務では，主体的な職場改善活動の形で身の回りの些細なことから是正すれば，一人ひとりが規律の回復・維持に協力的になり，職場の規律の安定化に資する可能性がある，と解釈するのが適切です。

3　リスクホメオスタシス理論[*1]

(1) 概　要

　安全対策を講じても事故や違反がなくならないのはなぜか，という疑問に対して，カナダの交通心理学者ジェラルド・J．S．ワイルド氏（Gerald J. S. Wilde）が，危険を回避する手段・対策をとっても，人間は安全になった分だけ大胆な行動をとるようになるため，社会全体で危険が発生する確率は一定の範囲内に保たれるとする理論を提唱しました。これが「リスクホメオスタシス理論（Risk Homeostasis Theory）」です。

(2) 理論の要点

　人間は，行動に成功したときに得られる利益と失敗して事故を起こしたと

きに失われる損失がバランスするように行動します。そのポイントがその人間のリスク目標水準となります。このポイントは一人ひとり異なります。

そして，なんらかの安全対策でリスクが減ると，その余裕分だけ危険な方向に行動を戻すので，長期的に総体で見れば安全対策は無効になります。たとえば，道路拡幅，衝突防止装置，危険回避訓練によって個別の交通事故発生リスクは減少しますが，それに安心した乱暴な運転が増え，社会全体では事故件数が増加します。つまり，ある社会の事故率は，構成する人々のリスク目標水準の総和によって決定されることになります。

(3) リスクマネジメント実務への応用

リスクホメオスタシス理論に対しては賛否両論の意見があります。リスクを特定して，安全対策の物理的措置を講じても，関与する人間の意識（リスク目標水準）を引き締める措置を同時に講じなければ，その安全対策以外の箇所で事故や違反が生じる可能性があることが，このリスクホメオスタシス理論からわかります。リスクマネジメントの実務では，安全対策の物理的措置を講じても，関係者の意識強化を怠ってはならない，と解釈するのが適切です。

4 集団の意思決定[*2]

(1) 概　　要

集団におけるリスクの判断や対処行動には特徴的な傾向があり，個人の意思決定とは大きな違いを生じます。良識ある個人が集団となると思いもよらない行動に出ることがあります。社会心理学では，集団の作用によって個人の意思決定がどのように左右されるかを扱います。

(2) 研究結果のポイント

次の仮説が多くの実験から立論されています。
① 一定の能力以上の者は自分以外の人間がいることによって，もしくは他者から評価される可能性によって，パフォーマンスが促進・向上する。
② 協同作業においては，動機づけの希薄，発覚可能性の不在から「手抜き」や「ただ乗り」が発生し，人数の増加に反比例して個々人のパフォーマンスは低下する。

③　判断においては，他者意見への「同調」が発生する。同調の発生は，集団の規模，情報の曖昧さ，逸脱の否定，影響力のあるメンバーの存在などによって左右される。

④　要因分析においては，成功原因を集団の属性に，失敗原因を外部条件に帰属させる傾向や，問題の要因を必要以上に集団に帰属させて判断する傾向がある。

⑤　閉鎖的で支配的なリーダーのいる集団では，集団からの拒絶や士気の低下を恐れて誰も異議を述べないため，集団を無敵と錯覚し，客観的事実を無視した過剰に楽観的な判断を下す失敗事象（集団思考）が歴史的にも観察される。

(3)　リスクマネジメント実務への応用

実務においては，客観的事実に基づき状況を適切かつ多角的に把握すること，ならびに合理的に結論を判断することが求められます。これは，取締役の善管注意義務が適正に履行されたか否かを判断する基準として指摘されるところです。社会心理学の研究成果によっても，開かれた討議，事実に基づく合理的な判断，透明性のある意思決定プロセスが望ましいことがわかります。

5　リスクの認知とコミュニケーション[*3]

(1)　概　　要

われわれの社会生活においては，地震予知情報の伝達，製品の警告表示，事業継続マネジメント，被災時の初動対応など，いろいろな局面でリスク情報の伝達が登場します。認知心理学では，リスク情報が受け手にどのように伝わるか，期待された行動につながらない要因は何か，どうすれば有効に伝わるか，といった研究テーマを取り扱います。送り手の信頼性や専門性，メッセージの構成，数量表現と言語表現などによって効果が異なることが理論化されています。

(2)　研究結果のポイント

次の仮説が多くの実験から立論されています。

①　送り手の魅力，親近感（受け手との類似性），信憑性（信頼性と専門性）

が高いほど説得効果がある。このうち，リスク・コミュニケーションの説得効果では特に送り手の信憑性が重視される。送り手の社会的信頼が，受け手のリスク認識，対策の受容・協力などに影響するとの研究もある。
② 反対意見や予備知識をもつ者に対しては，ポジティブな面だけを説明する一面呈示よりも，ネガティブな面にも触れる両面呈示のほうが説得効果が高い。
③ 受け手に不安や恐怖を訴求させる恐怖訴求は，受け手が実行可能な回避方法と一緒に伝達するならば，説得効果をもつ場合が多い。
④ 発生確率を言語表現と数量表現（比率・確率・量など）の二通りで提示した場合，数量表現のほうが受け手の判断の変動幅が小さい。
⑤ リスク（不確実性）のコミュニケーションでは，一方的な指示・説得ではなく，双方向の情報交換のほうが説得効果を生みやすい。

(3) **リスクマネジメント実務への応用**

リスクの予防判断と発現時の対応のいずれにおいても，受け手の情報ニーズを踏まえ，誠実かつ公正・透明にリスク情報を開示し，双方のやりとりを通じて，リスクに対する態度を共に考えるプロセスが，リスク対処における協力関係につながることを心理学の研究成果が裏づけています。

なお，こうした考え方に基づいて，化学物質管理，食品安全，公衆衛生などに関するリスク・コミュニケーションのガイドラインが所管省庁から発行されています。

注 記

＊1 参考文献：ジェラルド・J.S. ワイルド著〔芳賀繁訳〕『交通事故はなぜなくならないか―リスク行動の心理学』（新曜社，2007）。
＊2 参考文献：広田すみれ＝増田真也＝坂上貴之編著『心理学が描くリスクの世界―行動的意思決定入門〔改訂版〕』（慶應義塾大学出版会，2006）197頁以下。
＊3 参考文献：同上228頁以下。

【笹本　雄司郎】

第3章

事業継続と危機管理

Q20 事業継続計画（BCP）と事業継続マネジメント（BCM）

事業継続計画（BCP）と事業継続マネジメント（BCM）の整備はなぜ必要なのでしょうか。また，何をどのように進めればよいでしょうか。

A

(1) 災害等の危機発生時においては，自社の存続だけでなく，社会からの要請に応えるためにも事業の継続が求められます。そのために，従来の「人命安全」のための対策だけでなく，事業継続や早期復旧のために行うべき対策・事態発生時の対応について検討しておく必要があります。

(2) 事業継続の検討の進め方としては，まず，自社や社会にとって継続すべき業務を選定し，そのためにどのようなリソース（人員，設備等）が必要となるのかを検討し，手順を定め，「事業継続計画」（BCP）を定めます。そのうえで，その計画をPDCAサイクルで管理して，継続的に取り組んでいくこととなります（そのマネジメントサイクルを「事業継続マネジメント」（BCM）と呼びます）。

解説

1 なぜ事業継続計画（BCP）が必要なのか

(1) 事業継続計画（BCP）とは

2011年3月の東日本大震災や，同じく同年の夏から秋にかけて発生したタイの洪水では，自社やサプライチェーンに連なる企業が被災したことにより影響を受けた企業が多くありました。そのような状況のなか，別の工場で代替生産を実施したり，必要な部品の発注先を切り替えるなどの対応を行うことによ

り，製品やサービスの提供を継続させた企業もありました。

　このような自然災害のほか，感染症の流行等により，事業が中断したり休止するリスクは，サプライチェーンや情報サービスの高度化，グローバル化等に伴い，その影響が広範囲かつ迅速に拡大し，さらにそれに伴う損害賠償請求を受ける可能性もありうることから，これまで以上に経営上の大きな課題になっているといえます。事業を中断した際の対応の良し悪しがその企業に対する評価に大きな影響を与えることも想定され，仮に対応に失敗した場合には，競合他社への顧客の流出やマーケットシェアの低下を招く可能性があります。

　上述のような危機事態の発生の影響により，本社，生産拠点やその機能等を失ってしまった場合にも，すぐに代替の対応が行えるようにあらかじめ対応策を定めた計画を「事業継続計画」（BCP：Business Continuity Plan）と呼びます。事業継続計画（BCP）は，自然災害のほかにも，火災や事故，さらに感染症の流行等により，従業員や施設，設備等のような経営資源が損傷を受け，通常の事業活動ができない場合に，残存する経営資源を活用して，優先すべき業務を継続させるための計画です。そのなかで，許容される製品やサービスのレベルを保持し，さらに，許容される期間内に業務復旧できるように，前もって代替リソースの準備や，対応方法，対応態勢を定めることとなります。

　通常のリスクマネジメントにおける対応策の多くは，どちらかといえば，「人命安全の確保」等のように人道的な視点からの検討が主となりますが，事業継続計画（BCP）の場合には，危機発生による被害発生を前提として，製品・サービスの供給責任を果たすことを目的としていることに大きな特徴があります。自然災害の発生時における対応部署を例に考えると，これまでの通常のリスクマネジメント対策としては，安否確認や人命安全，会社資産の保全という視点から総務部門が旗振り役となって対応策を検討する側面が強いですが，事業継続計画（BCP）においては，顧客や市場への製品・サービス供給を継続するという視点から，生産部門が中心となって検討を進めることとなります。

　さらに，前述のとおり，限られた経営リソースについて優先順位をつけて絞り込む必要があることから，経営的視点が不可欠であり，経営トップが主導していくことも求められます。

(2) 事業継続マネジメント（BCM）とは

　事業継続計画（BCP）は，一度計画策定を行うだけでなく，そこで定めた対応策について継続的に取り組み，改善していくことが必要です。そのためのマネジメント・プロセスが事業継続マネジメント（BCM：Business Continuity Management）です。

　一般的には，策定した事業継続計画（BCP）を継続的に改善していくため，教育・訓練等を通じ，定期的に見直し等を実施し，PDCAサイクルで回し，事業継続マネジメント（BCM）の体制を構築していくことになります。

2　事業継続マネジメント（BCM）構築の進め方

　ここでは，事業継続計画（BCP）の策定も含む，事業継続マネジメント（BCM）の構築全体の進め方について説明します。

(1) 経営トップによる基本方針・推進体制の決定

　前述のとおり，事業継続計画（BCP）では，経営資源が限られるなかで，どの重要業務を継続していくかという，正に経営判断が求められる内容が多く含まれます。したがって，事業継続計画（BCP）の検討に先立ち，まず経営トップがその意思を明らかにして，「会社としてどのようなことを重視」して事業継続マネジメント（BCM）を構築するのかを周知することが不可欠です。

　事業継続マネジメント（BCM）の構築を推進する体制についても，経営トップの意思のもとで，部署横断的に全社で取り組むことができる体制作りが求められます。そのために，推進メンバーの中心人物には，相応の権限や能力のある人材をアサインしたり，アサインした人材に対して適切な権限をもたせることも必要となります。決して，一担当者や一部署に任せて「それで終わり」ということがないようにしましょう。

(2) ビジネスインパクト分析

　ビジネスインパクト分析は，重要業務の絞込みと対応の優先順位づけを合理的に行うためのプロセスです。具体的には，「自社にとって重要な業務は何か」「重要業務の目標復旧時間はどの程度とするか」「その重要業務を行うにあたり，不可欠な経営資源は何か」等を検討することになります。

重要業務（商品・サービス）の選定にあたっては，その収益性や市場シェア，成長性，ブランド価値等のように自社のみで考えられるもののほかに，顧客への供給責任や，商品・サービスの公共性といったような，自社だけの事情ですまない問題等も十分に考慮して検討する必要があります。また，単に「どの商品・サービス」を継続するかということを決めるだけでなく，「どの顧客」への商品・サービス提供が重要かという視点から重要業務を定めることもありますが，どのような切り口で重要業務を選定するかは，業種や企業によって，個別に検討や判断を行う必要があります。

　重要業務の目標復旧時間についても，単に自社で決めるだけでなく，その業務の中断がどの程度の時間許容されるかを，顧客の要請や供給責任等の視点から検討する必要があります。

　そのうえで，重要業務を目標復旧時間までに復旧させるには「どのような経営資源が必要となるか」「復旧の制約となる要素（ボトルネック）は何か」を把握する必要があります。一般的に必要となる経営資源としては，たとえば，製造業でいえば，従業員，建物（工場，倉庫等），設備（製造装置，検査機器，情報システム等），ユーティリティ施設（電気設備等），製品，部品・原材料，包装材等のほか，協力会社やサプライヤー，外部委託先の従業員や施設，社外インフラ（電気，水，情報通信，交通網等）が考えられます。それらの経営資源について重要業務ごとに何があるのかを分析して，想定する被害の状況をもとに「何がどの程度使えるのか」「何がどの程度使えないのか」を把握することになります。

(3) 事業継続計画（ＢＣＰ）の策定

　ビジネスインパクト分析を通じて，重要業務や目標復旧時間等を検討した後，具体的な対応策を検討し，その結果をもとに，事業継続計画（ＢＣＰ）を策定することになります。検討にあたっては，以下の5つのポイントを押さえておきましょう。

　(a)　指揮命令系統の明確化　危機発生時における対応の場合と同様に，指揮命令を誰が行うかを決め，その代行順位，権限委譲や責任等について明確化しておきましょう。

　(b)　重要拠点の機能の確保（本社等）　工場等が自然災害等により被害を

受け，その機能を発揮できないことを想定した対策を検討しましょう。たとえば，本社所在地で本社機能が維持できない場合は，被害を受けていない支社に本社機能を移転したり，生産機能が維持できない場合は，代替工場で生産を継続する等の対応策が考えられます。

　事業継続計画（ＢＣＰ）というと，製品・サービスの供給継続やサプライチェーンへの対応のみに目がいきがちですが，本社が被災した場合の業務としては，広報活動や給与支払，受発注情報の確認，監督官庁への届出，決算報告等もありえますので，それらについてもどのように対応するのか検討することを忘れないようにしましょう。

　(c)　対外的な情報発信・情報共有　　たとえば自然災害発生後は，顧客や消費者，取引先，株主，銀行，従業員等，様々な関係者に対して，自社の被害状況や商品の納期に係る情報等をいち早く情報提供することも求められます。

　自社のなかだけで，いくら復旧を急いでいても，取引先等にその取組みが見えなければ，発注を止められる可能性もあります。さらに，海外の関係者に対しては，時差等も考慮して，海外の駐在員や関係会社，取引先等にどのような情報をどのように発信するのかも決めておきましょう。

　(d)　情報システムのバックアップ　　情報システムは企業経営を支える重要なインフラです。顧客リストや重要な設計図等，重要な情報が被災して失われることがないようにバックアップデータをとっておきましょう。また，重要なシステムについては，必要に応じ，バックアップシステムを構築しておきましょう。さらに，バックアップシステムを稼動させる手順や留意点等もあらかじめ定めて関係者に周知しておくことも肝要です。

　(e)　製品・サービスの供給関係（サプライチェーン）の把握　　現在，部品から完成品までを一つの企業で完結しているところは極めて稀です。したがって，原材料や部品の供給，輸送，生産，販売等，サプライチェーンを把握し，その被災による影響を把握したうえで対応策を検討しておく必要があります。その結果に応じ，代替先を検討したり，そのために必要な調整や交渉等も行うことが求められます。また，自社の工場やサービス拠点が被災した場合の製品製造やサービス提供をどこでどのように行うのか，計画しておきましょう。

なお，事業継続計画（BCP）は，大規模地震のような自然災害や新型インフルエンザのような感染症の流行等を想定して策定することが一般的です。

　それぞれの危機の特徴は，自然災害の場合は，人的・物的被害が甚大となりますが，その被害の地域が限定されるため代替地での事業が継続可能である一方，感染症の場合は，物的被害はないものの，人的被害が長期間にわたり全世界的に影響が出るため代替地の利用という考え方を適用しにくい等の違いがあります。したがって，事業継続計画（BCP）についても，想定する危機の特徴を踏まえた対応策を考える必要があります。自然災害の場合であれば，道路利用，ロジスティクス，通信，電気，ガス，水道等の社会インフラの停止への代替措置や備蓄等について，また，新型インフルエンザの場合は，いかに代替要員を確保するか等について対応策を検討することとなります。

　ただし，想定すべき危機ごとに事業継続計画（BCP）をすべて策定していては切りがありませんので，「どのような経営資源が使用できなくなった場合に」どのような対応策をとるべきか，重要業務の継続に必要な経営資源ごとに検討等を進めることが有用です。

(4) 実施・運用および点検・見直し

　事業継続計画（BCP）を策定しただけで終わってしまっては，計画が「絵に描いた餅」となってしまいます。事業継続計画（BCP）に実効性をもたせるために，計画に記載した対応策のうち，まず，ハード面での対応策（備品の準備や，施設・設備の補強等）についてはスケジュールを定めて実行していくことが肝要です。さらに，ソフト面での対応として，従業員への教育や訓練等を通じて，事業継続計画（BCP）を定着させることも不可欠です。

　特に，教育・訓練については，従業員の対応能力の確認や向上を図るという側面も当然ありますが，それ以上に，事業継続マネジメント（BCM）の観点からは，事業継続計画（BCP）の実効性を検証するという側面が重要です。

　教育・訓練の具体的な方法は，事業継続マネジメント（BCM）の各段階に応じて選ぶことが肝要です。たとえば，事業継続計画（BCP）の策定直後には，計画の読み合わせや机上型のディスカッション形式の訓練を通じて，関係者間で共通認識をもつとともに，「不足している対応策はないか」「対応策に矛盾はないか」等の視点から，計画の検証を行うことが適切です。また，事業継

続計画（ＢＣＰ）が一定程度社内に浸透してきた段階においては，危機発生後の時間軸に沿ったシナリオを用いて，実際の機材や模擬的に付与する情報等への対応を実際に行うシミュレーション訓練を実施し，より実践的な対応能力の向上や事業継続計画（ＢＣＰ）の具体化を図ることが求められます。

　教育・訓練は定期的に実施し，その結果を事業継続計画（ＢＣＰ）に反映して，いわゆるＰＤＣＡサイクルのなかで，形骸化の防止や継続的改善を図っていくことが重要です。

【濱﨑　健一】

Q21 防災と役職員の安全確保

災害発生時の防災と役職員の安全確保について事前に講じておくべき措置はどのようなものでしょうか。

A

(1) 人命安全の確保は，企業として道義的責任から対応が求められるだけでなく，事業継続の大前提となることから，最優先の対応が求められます。

(2) 対策としては，建物や設備等の耐震化措置のようなハード面だけでなく，ソフト面も含めて対策を講じておくことが肝要です。ソフト面の対策としては，危機発生時に実施すべき対応をマニュアル等にまとめ，各人が実施すべき対応について身に付けておくことが重要です。

解説

1 災害発生時に求められる対応

(1) 人命安全の確保は災害対応の最優先事項

大規模地震等の災害発生時において，人命の安全確保は企業の道義的責任上，最優先されるべき事項です。また，人的リソースの確保という事業継続の観点からも人命の安全確保が大前提となります。特に近年，事業継続計画（BCP）に関する取組みに多くの企業が注力してきた感がありますが，東日本大震災がもたらした未曾有の人的被害は，事業継続よりもその前提である人命安全が第一であるということを改めて認識させる契機となったといえます。

一般的に，災害発生時における企業の行動の基本方針として，①従業員・

家族の人命安全の確保，②二次災害の防止，③事業の継続・復旧という順に優先順位を付けている場合が多いですが，近年はそれに加えて，ＣＳＲの観点から「地域の安全」という観点を追加している企業も増えてきています。

　いずれにしても，人命安全の確保は，他のどの対策にも優先して対応されるべきということを今一度認識しておくことが肝要です。

(2) 災害発生後にとるべき行動

　災害発生時における人命の安全確保のためにとるべき対応について，以下，大規模地震発生時を例として説明します。

　(a) 各役職員がとるべき行動

　　(ア) 会社にいる時に地震が発生した場合　　現在，多くのオフィスビルでは緊急地震速報が出された際，すぐに館内放送が流れ，事前に備えをするような猶予がある程度確保できるようになっており，この放送をトリガーとして，身を守ることがとるべき対応の基本となります。また，携帯電話の緊急速報（エリアメール）で緊急地震速報を受信した場合には，仮に館内放送が流れなくても，その人が周囲に警戒を呼びかけるようにすることも求められます。

　オフィスでは，頭上からの落下物に備えるために揺れがおさまるまで机の下に体全体を潜り込ませることにより，蛍光灯や天井スレートの落下から身を守ることになります。また，工場等のように隠れる机等がない場所では，キャスター付の機具等のように大きく動く危険性のある設備を停止させたうえでヘルメットを着用し，火災や転倒・落下の危険から身を守ることになります。

　いったん揺れがおさまった後の行動は，会社の立地環境等により行動が異なってきます。たとえば，沿岸部で津波の危険性が懸念されているような地域では，地震が発生した際にラジオやテレビをつけ，気象庁から津波警報等が発令されたらすぐに高台への避難を開始できるように備えておくことが求められます。一方，そのような懸念の少ない地域では，建物の耐震性が確保されていることを前提に屋外に避難する必要がない場合も多くあります。建物の耐震性が確保されていないオフィスではヘルメット等を着用したうえでの避難行動が必要な場合もあります。その場合，各自の判断で行動すると，建物内での避難階段の混乱等により避難が遅れ，さらに被害が拡大する可能性もあることから，防災センターや会社の災害対策本部の判断に従うようにすることが重要です。

(イ) 外出先にて地震が発生した場合　外出先，とりわけ屋外にいた場合には身の安全確保に特段の注意を払う必要があります。2005年に発生した福岡県西方沖地震で，震度5強にみまわれた福岡市内のビル街ではオフィスビルのガラスが階下に落下し，歩行者が負傷する事態となりました。また阪神・淡路大震災では塀が崩れて歩行者が下敷きになったり，自動販売機が倒れて歩行者が大怪我をしたりするような事例も報告されています。このことから，屋外にいる時には，建物や自動販売機等から離れて身を置くことが必要となります。

地下にいた場合，停電が発生すると地上への避難口がわからなくなりパニックが発生する可能性もあることから，すぐに地上へ避難することが求められます。

自動車の運転時に地震に遭遇した場合は，自身の身を守ることのほかに，救急車や消防車などの緊急車両等の通行の妨げにならないようにするという目的で，まず左端に寄せて駐車することが求められます。その後の行動については周囲の状況を見て，車内にとどまるか車外に避難すべきか判断することになります。

(ウ) 自宅にて地震が発生した場合　自宅にいる時に地震が発生した場合は，自身と家族の安全確保に注力すべきです。その後，自宅の耐震性や立地にもよりますが，ガスの元栓や電気のブレーカーを切る等，二次災害の防止措置を講じたうえで，家族全員で屋外の安全な場所に避難することが望ましいといえます。さらに落ち着いた段階で会社に被害状況の報告を入れることになります。

(b) 役割に応じて必要な行動　身の安全が確保された後は，基本的には会社の指示に従うこととなりますが，一般的には「対策本部員」「管理職」「一般社員」等と区分した役割に応じて対応することになります。以下，主に職員への指示のための対応が求められる「対策本部員」と「管理職」の対応について記します。

(ア) 対策本部員としての活動　災害発生後に会社全体としての安否状況や被害状況を収集し，対策を立案する対策本部メンバーに任命されている人（経営層や部長レベルのほか，総務部等のような災害対策の鍵となる部門等）は，自

身や家族の安全を確保した後に夜間休日であっても出社し活動に当たることが求められます。

このような役割を求められている人は，対策本部が設置される場所まで徒歩で参集可能な地域（たとえば10 km圏内等）に居住することが望ましく，会社として近傍に社宅を手当てし本部員に提供しているという事例も見受けられます。

また，本部と連絡を取り合うことができるように，携帯電話は夜間も含め常に電源を付けておくことも求められます。さらに本部長や対策本部事務局等のように，特に重要な要員については，衛星携帯電話やＭＣＡ無線等を支給している場合もあります。

(イ) 管理職としての行動　管理職は部下の安否を確認し，会社に報告する責務を負うことなります。平日昼間の営業時間中に地震が発生した場合はまず職場にいる者が無事であることを確認し，そのうえで不在者の安否確認を行います。不在者の安否確認については管理職から各不在者に連絡をとり安否を確認していくことが基本となります。また，あわせて不在者から自身の安否について自発的に報告してもらうことも安否確認を円滑に行ううえで重要です。事前にどのような場合にどのような報告が必要なのかを事前に取り決めておきましょう。

一方，夜間や休日に地震が発生した場合の確認方法については，旧来からの緊急連絡網を用いたリレー形式で伝言する方法もありますが，安否確認システムといったツールを用いた方法も効率的と考えられますので，併用することも有用です。

2　事前の対策

人命安全の確保のために事前にとるべき措置については，上述のような対応をスムーズに進めるために何を行うべきかという視点から考えることになります。上述のような対応を，マニュアル等にまとめておき，周知徹底しておくほか，以下のような事項を事前に確認・検討しておきましょう。

(a) 自社施設所在地の危険性確認　自社の施設が所在する地域の危険度

を，地元自治体への照会やハザードマップの確認により確認します。

　ハザードマップで確認できる内容は，そのハザードマップにより異なりますが，一般的には，津波による浸水等のほか，地震に伴う液状化，土砂災害等が把握可能です。

　特に津波被害が想定される場合は，緊急の避難が必須となりますので，まず，自社施設の所在地が津波避難の対象となるかどうかを確認することが重要です。

　(b)　自社施設の耐震性確認・耐震強化　　一般的に，建築基準法の新耐震基準が導入された昭和56年（1981年）5月以前に建てられた建物のうち，耐震診断をしていないものについては，専門業者に依頼して，耐震診断をすることをお勧めします。そのうえで，必要な耐震強化策をとりましょう。

　(c)　落下・転倒・移動防止策の実施　　身の安全確保や重要な機材や資料等の保全のため，オフィス等の家具や棚，電子機器等の固定等，転倒・落下，移動防止やガラスや蛍光灯等の飛散防止についての対応ををあらかじめ行っておきましょう。

　(d)　避難場所，避難経路，避難誘導体制の確認　　自社施設が危険な場合に避難すべき場所を，災害の特徴等を考慮して複数の候補をあらかじめ選定しておきましょう。また，避難経路も地図上で確認し，あらかじめ職員に周知しておきましょう。避難場所や経路の適否については，地元自治体や専門コンサルタントに相談したりして検討するほか，経路を自身で歩いて安全性を確認することも不可欠です。

　また，避難誘導体制についても，誰がどのエリアの人に避難を指示するか等の役割を決めておきましょう。

　(e)　安否確認方法の検討　　安否確認方法についてもあらかじめ決めておきましょう。一般的には，以下の方法を併用すること等が考えられます。

① 緊急連絡網による確認　　あらかじめ決めた緊急時の電話番号を伝えておき，災害発生時にはその電話番号まで連絡するように周知しておきましょう。

② 災害用伝言ダイヤル等の活用　　電話がなかなかつながらないことが想定されますので，災害用伝言ダイヤルや携帯電話の災害伝言板にも，自身の安否等のメッセージを登録するように周知しておきましょう。

安否確認の対象者についてもあらかじめ検討しておくことが求められます。会社の責務としては，自社従業員の安否を把握し家族等に還元することのみならず，派遣社員の安否を派遣元に報告することや，自社来訪中の取引先の安否を取引先に報告することも含まれます。

そのような観点から，来訪者の入出状況や連絡先を日頃より漏れなく記録しておくことも非常に重要です。

(f) 帰宅・出社方針の検討　地震発生当日の帰宅措置については，東日本大震災以降，一般的には会社にいる時に地震が発生した場合は，3日間は会社にとどまるようにするのが主流になりつつあります。

したがって，社内にとどまることが想定される人数から求められる必要数を算出したうえで，食料品や飲用水，衛生用品，毛布等のような備蓄品を準備しておくことが求められます。また，家族への心配等から，どうしても帰宅したいという社員がいる場合等の対応も，原則として会社としては社内にとどまるように促しつつ，最終的な判断は各自に委ねるようにするというように，あらかじめ決めておくとよいでしょう。

また，地震翌日の出勤対応については，交通網の混乱やオフィスでの業務も被害調査や散乱した備品・書類の後片付けに終われる可能性が高いことから，対策本部要員や業務継続要員，管理職等に対象を限定するというような方針を決めておきます。また，自宅や家族が被災している社員については無理強いをせず，家庭を優先させるようにすることも肝要です。

(g) 教育・訓練　マニュアルを定めていたとしても，実際の災害発生直後には，何かを見て行動する余裕はありません。地震発生直後に反射的に身の安全確保や二次災害防止のための行動がとれるように，日頃から社内に周知し，教育しておくことが重要です。

また，対策本部員や管理職が対応すべき事項も，訓練等を定期的に実施し，スムーズに対応できるように対応力向上を図っておきましょう。

【濱﨑　健一】

Q22　情報通信インフラの事前対策

災害発生時に役職員の安全確保と事業継続計画（BCP）の実行を支える情報通信インフラのために事前に講じておくべき措置はどのようなものでしょうか。

A

(1) 災害発生時には、「輻輳（ふくそう）・通信規制」「通信基盤の被災、停電」の発生に伴い通信手段が利用できなくなる可能性があります。したがって、それらの障害が発生することを前提とした通信手段を準備しておくことが肝要です。
(2) 上記のような障害に備えるために、情報通信ツールは複数の手段を多様的に準備しておく必要があります。
(3) 平常時から、通信手段をスムーズに使用できるよう教育・訓練をしておくことが不可欠です。

解説

1　災害時に発生する障害と通信システムへの影響

(1) 東日本大震災時に発生した通信障害・通信規制

東日本大震災時には、未曾有の災害のなかで、広範囲にわたって様々な障害が発生したことにより、当初災害発生時に使用することを想定していた通信手段が利用できず、有効な災害対策活動が実施できなかった企業も多いといわれています。その教訓を踏まえ災害時に考えうる通信障害の視点から、各通信手段の特性を分析し、災害発生時においても有効な通信手段を確立し今後の災害に備えた事前準備を行っておくことが重要です。

ここでは災害時の通信において致命的な影響を与える可能性がある「輻輳，通信規制」「通信基盤の被災，停電」が発生した場合の通信障害について説明します．

(a) 輻輳，通信規制　輻輳は，利用者のアクセスが特定の宛先や特定の通信経路に集中した結果，回線容量を超えてしまった際，通常行うことができるはずの通話や通信ができなくなる状態をいいます．輻輳の継続や悪化は，通信ネットワーク全体に影響を与え，結果として行政等で用いる緊急性・重要性の高い通信も使用できなくなることがあります．このような状況を防ぐため，各通信事業者は通信規制を実施し一般電話等による通話を制限することで，重要性の高い通信確保や通信ネットワーク全体の維持を図ることとなります．

東日本大震災時においては，固定電話，携帯電話ともに発信件数が急激に増加し，東北地方から首都圏にかけ大幅な発信規制が不可避となり，各通信事業者が大幅な発信規制を実施した結果，一般の通話はほとんどつながらない状況が続くこととなりました．

電話の音声通話が困難になった一方で，携帯メールについては配信遅れの発生などはあったものの，比較的つながりやすい状況であったといわれています．この結果からみる限り，音声通話に比較するとデータ量の少ない携帯メールは，災害時においてもつながりやすいといえます．

ただ，基本的には，通信回線の容量は通信事業者や通信サービスの種類によって大小はあるものの有限であり，アクセスが特定の宛先や特定のルートに集中すれば輻輳は避けられないということを認識しておくことが重要です．すなわち，輻輳や通信規制はどの通信サービスでも発生する可能性があり，仮に東日本大震災時に使用できた通信手段であっても輻輳や通信規制が発生しないという保証はないと認識しておく必要があります．

(b) 通信基盤の被災，停電　東日本大震災時には，地震による損壊や津波による水没等のような通信施設への直接的被害のほか，地震による伝送路の切断，長時間の停電による予備電源の枯渇といった原因により，通信サービスの中断が発生しました．

さらに，局舎や基地局の被災以外にも，架空ケーブルやそれらをつなぐ電柱の流出や損壊のような中継伝送路の断裂が加わり，震災直後には被災地の広

範囲にわたって固定電話や携帯電話の利用ができない状況となりました。

　また，東日本大震災の被災地では，発生直後にはメールが使用できたにもかかわらず，その後停電になってから通じなくなり，さらに夜には「圏外」となったといった状況が発生しました。

　上述の通信基盤の被災は震災当日に発生しましたが，これに追い討ちを掛ける形で長時間の広域にわたる停電が発生しました。このことで，ある通信事業者の例では，通信基盤の被災によるサービス停止は約5％であった一方，停電の継続によるサービス停止は約70％であったといいます。これは，震災発生直後は停電が発生しても予備電源で作動していた基地局が，3時間程度経過し予備電源が切れた時点でサービス中断となったことによるものといわれています。

(2) **安否確認システム**

　災害発生直後に行うべき主な対応の一つに従業員等の安否確認があります。その際に各地に点在している社員やその家族の安否確認を迅速かつ正確に行うこと等を目的として，従業員が携帯電話や自宅の電話，パソコン等から，会社に安否を伝える連絡ツールが安否確認システムです。

　安否確認システムを使用した安否確認の一般的な流れとしては，以下のようになります。

① 安否確認メールの発信　　災害発生後，企業の災害対策本部等の担当者から，安否確認システムの運用会社のサーバー内にある専用のホームページを通じて，社員等の携帯電話やパソコン等に安否確認を要請するメール等を発信します。

② 安否状況の報告　　上記①のメールを受けた社員等が自身の安否状況等について，専用のホームページ等を通じて報告を行います。

③ 安否状況の集計・確認　　上記②において報告された内容は，運用会社のサーバー内でデータ集計され，企業の災害対策本部の担当者は集計結果を確認することができます。

　安否確認システムは非常に有用なツールであるのは確かですが，東日本大震災時には安否確認システム自体が必ずしも有効に機能しない事例も見受けられました。たとえば，安否確認のメールの発信や安否の報告が6時間以上にわ

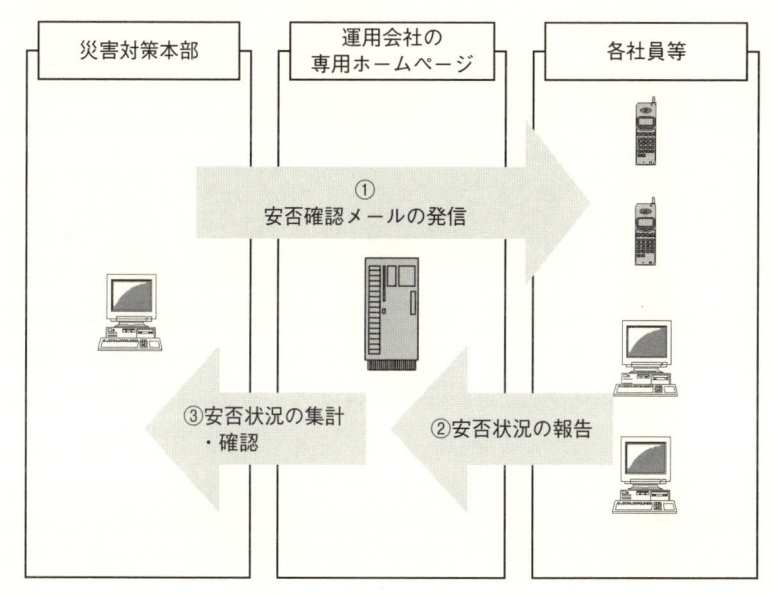

■安否確認システムの一般的な流れ

```
┌─────────────┐  ┌─────────────┐  ┌─────────────┐
│  災害対策本部  │  │  運用会社の   │  │  各社員等    │
│             │  │  専用ホームページ│  │             │
│             │  │             │  │             │
│       ①安否確認メールの発信 ──────▶             │
│             │  │             │  │             │
│             │  │             │  │             │
│       ③安否状況の集計 ◀────── ②安否状況の報告    │
│          ・確認   │             │  │             │
└─────────────┘  └─────────────┘  └─────────────┘
```

たり遅延した事例や，被災地域が広域であったため安否確認の対象者が事前の想定よりも大幅に多くなったことから，実際のメールアクセス数がシステムの想定容量を超え，輻輳状態になった事例等があります。

2　どのような通信インフラが必要か

　上述 1 のような状況を考慮して，事前に準備が必要な通信インフラについて，いくつか例を挙げて説明します。

　上述のとおり，災害発生時には一般の固定電話や携帯電話の使用が困難となる可能性があることから，代替手段として，以下のような通信手段の活用を検討することが考えられます。

(1) **携帯電話メール**

　上述のとおり，災害発生時，携帯電話による音声通話はできなくなる可能性が高い一方で，携帯電話によるメールは可能という場合は多いと考えられま

す。

　ただし，メールはリアルタイムでの通信手段ではないため，送ったからといって即時に相手がメールを見るとは限らないことから，伝える情報の種類やその緊急性等を考慮したうえでの利用が望まれます。

(2) **インターネット電話（IP電話，スカイプ）**

　デジタルデータに変換された音声をインターネット網で送受信するため，仮にインターネット電話は電話回線網に輻輳や寸断が起こった場合でも直接の影響を受けにくいとされています。

　ただし，通信量が増えると，一般の固定電話や携帯電話と同様に輻輳が起こる可能性があります。また，固定電話や携帯電話に比べ通信制御等の仕組みが整っていない場合もあることから，予想しえない通信障害が起こる可能性もあります。さらに，パソコン等のネットワーク接続機器が停電で起動できない場合は使用不可となります。

(3) **衛星電話**

　人工衛星を介した通信手段で，地上の固定電話等の回線網とはまったく独立した通信インフラを使用しています。衛星電話同士の通話であれば地上設備を介さずに通話が可能であり，地上の通信網が寸断されている場合でも通信できる可能性が大きくなります。さらに，利用者数も比較的少ないことから，災害時の通信量が増加した場合でも輻輳が起こりにくいと考えられます。

　ただし，固定電話・携帯電話と通話する場合は，地上の一般電話網を介するため，そこが使用不可の場合は通話できないこともあります。したがって，導入に際しては通信が必要となる拠点すべてに端末を設置することが望まれます。また，サービスによっては衛星電話同士の通話でも日本国内の地上設備をいったん介する形で行われるものもあり，その設備が被災し使用できなくなれば通話不能となる可能性があります。さらに，長期間使用しない場合，長期間備蓄倉庫に保管しているような充電式端末は充電池の消耗により有事の際に使用できない場合があるので注意が必要です。

(4) **業務無線**

　一定の地域内のような比較的近距離での通信を考えた場合，業務無線の使用も考えられます。たとえば，簡易業務無線は，数km程度の比較的近距離で

の通信に向いており，自社拠点周辺等の被災地域内における通信手段として有効といえます。しかし，出力量により建物や地下室等の構造物で電波が遮断される場合があります。MCA無線は，各地に設置された制御局を中心に半径15～30km圏内において通信が可能な無線です。簡易無線より広範囲の通信を行う必要がある場合等に有効といえます。

無線は電話回線とは独立したインフラを用いているため，輻輳の心配はないですが，同じ周波数の利用が多くなれば混信が発生する可能性があり，通信が聞き取りにくくなる事態が想定されます。

(5) SNS等

東日本大震災においては，Twitterやfacebook等を用いて，安否確認等の情報交換を行ったという事例も多くみられました。これらSNSについても，通信手段の一つとして検討することが考えられます。

(6) 公衆電話

全国に設置されている公衆電話は，災害時に優先的に発信をすることができる仕組みとなっています。緑色やグレーの公衆電話は，停電時も稼働するため，被災地で停電が発生した場合も使用自体に問題は起こりません。また，災害時にはNTTが必要に応じて公衆電話の使用を無料化することとされています。

ただし，災害発生時には公衆電話は一般市民を中心として不特定多数が使用することとなり，また，携帯電話の普及により公衆電話機の設置数が減少しています。したがって，緊急時の使用を前提とする場合には，近辺の公衆電話設置箇所の把握や周辺住民への配慮等が必要です。

(7) 専用回線

企業によっては一般の公衆通信用の回線以外に，自社の拠点間を専用回線で直接結ぶケースや，NTT基地局に専用の交換器を設置しNTT局と各拠点とを専用回線で結ぶ等のように，専用回線を利用して通信を行っている場合があります。このような専用回線は一般の固定電話・携帯電話に比べ輻輳は起こりにくい特徴をもっています。

ただし，交換器への電力供給が絶たれた場合，通信ができなくなる可能性があるので注意が必要です。

(8) 災害時優先電話

災害の救援，復旧や公共の秩序を維持するため，ＮＴＴが電気通信事業法施行規則に基づき，国や自治体，特定の団体・企業等に対して提供しているサービスで，一般の固定電話がつながりにくい状況でも，災害時優先電話から発信された電話は優先的に接続される仕組みとなっています。

ただし，あくまで他の電話に比べ優先的に「発信」をする際の優先機能であるため，発信用の電話機として使用することが望ましく，また，仮に回線等が使用不可となった場合は接続ができないこともあります。さらに，使用可能な機関は，消防等の行政機関や電力等のインフラ事業者，新聞社，通信社，金融機関のように，特定の機関・企業に限られています。

3　通信手段使用時のルールの策定・周知

災害発生時に，携帯電話や携帯メールが輻輳・制限される状況に加え，衛星携帯電話も輻輳する可能性も考えると，通信手段は多重化しておくことが求められます。

また，安否確認システムについては，それに全面的に依存するのではなく，他の手段も利用した安否確認も行えるような体制を準備しておくことも肝要です。具体的には，東日本大震災時にも比較的支障なく使用可能であったインターネット電話やＳＮＳ等を活用する等，通信手段の多重化を図るとともに，旧来のような緊急連絡網等に基づく電話による安否確認も行うことができるよう準備しておくことが重要です。また，停電により通信機器は使えなくなる状況に備え，予備の電源やバッテリー等を準備しておくことも忘れないようにしておきましょう。

さらに，危機管理において基本的なことですが，「いざ」という時に安否確認がスムーズにできるように，あらかじめ教育や訓練を行っておくことも欠かせません。具体的には，自社の通信設備の能力について，広範囲でアクセス訓練を実施して問題がないか確認したり，全従業員が適切に報告等を行うことができるように教育や訓練をしておくこと等が考えられます。

【濱﨑　健一】

Q23 危機の端緒，初動調査，平時からの備え

危機の端緒をどのようにつかみますか。初動調査はどのように行いますか。平時からどのように備えておけばよいですか。

A

(1) 危機の端緒としては，職制上の報告／内部通報／自主点検，内部監査／顧客や取引先からのクレーム／企業恐喝／マスメディアの取材・報道／当局の捜査・調査などがあります。会社が自律的に端緒をつかむことが望まれます。
(2) 初動調査は，会社としての対応方針の決定に向けられた情報収集であり，迅速性と正確性のバランスが求められます。
(3) 危機の早期発見と早期対応のためには，平時からの備えが欠かせません。経営トップの姿勢，中間管理職への反復継続研修，全社員のリスク感覚の醸成がポイントになります。

解説

1 危機の端緒

　会社が危機の端緒をつかむことは，危機対応の出発点です。とはいえ，会社の中で起きている事故や事件，不正行為など（以下には総称して「不祥事」ということがあります）であるにもかかわらず，会社が組織として早期にこれを発見することは，現実には容易ではありません。危機の早期発見と早期対応は，危機対応の基本です。会社が危機を知るための端緒や情報が伝達されるルートには，主として以下のようなものがあります。

(1) 職制上の報告（レポーティングライン）

事故や事件，不正行為など，会社にリスクをもたらす情報は，職制上の報告（レポーティングライン）を通じて，リスク管理部門に伝達されるのが本来の運用です。「役職員は，事故や事件，不正行為，コンプライアンス違反などのおそれを認識したら，上司に報告しなければならない。」といった社内規程を置き，役職員に報告義務を課している会社もあります。

(2) 内部通報（ヘルプライン）

上司や管理職による不正など，職制上の報告では報告ラインが途絶してしまうことが見込まれる事案（パワーハラスメントやセクシャルハラスメントが典型例）を想定して，そのバイパス機能として，多くの会社が内部通報制度（ヘルプライン）を設置しています。

通報窓口は，社内のリスク管理部門，監査役，社外の弁護士，通報窓口専門業者などを使う例があります。実名での通報を求める会社と，匿名での通報を認める会社があります。社員に通報義務を課す会社もあれば，相談窓口として気軽に相談できるよう工夫する会社もあります。

何よりも通報窓口が信頼されることが，通報への第一歩です。そのためには，①通報者が不利益取扱いを受けないように保護を徹底すること（公益通報者保護法で保護される通報者のみならず，すべての通報者を保護すること），②通報者への調査結果のフィードバックを励行すること（匿名通報の場合にはフィードバックが難しくなる），③内部通報が密告ではなく，リスク情報の伝達という価値ある行動であることを役職員に理解してもらうこと，が重要です。

(3) 自主点検，内部監査

会社がリスク管理体制（内部統制システム）の一環として実施する自主点検や内部監査の過程で，事故や事件，不正行為などが発見されることがあります。リスク管理体制（内部統制システム）が機能していることの表れという積極的評価も可能ですが，職制上の報告や内部通報によってリスク情報が正しく伝達されなかったことについては改善が必要となります。

(4) 顧客や取引先からのクレーム

顧客や取引先からのクレームに対応するために事実関係を調査すると，事故や事件，不正行為などが発見されることがあります。会社が気づかないうち

に個人情報が漏えいしたような事故では，被害を受けた顧客からのクレームが度重なることで，初めて会社が漏えいに気づきます。

　クレームを危機の端緒として活かすためには，クレームを現場レベルで放置せず，クレーム情報を全社的に集約する部門を作り，その部門が定点観測を励行し，異常な兆候をいち早く察知するシステムを作ることです。たとえば，個人情報が漏えいしたのではないかという3人の顧客からのクレームがA支店，B支店，C支店に寄せられても，それが支店レベルで放置されれば，会社に3件の同種クレームが同時期に寄せられていることに気づくことができません。クレーム情報が集約されて初めて，会社は異常な兆候を察知し，個人情報が漏えいしたかどうかの初動調査に着手することができます。

(5) 企業恐喝

　悪意の第三者が，何らかの理由で会社の不祥事を知り，これを材料に会社を恐喝し，金銭を脅し取ろうとすることがあります。恐喝については会社は被害者であり，警察に被害申告するなど毅然として対応すべきは当然として，これとは別に，恐喝によって得られた情報を端緒として，初動調査に着手するなど会社の危機対応を起動することが必要です。

　ダスキン肉まん事件[*1][☆1]では，未認可添加物が肉まんに混入したことを取引先業者から指摘され，6,300万円もの口止め料を支払ったことが取締役の善管注意義務違反とされました。こうした「隠ぺい体質」が企業恐喝者に付け入る隙を与えます。恐喝をあくまで一つの端緒として，対外公表まで視野に入れた隙のない危機対応を起動することが重要です。

(6) マスメディアの取材・報道

　マスメディアによる報道や，報道直前の裏づけ取材によって，会社が不祥事を知ることがあります。この場合，会社は何の事前準備もできないまま，否応なしに危機対応の渦中に放り込まれることになり，端緒としては最悪に近いといえます。

　記者から取材を受けた時点では，報道まで数時間から数日しか時間が残されていないのが通例です。報道後に予想される顧客・取引先・株主・メインバンク・従業員その他のステークホルダーからの問い合わせに対応するQ&Aを作るのが急務となります。十分な事実調査を行う時間もないため，事実調査に

着手したこと，調査で判明した事実は速やかに公表することを表明するのが精一杯でしょう。

また，取材する記者の側からすれば，会社は知らなかったのではなく，知っていながら隠していたのではないかと当然に疑われる状況にあり，会社ぐるみで隠したと報道されれば，会社の信用失墜は決定的となります。この最悪の事態を避けるためには，会社がなぜ知ることができなかったのか，知った後に会社はどのように行動したのかを，記者に対して懇切丁寧に説明し，会社が知った後に誠実な対応をしていることを記者に印象づけることが重要です。

(7) 規制当局の捜査・調査

捜査機関による任意の事情聴取や，役職員の逮捕，捜索差押えといった強制捜査が端緒となることがあります。また，公正取引委員会，証券取引等監視委員会，国税局，労働基準監督署などの行政当局による立入り調査や任意の事情聴取が端緒となることもあります。会社は，これを端緒として危機対応を起動する必要がありますが，同時に捜査機関の捜査や行政当局の調査を妨害することのないよう細心の注意が求められます。

関係する役職員が嫌疑を認めていればさほど問題はありませんが，役職員が嫌疑を認めないとき，たとえば公正取引委員会からカルテルの嫌疑がかけられているものの，担当する社員がカルテルを行っていないと頑強に否認するときには，会社として嫌疑を争うのか，それとも認めるのか，難しい判断を迫られます。

また，外部の弁護士に支援を求める際には，個々の役職員の弁護活動と，会社全体の危機対応のサポートでは果たすべき役割が異なり，ときには利益相反を生じる可能性もあるので，別々の弁護士を起用するのが安全であり，現実的といえます。

2 初動調査

危機の端緒をつかんだら，会社は初動調査に着手します。初動調査は，後に行われる本格調査とは異なるものです。以下のような初動調査ならではの留意点があります。

(1) 調査目的

初動調査の目的は，会社としての対応方針を決定する際に判断材料となる情報を収集することです。逆にいえば，会社としての対応方針を決定する前に行われる調査を指して，初動調査と呼びます。

(2) 調査の要否

初動調査を行うかどうかの判断も，初動調査の目的から導かれます。もし初動調査を行わなくても，今ある判断材料だけで会社としての対応方針を決定できるのなら，初動調査を行う必要はありません。たとえば，内部通報が寄せられたが，仮に通報内容がすべて事実だとしても，会社として何ら問題視すべき事案ではないような場合です。

しかし，こうした場合はごく稀であり，ほとんどの場合では，把握したリスク情報に対する調査を行わなければ，事実関係が明らかにならず，正確なリスク評価もできず，会社としての対応方針を決定することができないため，初動調査が必要になります。

(3) 調査主体

初動調査の主体は，リスク管理部門の社員が中心となって行うのが通例です。会社としての対応方針を決定する際にどのような判断材料が必要になるか，それらの判断材料を得るためには，どのような客観的資料を収集し，どの役職員にヒアリングをする必要があるか，こうしたことを考えながら調査を進めます。

また，調査というのは，どのような証拠（客観的資料と関係者の供述）からどのような事実が認定できるか，逆にどのような事実を認定するためにはどのような証拠が必要か，という「事実認定」のスキルが必須となります。しかし，一般の社員はこうした事実認定の経験値に乏しく，そのスキルは十分でありません。事案の重要度に応じて，訴訟実務の経験が豊富な弁護士や，公認不正検査士（ACFE）などの有資格者の支援を得ることが現実的となります。

(4) 調査期間

初動調査に要する期間は，迅速性と正確性のバランスで決まります。会社は既に危機の端緒をつかんでおり，早急に調査して会社としての対応方針を決定したいという迅速性の要請があります。他方で，調査の内容が不正確であれば，会社としてリスク評価と対応方針を間違えてしまうおそれもあり，正確性

の要請もあります。ただ，重大な被害の発生や拡大が懸念される場合や，マスメディアによる報道が間近に迫っているような場合には，正確性を多少犠牲にしても迅速性を優先せざるをえないでしょう。

(5) 証拠の保全

初動調査の段階では，重要な証拠が散逸してしまわないよう，証拠を保全することが重要です。たとえば，一定の保存期間を経過すると自動的にメールが削除されるようにメールサーバーが設定されていれば，その設定を変更して，メールの自動削除を止めなければなりません。また，不正行為が発覚して自宅待機を命じられている社員に対しては，早期にヒアリングを行い，その供述内容を経緯書に取りまとめ，本人の自署を得て証拠化しておくことが必要になります。

(6) 予断の排除

よくある失敗は，最初から「これは問題ではない」という予断や先入観をもって調査に着手し，所与の結論をなぞるだけの表面的な調査しか行うことができず，隠された事実関係を明らかにできないことです。

たとえば，社員が顧客の金銭を着服する不正行為を働き，これを察知した顧客からクレームが寄せられたにもかかわらず，着服を否定する社員の言葉を安易に信じ，金銭のやり取りに関する裏づけ調査をせずに，着服はなかったと安易に結論を出し，これを顧客に伝えるような例です。顧客から見れば，社員の着服を会社ぐるみで隠ぺいしているとしか見えません。着服が一次不正だとすれば，調査不足による隠ぺいは二次不正であり，これが発覚した際の会社の信用失墜は決定的となります。

不正を働いた社員には，保身のために嘘をつく動機があります。健全な「職業的懐疑心」を働かせて，社員の言葉に裏づけがあるかを慎重に確認し，会社として間違いのない事実認定をしなければなりません。そのような調査態度が，会社を守ることになり，もしクレームが言い掛かりだったときにも社員を守ることになります。

③ 平時からの備え

　会社が危機の端緒をつかみ、初動調査を行い、早期発見と早期対応を行うことは、危機対応の基本ですが、そのためには、危機を迎える前の平時の段階から、以下のような備えをしておくことが必要です。

(1) 経営トップの姿勢

　経営トップが役職員に対し、「不祥事は絶対に起こしてはならない」と言い続けると、もし現実に不祥事が起きたとき、役職員はこれを会社に隠そうとして、リスク情報が伝達されなくなります。会社は危機の端緒を得ることができずに、危機対応を起動することができなくなり、社外からの攻撃に晒されて初めて危機を知るという事態になります。

　自律的なリスク管理体制（内部統制システム）を機能させるためには、会社が自らリスクに気づくこと、会社に生じたリスク情報が適時適切にリスク管理部門に伝達されることが必要です。

　そのために、経営トップは役職員に対し、「不祥事は起こしては困るが、人間誰でも間違える。そのときは、早期発見と早期対応のため、リスク情報をいち早く伝達し、会社と社員を守ってほしい。」と言い続けることが必要です。

　こうした経営トップの姿勢が役職員に浸透することにより、職制上の報告（レポーティングライン）と内部通報（ヘルプライン）の機能が呼び起こされ、リスク情報が適時適切に伝達される健全な職場環境が醸成され、リスクに強い会社となります。

(2) 中間管理職に対する反復継続研修

　リスク情報の伝達においては、中間管理職がキーパーソンとなります。中間管理職のリスク意識が低いと、せっかく部下から伝達されたリスク情報について、中間管理職がリスク評価を誤り、大した問題でないとしてリスク管理部門への伝達をやめてしまいます。

　また、中間管理職に「全社最適」の意識がないと、自ら所管する部門の「部分最適」ばかりを考え、「部門を守る」などという誤った正当化をして、自ら所管する部門で起きた不祥事を会社に対して意図的に隠す「社内隠ぺい」に走

ります。不祥事を明確に認識しながら意図的に隠すような悪質なケースは多くないかもしれませんが，不祥事が行われた危険性を察知しながら，「面倒に関わり合いたくない」「大事にしたくない」「次の異動までやり過ごしたい」といったサラリーマン根性的な発想から，無意識のうちに「見て見ぬふり」をしたりリスク情報を過小評価して放置するようなことは，どこの職場でも日常的に起こりうることです。しかし，これでは全社的なリスク管理は全うできません。

　キーパーソンである中間管理職に，こうした誤解や甘えを与えないよう，中間管理職に対し，少なくとも年1回程度は反復継続して研修を行い，「全社最適」のために自分にはどのような行動が求められるか，全社的リスク管理において自分の果たすべき役割は何かを，繰り返し浸透させておくことが重要です。

(3) **全社員のリスク感覚の醸成**

　関係法令を詳細に解説した分厚いコンプライアンス・マニュアルを全社員に配付し，読みましたという誓約書を全社員に毎年書かせるような施策は，単なるリスク管理部門の自己満足とアリバイ作りにしかならず，全社的リスク管理にはさしたる効果を発揮しません。

　大事なことは，全社員のリスク感覚を醸成すること，リスクセンサーを高めることであり，リスクを察知した全社員が適時適切にリスク情報を伝達するという行動様式を植え付けること，リスク情報を口に出すことが憚られない風通しの良い職場環境を作っておくことです。

　そして，各部門が取り扱う業務内容によって，管理すべきリスクは異なります。たとえば，下請法違反や優越的地位の濫用のリスクは調達部門にあり，架空売上のリスクは販売部門にあります。したがって，各部門において取り扱う業務内容に応じてどのようなリスクがあり，これをどのように管理するか，中間管理職がリードして各部門で社員にディスカッションさせ，業務に潜むリスクに対する気づきを社員に与えるような施策が効果的です。

(4) **危機管理委員会規程の整備と運用**

　いざ会社が危機に直面したときに，誰もが私情を捨てて正しく行動できるという保証はありません。平時のうちから，危機管理委員会規程を整備してお

き，誰が委員長と委員になるか，誰が招集するか，どのような場合に招集するか，何を決めてどの組織に報告するか，といったアウトラインを決めておく必要があります。特に，どのような場合に招集するかは，判断が恣意に流れないよう，典型的なリスク事象はある程度網羅的に記載しておき，それら以外でも招集できることを確認しておくことが考えられます。

注 記

＊1　竹内朗「ダスキン事件高裁判決で取締役に課された信頼回復義務──大阪高判平成18．6．9にみるクライシスマネジメントのあり方」NBL860号（2007）30頁以下参照。

引用判例

☆1　大阪高判平18・6・9判タ1214号115頁・判時1979号115頁。

【竹　内　朗】

Q24 危機対応における行動原理，被害の最小化，信頼回復の最速化

危機対応において理解しておくべき行動原理は何ですか。「被害の最小化」とは何ですか。「信頼回復の最速化」とは何ですか。

A

(1) 危機対応における会社の行動原理は，
「被害の最小化」＝被害の早期発見／二次被害の防止と対外公表
「信頼回復の最速化」＝自浄作用の発揮／ステークホルダーへの説明
という2点に集約されます。その最終目的は，「信頼のV字回復」を遂げて1日も早く平時に戻ることです。BCP（事業継続計画）の観点を採り入れることが有効です。
(2) 「被害の最小化」には，被害の早期発見，二次被害の防止と対外公表がポイントになります。
(3) 「信頼回復の最速化」には，自浄作用の発揮（事実調査／原因究明／再発防止）とステークホルダーへの説明がポイントになります。

解説

1 危機対応における行動原理

(1) 危機対応の最終目的

会社が不祥事に見舞われて危機に陥ったとき，危機対応が始まります。危機対応の最終的な目的は，「信頼のV字回復」を遂げて1日も早く平時に戻ることです。

危機時にはその対応がすべての日常業務に優先するため，業務活動を本来

のパフォーマンスで行うことができません。また，取引先が発注を差し控えたり，官公庁から指名停止処分を受けることもあります。危機の期間が長引けば長引くほど，会社の業績は悪影響を受け，やがては事業継続に支障が生じるまでになります。

大規模な不祥事に対する危機対応は，危機に瀕した会社の事業継続を守るための方策であり，ＢＣＰ（事業継続計画）やＢＣＭ（事業継続マネジメント）の観点を採り入れることが有効です。

(2) ＢＣＰ（事業継続計画）の観点

次の図は，内閣府防災担当「事業継続ガイドライン――あらゆる危機的事象を乗り越えるための戦略と対応」（平成25年8月改定）から抜粋したＢＣＰの概念図です。

縦軸が操業度，横軸が時間軸を示しており，災害発生により操業度が大幅に落ち込んだとき，①許容限界以上のレベルで事業を継続させること（縦軸），②許容される期間内に操業度を復旧させること（横軸），の2点が事業継続の

■BCPの概念図

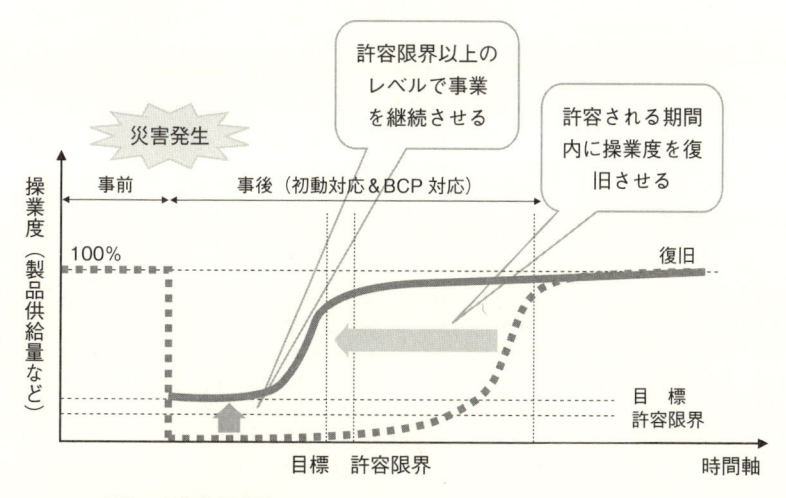

■危機対応における行動原理

被害の最小化（縦軸）	被害の早期発見	
	二次被害の防止と対外公表	
信頼回復の最速化（横軸）	自浄作用の発揮	事実調査
		原因究明
		再発防止
	ステークホルダーへの説明	

必須要件になります。

　これを不祥事に対する危機対応に置き換えると，次の表のようになります。つまり，①許容限界の範囲内で被害を最小限に食い止めること（縦軸），②許容される期間内に平時に戻れるよう信頼回復を最速化すること（横軸），の2点が危機対応の行動原理となります。

2 被害の最小化

　信頼のV字回復を遂げて1日も早く平時に戻るためには，まず縦軸として，被害規模の拡大や社会的信用の失墜を許容限界内に抑え込む必要があります。そのための行動原理として，被害の早期発見，二次被害の防止と対外公表について論じます。

(1) 被害の早期発見

　被害の早期発見は，会社の被害を許容限界の範囲内に食い止めるための第一歩になります。たとえば，製品事故であれば，発見が遅れるほど大量の欠陥製品が市場に流通し，その後の回収や交換に要するコストが増大します。また，社員による着服横領であれば，発見が遅れるほど被害金額が増大し，その後の損害回復は困難となります。

　もう一つの側面は，会社の発見が遅れれば遅れるほど，その間の会社のリスク管理体制（内部統制システム）に大きな不備があることが浮き彫りになることです。「なぜこんなに長い間気づかなかったのか」「なぜこんなに被害が拡

大するまで放置したのか」というステークホルダーからの不信感を払拭するのは容易ではありません。しかも，会社が自ら発見することができず，社外からの指摘（顧客や取引先からのクレーム，企業恐喝，マスメディアの取材・報道，規制当局の捜査・調査など）によって初めて気づいたような場合には，会社に対する不信感はさらに増幅されることになります。

　早期発見のための具体的な方策は，前項（**Q23**）で述べていますのでご参照ください。

(2) 二次被害の防止と対外公表

(a) 二次被害とは　たとえば製品事故であれば，欠陥製品が市場に流通してしまうことが一次被害です。利用者への告知，欠陥製品の修理・撤去・回収・交換と金銭補償など，その対応だけで相当のコスト負担が想定されます。

　製品事故による二次被害とは，流通した欠陥製品の利用者の生命身体に被害が及ぶことです。ハブの破損したトレーラーのタイヤが脱輪して歩行者を死傷させる，ガス湯沸かし器の不完全燃焼による一酸化炭素中毒事故で利用者が死亡する，電気ストーブから放出される化学物質を浴びた利用者が化学物質過敏症を発症する，美白化粧品を使用したお客様に白斑が生じる，といった事態です。

　二次被害による損害は，まず欠陥製品の利用者に生じ，この損害を会社が賠償することによって会社に転嫁されます。加えて，二次被害はしばしば大規模な消費者事件として報道されることもあり，被害規模も拡大し，会社の信用を大きく失墜させます。

(b) 対外公表の要否　こうした二次被害を防止するための最も有効な対策は，その製品の危険性をいち早く利用者に告知することです。すべての利用者に対して直接告知ができるのであれば，それが危険性を伝える最も確実な方法となります。

　しかし，一般消費者に対して販売される多くの製品では，利用者を特定することができず，すべての利用者に対して直接告知することはできません。そこで，次善策として，一般消費者に対して製品の危険性を間接告知するための「対外公表」が必要になります。

　このように，対外公表の要否は，「すべての利用者に製品の危険性を告知す

るために何をすべきか」が判断軸とされなければなりません。

　よくある失敗例は，「この製品事故が社外に発覚する可能性が高いかどうか」という間違った判断軸で，対外公表の要否を判断してしまうことです。「この話を知っているのはどの範囲か」「この中に内部告発しそうな社員はいるか」「顧客や取引先にはバレているのか」「マスコミはどの程度嗅ぎつけているのか」といった利用者不在のバカげた議論は，すべて対外公表の要否の判断軸を履き違えていることから生まれます。対外公表が二次被害の防止という行動原理からの要請であることを理解すれば，このような低次元の議論は生まれないはずです。

　また，「法的に公表義務があるかどうか」を判断軸としてしまう失敗例もあります。法的に公表義務があれば公表するのは当然として，法的に公表義務がない場面で，利用者の生命身体を危険からどう守るか，そのために当社は何をすべきか，を真剣に議論しなければなりません。

　(c) 対外公表の方法と内容　　対外公表の方法は，会社のウェブサイト，新聞の社告欄，テレビコマーシャル，記者会見などの媒体を通じて，会社が製品の危険性を告知し，修理・撤去・回収・交換について一般消費者に呼びかけることになります。もちろん，直接告知できる利用者には直接告知を併用します。

　対外公表の目的は，利用者に製品の危険性を告知して二次被害を防止する点にあります。したがって，その製品をどのように使用するとどのような危険があるのかを，具体的に明示することが何より重要です。

　自社製品が危険であると一般消費者に喧伝することは，製品開発・品質管理・販促営業に携わってきた役職員にとっては身を切られるような思いであり，その危険性をオブラートに包みたいと考えたくなる心情も理解できないわけではありません。しかし，二次被害を防止するという行動原理に立ち返れば，そのような内向きな心情に配慮するよりも，利用者の生命身体を守ることが優先されることは明らかです。

　利用者の手元にある製品が危険かどうかを判断できるよう，製品を特定するためのロット番号やそれが製品のどこに記載されているかの図示，お問合せ窓口となるコールセンターの電話番号（フリーダイヤルが望ましく，開設時間帯

も記載する）やメールアドレス，想定される質問と回答（ＦＡＱ）なども，併せて掲載しておきます。利用者から電話が殺到しても対応できるだけの回線や人員をコールセンターに配置しておくことも大事になります。

　(d)　対外公表の時期　　利用者は欠陥製品を毎日使っており，今日や明日にでも生命身体に被害が及ぶおそれがあります。したがって，会社が製品の危険性やその可能性を把握したら，「直ちに」「1日も早く」公表して利用者に危険性を告知し，二次被害を防ぐ必要があります。

　対外公表を遅らせる要因として，「拙速な公表はかえって利用者の不安を煽るだけなので，より詳細な事実関係が判明するまで待つべき」という議論がなされます。しかし，これは対外公表の内容を工夫することで対応できる問題であり，対外公表の時期を遅らせる要因とはなりません。

　すなわち，利用者に対する「第一報」を発する際に，その時点で判明している事実と調査中の事実とを区別して伝え，その後判明した事実は順次「続報」として伝えることにより，拙速な公表により利用者の不安を煽ることは避けることができます。

　よくある失敗例は，「詳細な事実関係が判明するまで」「販売先や仕入先の了承が得られるまで」などと言い訳を重ねて対外公表を先延ばししている間に，消費者の被害が拡大したり，マスメディアの取材・報道，規制当局の捜査・調査などを受けて問題が一気に表面化し，会社ぐるみの隠ぺいの汚名を着せられることです。対応が後手に回れば大きな信用失墜の痛手を被ることが，過去の経験則から明らかです。

3　信頼回復の最速化

　信頼のV字回復を遂げて1日も早く平時に戻るためには，次に横軸として，不祥事により一度は失墜した会社の信頼を右肩上がりで回復させる必要があります。そのための行動原理として，自浄作用の発揮とステークホルダーへの説明について論じます。

(1) 自浄作用の発揮

　自浄作用は，事実調査・原因究明・再発防止という3要素に分解されます。

逆からいえば，実効性のある再発防止措置を講じるには，真の原因を究明する必要があり，真の原因を究明するには，徹底的な事実調査を行う必要があります。したがって，この3要素は一体不可分の関係にあります。

(a) 自浄作用の効用　　自浄作用を発揮することには，2つの効用があります。一つは，対外的効用であり，自浄作用を発揮できる会社には，マスメディアや規制当局による外圧が緩やかになります。逆に，自浄作用を発揮できない会社には，バッシング報道や厳しい行政処分など容赦ない外圧が降りかかり，それは経営トップが交代するか会社が倒産するまで続くことがしばしばです。つまり，自浄作用を発揮できない粗悪な会社は，市場原理により淘汰されるのです。

もう一つは，対内的効用であり，経営トップに対する役職員からの信認を得られることです。不祥事が世間に公表されたとき，その不祥事に関与していない大部分の役職員は，取引先や親族に対して，肩身の狭い思いをし，精神的にも動揺します。自浄作用を発揮して1日も早く信頼回復することを待ち望んでいるのは，ほかでもない役職員なのです。経営トップがその期待に応えれば，役職員は経営トップに信認を与えます。逆に，経営トップがその期待を裏切れば，役職員の人心は離れ，事業継続の大きな支障となります。

(b) 事実調査　　いわゆる初動調査は，その後の対応方針の決定に向けられた調査です。これに対し，自浄作用としての事実調査は，原因究明と再発防止に向けられた調査であり，その目的達成に必要な範囲と程度で行われます。

事実調査の具体的な手法は，客観的証拠の収集分析と関係者に対するヒアリングが中心となりますが，その詳細については，**Q26**や**Q40**をご参照ください。

(c) 原因究明　　調査された事実を踏まえて原因を究明するときに重要なのは，不祥事を行った社員の個人的要因に加えて，不祥事を生み出した会社の「組織的要因」を突き止めることです。したがって，事実調査の対象も，その社員がどのような不祥事を行ったかに加えて，なぜその社員は不祥事に手を染めたのか，なぜ会社として防げなかったのか，誰がその問題を把握していたのかまたは把握すべきだったのか，どうすれば防げたのか，という事実にまで及びます。

たとえば，社員が業務遂行の過程で知った他社の重要事実を使ってインサイダー取引を行った場合，インサイダー取引という故意の犯罪行為を行った社員に個人的要因があるのは明らかです。しかし，他社の重要事実を日常的に取り扱う部署でありながら，会社の情報管理（情報セキュリティ）が杜撰だったら，あるいはその部署の社員に対する株取引に対する管理が杜撰だったら，そうした組織的要因にも切り込んで原因を究明しなければ，不祥事の再発を防止することはできません。

　(d)　再発防止　　事実調査と原因究明を踏まえて，実効性のある再発防止措置を講じることが，自浄作用の仕上げになります。この再発防止措置が業務フローに取り込まれ，リスク管理体制（内部統制システム）に実装されるに至って初めて，会社は不祥事発覚前よりもリスクに強い会社になり，ようやくその不祥事を克服したことになります。

　(e)　第三者委員会の活用　　大規模な不祥事に見舞われた会社が，自浄作用を発揮するに際し，独立した社外の専門家（弁護士，公認会計士，大学教授など）を委員に起用して第三者委員会（「特別調査委員会」「○○問題に関する委員会」など呼称は様々です）を設置し，第三者委員会が主体となって事実を調査し，原因を究明し，再発防止措置を提言するという実務慣行が定着しつつあります[1]。

　この実務の動きに対応して，日本弁護士連合会は，2010年7月15日に「企業等不祥事における第三者委員会ガイドライン」を公表しました（同年12月17日に改訂）。また，日本公認会計士協会は，2013年5月17日に「不適切な会計処理に係る第三者委員会への対応について」を公表し，同年7月2日には「経営研究調査会研究報告『不正調査ガイドライン』（公開草案）」を公表しました。

　大規模な不祥事が発生し，会社や経営陣に対するステークホルダーの信頼感が損なわれると，その会社が自ら事実調査・原因究明・再発防止を行っても，客観性・独立性に乏しく，隠ぺいや保身を図ったのではないかという疑いを払拭できず，ステークホルダーの信頼回復につなげられないことがあります。そこで，第三者委員会は，会社から独立した立場で事実調査・原因究明・再発防止のプロセスを進め，その独立性と専門性を発揮して会社の自浄作用を補完します。

もっとも，会社の内情に通じない第三者委員会に正確な調査ができるのか（正確性），調査には相当の時間を要するのではないか（迅速性）という懸念もあり，独立性・正確性・迅速性というトレードオフ関係が指摘されるなかで，何を優先させるかは，その不祥事の態様や会社の置かれている状況により判断されることになります。

　不祥事を克服するための自浄作用は，本来，当該会社が自律的に働かせることが原則です。これを社外独立の第三者に完全に委ねるというのは例外的な扱いであり，これが必要になるのは，経営陣が不祥事に関与しているケース，経営陣が不祥事の隠ぺいに走ったケース，内部統制システムの不備が著しく経営陣の法的ないし経営責任が問われるケースなど，経営陣が自浄作用を働かせることが期待できないようなケースが中心になります。

　日本監査役協会の監査役監査基準24条3項は，「監査役は，当該企業不祥事に対して明白な利害関係があると認められる者を除き，当該第三者委員会の委員に就任することが望ましく」と述べています。委員会を社外の独立した第三者だけで設置するのか，あるいは監査役や社外役員なども含めた「ハイブリッド型」とするのかなども会社の判断になりますが，ステークホルダーに対して説得力のある説明が求められます。

　第三者委員会が作成した詳細な調査報告書は，次に述べるステークホルダーへの説明の場面でも，会社にとって有用なツールとなります。

(2) ステークホルダーへの説明

　会社が自浄作用を発揮して再発防止措置を講じたことが，きちんとステークホルダーに説明され，ステークホルダーの納得を得ることによって，会社は「信頼のV字回復」を遂げて平時に戻ることができます。

　ここで，自浄作用を発揮したことのステークホルダーへの説明と，二次被害を防止するための対外公表とは，区別する必要があります。後者は，欠陥製品の利用者に対する危険性の告知を目的とし，その対象は利用者になります。前者は，再発防止措置を講じたことの説明を目的とし，その対象は，利用者のみならず，一般消費者，役職員，マスメディア，規制当局，メインバンク，株主，一般投資家など多岐にわたります。

　説明を要するステークホルダーの範囲も，不祥事の内容に応じて千差万別

になります。必ずしもすべてのステークホルダーに対して均一の説明が必要とは限らず,「信頼のV字回復」を遂げるのに必要なステークホルダーに対して必要な程度の説明をすることになります。

注　記

*1　詳しくは,竹内朗「日弁連ガイドライン後の第三者委員会の現状と展望」自由と正義64巻3号（2013）56頁。

【竹　内　朗】

Q25 各種ステークホルダーへの対応

危機時に対応を要するステークホルダーには，どのようなものがありますか。各種ステークホルダーへの対応の留意点は何ですか。ステークホルダー間に優先順位はありますか。

A

(1) 危機時に対応を要するステークホルダーには，被害者，規制当局，マスメディア，役職員，取引先，株主，一般投資家などがあります。
(2) 各種ステークホルダーへの対応の留意点は，解説に述べるとおりです。
(3) 最も優先すべきステークホルダーは被害者です。被害者への対応が十分でないと，他のステークホルダーからの圧力も強くなり，信頼回復が遠のくことになります。

解説

1 はじめに

危機時の対応は，クライシス・コミュニケーションと呼ばれることもあり，社外の各種ステークホルダーとの間でどのようなコミュニケーションを行うかが重要になり，その巧拙は会社の信頼回復に大きな影響を与えます。

それぞれのステークホルダーの特殊性に応じた適切な対応を行う必要があります。以下に詳論します。

2 被害者

　不祥事により被害を受けた被害者に対しては，真摯に謝罪し，誠意を尽くして補償や賠償の交渉を行うほか，被害感情を慰謝して鎮静化するための最大限の努力をします。たとえば，製品事故で欠陥のある製品を使用して健康被害を受けた方，会社が保有する個人情報を漏えいされた方，会社に財産を預けて社員に着服横領された方などがこれにあたります。とりわけ，生命身体に被害を受けた被害者やそのご家族に対しては，手厚い配慮をします。
　会社の事後対応に誠意が感じられないと，被害者の被害感情は増幅されます。そのことは，規制当局やマスメディアの会社に対する見方や出方に影響します。
　被害感情を鎮静化する努力は，謝罪や補償，賠償に限られません。他の被害者に対しても誠意を尽くして対応していること，原因究明や再発防止に真摯に取り組んでいることなども，被害感情の鎮静化につながることがあります。

(1) 潜在的被害者

　不祥事により被害を受けているはずなのに，会社がまだ認知していない方，あるいはご本人がまだ被害に気づいていない方，これらを潜在的被害者と呼びます。たとえば，製品事故で欠陥のある製品を購入して使用しているが，まだ修理や回収に応じていない方がこれにあたります。
　被害者間で不公平を生じさせることは被害者全体に対する不誠実な対応となるので，潜在的被害者に対しても等しく対応をすべく，会社が認知するための努力を続けることが原則です。もっとも，欠陥製品の販売から数十年が経過して耐用年数を大幅に超えるような場合は，被害の現実性が逓減し，対応の優先度も逓減すると考えることが現実的です。

(2) クレーマー

　被害者を安易にクレーマーと認定することは厳に慎むべきですが，それでも，会社の責任の範囲をはるかに超える法外な要求をする被害者がいることも現実であり，こうした被害者はクレーマーと認定せざるをえません。
　クレーマー対応の基本は，「被害者間の公平」を貫くことです。声の大きい被害者だけを特別扱いすることは，その他の被害者に対する不誠実な対応にな

ることを自覚し，慎重に，時には毅然と対応します。

　もし会社の誠意ある対応に大部分の被害者が納得しているなかで，一部のクレーマーだけが納得せず法外な要求をしているような状況があれば，それは会社にとって不都合な状況ではなく，規制当局やマスメディアの見方や出方に悪影響を与えることもありません。たとえインターネットの掲示板に書き込みがされ，あるいは告発サイトを立ち上げられたとしても，その状況が悪化することはなく，逆に会社が世間から同情を集めることすらあります。目の前のクレーマーの納得を得ることよりも，他の大部分の被害者の納得を損なわないことを優先すべきです。

3　規制当局（捜査機関・監督官庁）

　不祥事が何らかの刑事犯罪や法令違反に該当するときは，警察，検察庁，公正取引委員会，証券取引等監視委員会，国税局などが強制捜査や立ち入り調査を行います。また，会社を所管する監督官庁も，行政処分の要否や程度を判断するために，調査や検査を行います。

　捜査や調査に対する妨害は，二次不祥事として会社の置かれた状況をさらに悪化させます。捜査や調査には全面的に協力し，そのうえで，刑事訴訟法その他法令上のルールに則り，会社として主張や反論があれば，しっかりと伝えます。

　また，捜査機関や監督官庁が権限を行使する際，不祥事を起こした会社が，被害者に誠実に対応しているか，また再発防止に向けて自浄作用を発揮しているかは，重要なファクターになります。

　監督官庁にとって好ましくないのは，ある会社の不祥事について，マスメディアや議員筋から聞かれたにもかかわらず，会社から何の報告も受けていない状況です。こうした状況は，その後の行政処分に事実上の悪影響を与えるおそれもあるので，監督官庁には早目の報告を心掛けます。

　ここで注意すべきは，監督官庁は，あくまで会社の判断や対応を事前・事後に報告する先であり，お伺いを立てる先，判断を仰ぐ先ではないことです。たとえば，二次被害防止のための対外公表の要否で意見が割れ，担当者が公表

したくないと考えて監督官庁にその旨を報告し，「そこは御社の判断で」との回答を得たときに，担当者が帰社して「公表しないことでお墨付きを得た」とミスリードすることがあります。しかし，この状況はあくまで，監督官庁として公表の要否についてコメントしないと述べたにすぎません。対外公表が遅れたことが後日問題となったとき，監督官庁のコメントが弁解材料になるはずもなく（そのようなことをしたら監督官庁は激怒します），監督官庁にお伺いを立てることは何のリスクヘッジにもなりません。もしお伺いを立てるのであれば，弁護士など外部の専門家に対し，会社の置かれた状況と会社の方針を説明し，その方針が経営判断原則に違反しないかどうかを検証してもらい，リーガルオピニオンを得ておきます。

　なお，公正取引委員会に対する課徴金減免申請（リーニエンシー）や，証券取引等監視委員会に対する課徴金減額報告手続など，自主申告により処分を軽減する手続が用意されていることがあり，こうした手続は有効活用すべきです。

4　マスメディア

　マスメディアへの対応は，直接的には取材を行う記者に対する対応となりますが，間接的にはテレビの視聴者や新聞の購読者に対する対応になり，その巧拙が会社の社会的信用を大きく左右することを十分に理解し，慎重に対応する必要があります。

　特に，マスメディアは，自浄作用を発揮できない粗悪な会社を市場原理により淘汰することが社会正義に適うと考えており，現実にそのように行動します。たとえば，会社が利益を優先して消費者を危険に晒したり欺いていたケース，経営トップが不祥事を認識した後に対応を放置したり隠ぺいを図ったケース，簡単なプレスリリースだけで済ませて記者会見などステークホルダーに対して説明責任を果たすことから逃げようとするケースなどでは，容赦ないバッシング報道を浴びせます。担当大臣から批判的なコメントを引き出して報じることもあります。このようなネガティブ・キャンペーンは，しばしば会社が社長のクビを差し出すまで続けられます。

(1) 記者会見での留意点

　不祥事対応の記者会見では，まず誰が記者会見に出るかが重要です。発覚した不祥事の重要度に比べて，記者会見に出てきた役職員の職位が低すぎると，会社は本件を過小評価している，安易な幕引きを図っているなどと，そのこと自体が問題視され，後に社長が記者会見に引きずり出されることも少なくありません。逆に，記者会見に出てきた役職員の職位が高すぎても，そのことは好意的に受け取られます。

　記者会見で説明される内容は，事前の想定問答で理路整然と整理され，首尾一貫している必要があります。複数名が答弁するときは，発言の食い違いを突かれ，そこから社長の認識の低さを浮き彫りにされることがあります。

　会社から説明するのは，①不祥事の具体的内容，②被害の規模と内容，③被害者に対する補償，④不祥事の原因，⑤再発防止策，⑥行政処分の有無，⑦業績への影響，⑧今後のスケジュール，といったあたりです。

　記者から必ず聞かれるのは，「あなたはこの不祥事をいつ知ったのか」「今日の記者会見で公表するまで何をしていたのか」「なぜこんなに時間がかかったのか」「隠し通そうとしたのではないか」という類の質問です。こうした質問に窮することのないよう，対外公表は最速で行うことが望ましいといえます。

　また，記者会見全体としては平穏に進められたものの，不用意な発言の断片だけを捉えて批判的な記事を書かれることもあります。最初から最後まで細心の注意を払って答弁する必要があります。

　記者会見の場は，会社や役員の法的責任を追及する場ではなく，経営責任や道義的責任を問題にする場です。必要以上にディフェンシブになり，「当社に法的責任はない」などと強弁し，本来の経営責任や道義的責任を真摯に認める姿勢すら見せないことは，誤った対応です。「一社員がやったこと」「偽装ではなく誤表示」などと，事実を矮小化したり責任を過小申告していると受け取られるような言い回しも避けるべきです。

　マスメディアに好意的に受け取ってもらうためには，記者会見に臨むマスメディアの期待値を上回るサプライズを一つでも用意することです。より詳細な数字や事実関係を伝える，まだマスメディアに伝えてないポジティブな情報を伝えるなどです。

(2) 個別取材への対応

　個別取材を受けるときは，記者は書きたい記事のイメージをもっており，その裏づけを得るために取材してくることがほとんどです。イメージする記事が会社の認識や事実関係と異なるかどうかをできる限り確認し，異なると感じたときは，その点を明示的に伝えることが必要です。

　また，報道に対しては，「本日の一部報道について」といった表題で，会社として何らかの適時開示を要する場合もありますので，取材を終えたら，その準備をしておくことも必要になります。虚偽の適時開示は二次不祥事になりますので，開示内容の正確性を確保すべきです。

5　役職員

　会社の不祥事が世間に公表されると，その不祥事に関与していない大部分の役職員も，取引先や親族から冷たい目で見られ，肩身の狭い思いをし，精神的にも動揺します。誰がどのような不祥事を起こしたのか，これに対して会社がどのように対応するのかは，役職員にとって大きな関心事です。役職員の動揺を抑え，冷静に危機対応にあたってもらうためにも，役職員に対する説明は重要になります。

　その一方で，情報管理にも十分配慮しなければなりません。大勢の役職員に伝えた情報は，どんなに管理を徹底しようとしても，一定割合で社外に流出すること，SNS等を通じて世間に伝わることを予見しなければなりません。

　また，会社が伝える情報の中に未公表の重要事実が含まれており，これを知った役職員が当社株式を売買してしまえば，インサイダー取引の罪に問われるおそれがあります。会社が不祥事対応を進める最中に社員がインサイダー取引を行うという二次不祥事は，避けなければなりません。

　こうしたリスクを踏まえた実務対応としては，社外に公表されない情報は必要最小限の役職員間でのみ共有して情報管理を徹底するとともに，社外に公表される情報については，公表の直前ないし直後に役職員に伝達し，顧客や取引先からの問合せに誠実に対応してもらうことが現実的です。

　不祥事に関与した役職員が懲戒処分を受けるとき，被処分者のプライバシー

に配慮するあまり，役職員に対する情報提供が極端に制限されるようなケースも散見されます。しかし，不祥事に関与していない大部分の役職員も大事なステークホルダーであることを理解し，被処分者のプライバシーとの間に健全なバランスを働かせ，再発防止につながる重要な情報をきちんと伝えることが必要です。

6 取引先（仕入先・販売先）

たとえば，製品事故が発生して欠陥のある製品を回収する場合，その製品や部品・原材料を仕入れる側の仕入先や，その製品を販売する側の販売先は，重大な利害関係を有するステークホルダーとなります。特に，製品の回収においては，利用者との接点となる販売先の協力が不可欠となり，業務上の負担をかけることもしばしば起こります。したがって，仕入先や販売先に対しても，事の経緯をきちんと説明し，会社としての対応に理解と協力を得ることが必要になります。

他方で，情報管理にも十分配慮しなければならず，社外に公表される情報については，公表の直前ないし直後に取引先に伝達することが現実的です。

(1) 販売会社や代理店の反対

悩ましいのは，当社がメーカーとして製品の欠陥を認めて回収を決めたにもかかわらず，取引先がこれに反対する場合です。たとえば，有力な販売会社に回収の方針を伝えたところ，回収に起因する業績悪化を懸念した販売会社から，「この程度で本当に対外公表が必要なのか」「取扱説明書にはちゃんと危険性が明記されており，これで十分だろう」「法的にも公表義務などないはずだ」などと頑強な抵抗に遭うこともあります。販売会社に対する補償問題が持ち上がることもあります。

こうした場合でも，二次被害を防止するために利用者に製品の危険性を告知するという対外公表の本来の目的に立ち返り，メーカーとして危険性の告知が必要と判断した以上は，その方針を曲げることはできません。対外公表の遅れが後日問題とされたとき，販売会社に反対されたことが弁解材料になることはありません。販売会社に対しては，補償も含めて粘り強く折衝していくこと

になります。

(2) メーカーの反対

　逆に，当社が販売会社として特定の製品に関するクレームを多数受け付け，製品の欠陥が合理的に疑われる客観的状況で，メーカーに問題提起をしたものの，製品回収による巨額損失を受け容れられないとして，メーカーが回収に反対することもあります。

　この場合は，販売会社として欠陥が合理的に疑われる製品を，これ以上消費者に販売することはできず，少なくとも販売を中止し，場合によっては返品するほか，利用者に対する危険性の告知を検討することになります。

　イトーヨーカ堂が輸入して販売した電気ストーブを利用して化学物質過敏症になったという損害賠償請求事件の判決[1]では，販売会社であるイトーヨーカ堂は，ストーブの異臭に関する問合せから化学物質の発生を予見することができた，化学物質の有害性を検査確認すべきだった，化学物質の過度の暴露を避ける情報を提供すべきだった，安全性が確認されるまでストーブの販売を中止すべきだった，と厳しい判断が下されています。

7　株主，一般投資家

　たとえば，製品事故が発生して欠陥のある製品を回収することとし，これに伴う巨額の損失を当期の特別損失として計上することとなり，当期の業績予想を下方修正せざるをえなくなったような場合，この事実は，重要事実としてインサイダー取引規制の対象になりえることに加え（金商166条），上場会社として適時開示を義務づけられる事実にもなりえます（東証有価証券上場規程402条）。

　したがって，上場会社としては，証券市場に対する適時開示を適切に行うことに加え，適時開示するまでの間は情報管理を徹底し，関係者によるインサイダー取引を未然に防止することが必要になります。

引用判例

　☆1　東京高判平18・8・31判時1959号3頁。

【竹　内　朗】

Q26　社内調査

危機対応において、不正調査をどのように進めるべきでしょうか。

A

(1) 不正が発覚した際には、まず情報を正しく評価したうえで、どのような対応が適切かを判断する必要があります。不正の発覚をもたらした情報源の種類、情報の内容、信頼性などから、不正の存在可能性、仮に存在した場合の重大性および緊急性を判断するとともに、実際に対応した場合の影響を考慮したうえで、それに応じた調査体制と調査方針を決定します。

(2) 不正調査にあたっては、調査の信頼性、客観性が担保可能となる人員により調査チームを組成する必要があります。また、調査体制においては指揮命令系統を明確にし、情報の統制を徹底します。未公表の不正事実や調査情報が拡散した場合、調査および報告に様々な支障が生じる可能性があるため、慎重な情報管理が必要です。

(3) 調査のプランニングにあたっては、調査の目的をよく確認することが重要です。一般的には「収束と是正」、「説明責任」の２つの目的に大別されます。

(4) 「収束と是正」とは、被害・損害の状況を確認し、事態を収束させ、是正措置を行うこと、「説明責任」とは、不正の実態と全容を把握し、原因や再発防止策と併せてステークホルダーおよび監督官庁等に報告することをいい、こうした目的に応じて、調査の範囲、手続および期間を検討します。

解説

1　不正発覚時の判断と対応

　不正の懸念が生じたり，不正の兆候が発見されたりした場合，まずは情報を正しく評価したうえで，適切なアクションをとる必要があります。このような判断は，不正の存在可能性を示唆する情報が，どのような情報源からもたらされたかによって，その評価および対応が異なってきます。以下で，不正発覚の経緯別の判断基準と対応について解説します。

(1) 内部監査等社内のモニタリングによる発見

　内部監査など社内のモニタリングによって不正の兆候が検知された場合は，後述の各情報ソースからの発覚に比べ，対処までに費やすことができる時間が多いのが一般的です。拙速に対応するよりは，まず，より詳細な情報を収集し，事実確認を行うことが大切です。事実確認の結果，社内のみで対処しうる問題か，あるいは本格的な調査を実施し，各所に報告する必要がある問題かは，不正行為の性質および不正によって影響を受けるステークホルダーの範囲によって判断します。顧客や取引先などの被害や，株式価値に影響を与えうるような実害，その他社会的な問題が生じることが判明した場合は，本格的な不正調査を開始し，速やかに事実を報告する必要があります。

(2) 内部告発・内部通報

　不正に関する内部通報があった場合，企業としての不正に対する取組みの姿勢を内部通報者に示し，誠実に対応する必要があります。

　内部通報窓口に通報があった場合，まずは通報窓口を所管する部署で情報を評価し，通報内容が単なる不満などで事件性が欠如している場合や，信頼性が明らかに欠如しているような場合等を除いて，事実確認等を行います。

　通報者が協力的な場合は面談を行い，保有している情報や証拠書類等すべての提示を要請するのが望ましいといえます。その結果，本格的な調査が必要と判断された場合には，通報者にその旨を通知し，実際に調査を進めていくことになります。なお，入手した情報および証拠が，不法行為など不適切な方法

で入手されたものである場合，裁判における証拠としたり，公表する事実の前提としたりすることはできません。こうした情報は，調査を効率的，効果的に進めるための仮説構築等に活用することとし，調査を通じて，事実を立証するための情報や証拠を適切な方法で入手することを目指します。

一方で，匿名の内部通報であるがゆえに，通報者を通じた情報確認が困難な場合には通報内容を過去の社内モニタリング結果や業界内の過去事例に照らし合わせ，実際にそうした不正が発生する蓋然性が高いか，具体的にどういった手口がありうるのかなどを検証し，通報された情報の真偽を評価します。

ただし，匿名の通報であっても，双方向の連絡手段が確保されている場合は，通報者の保護や調査手続の誠実な説明により，追加の情報提供に応じてくれる場合もあります。その際には，外部の専門家がインタビューや情報提供の窓口を担当することにより，提供情報の機密を保証し，通報者個人が特定されるおそれのある情報を会社側に通知することなく，事実確認と調査に重要な情報のみの提供を受けるといった方法もあります。

(3) **外部からの告発，通報，被害報告**

不正の発生が疑われる情報提供が外部からあった場合には，既に不正による被害が発生している可能性が高いため，内部からの情報を通じて発覚した場合よりも，早急かつ本格的な対応が必要といえます。

取引先や得意先からの告発の場合には，ビジネス上のトラブル，担当者同士の遺恨や，所属会社から解雇された者からの不満，経営への不満などが絡むケースがあります。客観的に不正の有無を判断するためには，告発された当事者に事情を聴く前に，可能な限り告発者に具体的な情報と客観的な証拠の提示を求め，社内の状況と照らし合わせて客観的に告発情報を評価しておく必要があります。

また，コールセンターなどに寄せられる個別の苦情，被害報告といった情報には主観が入り込む余地があるため，それらが偏った見方による単なるクレームである可能性がありますが，複数の情報が統計的に有意な傾向を示す場合および重傷事故，破裂・発火事故など単体でも事象が確認できるケースには，個人の思惑が入り込む余地は少なく，また広範囲な影響や重大な事故が生じている可能性があるため，不正，不祥事が存在するものと想定して，早急に対応

する必要があります。

(4) **雑誌等のマスメディア，インターネット**

　雑誌記事，インターネット上の内部告発サイト，掲示板などは，もともときな臭い情報が記載されているものですが，自社の不正に関する情報が掲載された場合には，すべてを事実無根として片づけるのではなく，その情報の真偽や具体性，機密性などから，単なるデマや風評の類と，社内や取引先からの不正情報のリークとを区別する必要があります。日頃からマスメディアやインターネットについてもモニタリングし，内部事情に詳しい筋からと推測される情報は，注視しておくべきでしょう。

　雑誌などの場合，告発記事について提供元などの情報を要請した場合，金品による取引を持ちかけてくるケースもあります。このような場合，取引に応じたという事実自体がさらなる問題となる可能性もありますので，毅然とした対応を取ることが重要です。

2　不正調査の体制と情報管理

(1) **調査体制**

　不正発生時の社内体制としては，社長もしくはそれに準ずる立場の経営責任者を不正対応に関する総責任者とすることが望ましいといえます。その配下に，必要に応じて調査実施，事態収束と是正措置，マスコミやステークホルダー対応などのタスクを実行するチームを組成します。各チームの責任者は，それぞれの遂行に適した組織の部門長クラスが担当するのが一般的です。調査実施チームは，発生した企業の不正に関する実態を解明し，報告する責任を負います。必要に応じて，外部の専門家と協調して調査にあたります。

　(a) **調査チーム組成における留意点**　不正の種類や発生した部門によって，必要な人材もまた異なります。調査に必要な知見，技術をもった人材を，社内外から選定して協力を得る必要があります。たとえば，不正発生当時の管理状況を知るうえで当該部門の業務をよく知る社員の協力は必要でしょうし，会計上の不正の場合は経理部門の協力が，情報犯罪などの場合は情報システム部門の協力が不可欠となります。

しかし，不正行為者が完全に特定できていない場合，こうした部門の管理職や現場リーダーなどから調査チームのメンバーを選出すると，「不正に関与した社員が調査に参画する」というリスクが生じることに留意する必要があります。実際，不正行為は，内部統制の隙を突いて行われるため，業務や内部統制に精通し，権限を委譲されている管理職やリーダーが不正行為者であったというケースは珍しくありません。最も頼りにしたい調査協力者は，必然的に不正行為を行うことのできる立場でもありうるのです。

また，運よく不正行為者本人の調査への参画を避けることができたとしても，同部門であれば「身内から不正行為者を出したくない」という思いは当然存在しますし，部下であれデータであれ，調査への関与する者が，本件不正での管理責任を問われかねない立場の場合，調査上の情報判断にバイアスが生じるなど，公正な調査が難しくなることも考えられます。また，場合によっては不正行為者である同部署の同僚にうっかり調査情報を漏らしてしまう，というようなリスクも増加します。

このようなリスクに鑑みれば，調査チームのコアメンバーは，不正発生部門や，経理部，情報システム部といった日頃から重要なデータや情報の管理を行う部門からは選定せず，これらの部門から独立した組織から選定することとし，必要に応じて，関係部門の協力を得るような体制が望ましいといえます。

(b) 外部の専門家の利用　不正調査では，遂行に必要とされる知見・技術に加え，説明責任を果たすうえで必要とされる客観性や信頼性など，様々な事柄を考慮してチームを組成する必要があり，外部の専門家への協力も視野に入れて検討する必要があります。適切な外部専門家のアドバイスを仰ぎ，必要な支援を求めることで，専門的な技術や知識以外にも，調査自体の客観性が確保できるなどのメリットがあります。大規模な不正・不祥事ともなれば，企業の内部統制システムの脆弱性が問題となり，役員の法的責任ないし経営責任に波及する場合もあります。そうした場合，会社が主体となって調査すること自体が，客観性・信頼性・独立性の欠如につながるため，外部の専門家を利用する必要が高いといえます。

また，法律や会計，デジタル・フォレンジックなど専門分野におけるテクニカルなアドバイス以外にも，調査全般に関するプロジェクト管理を依頼する

方法もあります。経験豊富な調査の専門家は，リスクを最小化するための合理的で効率的な調査アプローチを提案することができます。

　調査に時間を費やし，社内での対応が困難であることが判明した後ではなく，調査チームを組成する段階で外部専門家を組み込むことを検討してもよいでしょう。一般の企業が不正調査の経験が豊富な人材を恒常的に雇用することは現実的ではありませんが，信頼できる外部の専門家を早い段階から積極的に活用することで，実務面のみならず，不正の対処にあたって抵抗勢力を抑え必要な調査を推進するのに必要な体制を構築することが可能になります。

(2) 情報の開示と統制

　不正の事実や調査情報は特に機密性の高い情報であり，調査体制の指揮命令系統に則って統制される必要があります。以下に不正調査時における情報の取扱いについて，特に留意が必要な点を解説します。

　(a) 対外公表　従来，日本企業では不正や不祥事は内々に処理されることが多かったようですが，国際化の進展に伴い，ステークホルダーや社会に対して説明責任を果たす姿勢が求められるようになりました。不正の事実が発覚した場合は速やかに公表し，積極的に説明責任を果たすことが信頼回復への第一歩となります。

　発覚後最初の対外公表では，判明している事実のみに基づき，不正事件の概要を報告し，明確になっていない部分は，判明次第報告することとし，併せて，調査体制および調査結果の報告時期を告知します。

　また，不正の公表における最大のジレンマは，「情報の正確さ」と「報告の迅速さ」の両立が困難なことですが，特に被害が社外に及ぶ可能性がある場合には，迅速さを優先して報告し，被害が顕在化していない場合であっても，想定されるリスクや被害防止策などについて言及します。

　(b) 未公表情報の管理　不正の発覚から，不正の事実を公表するまでの期間は，特に不正に関する情報を注意深く管理する必要があります。万が一，公表より前にマスコミに不正に関する情報が漏洩し，新聞，ニュース等の報道や雑誌記事等で，先に社会の目に触れることになれば，多くの人に「不正の事実を隠蔽していたのでは」という疑いをもたれることにつながります。当然，マスコミから事実が漏れてしまえば，調査も公表準備も不十分な状態でも即座

にプレスリリースせざるをえなくなりますし，監督官庁が，当事者から報告を受ける前にマスコミなど報道などから事態を知ることとなれば，態度を硬化させ，報告および対応のハードルが上がるといったことも想定されます。

　また，企業による発表とは異なり，マスコミが情報の真偽自体に責任を負うわけではありませんから，不正確な情報も報道されてしまうリスクがあります。一方で，情報伝達手段としてのマスコミの影響力は絶大であり，不正確な情報が独り歩きして，社会に対して間違った認識や印象を広めてしまうことにもなりかねません。

　このような事態を避けるため，不正が発覚してから事実確認を行う間は，情報の共有を必要最低限の人員のみにとどめ，また可能な限り事実を早く公表することです。なお，理由があって公表まで多少の時間を要する場合には，直近に発表の予定がなくとも，突然の取材に備え，ポジションペーパーを用意して常に更新しておくことが有用です。

　さらに，上場企業では，不正の事実などについて，適時開示等で公表することとし，ステークホルダーに対する個別の情報提供は可能な限り避ける必要があります。不正に関する情報は，インサイダー取引の重要事実にあたる可能性があり，公表前に知ってしまった人には，インサイダー取引の機会が生ずることとなるからです。適時開示に先だって説明を行う必要がある場合でも，情報を伝える対象者に秘密保持誓約書の提出を求め，関係者以外への情報漏洩を抑止したり，適時開示までの期間を短縮したりすることが望まれます。

　(c)　証拠隠滅，抗弁準備等の機会防止　　不正行為者が調査開始の情報を知れば，様々な証拠の隠滅を図る可能性があります。たとえば，不正の証拠となりうる電子メールや電子ファイル，書類等を処分する，アクセスログや履歴の抹消，改竄を行うなど，調査の手が及ぶ前に証拠や情報を隠滅しようと手を尽くすかもしれません。社内の従業員に対しても，不正調査が行われている事実や調査情報は，公表まで注意深く管理する必要があります。

　初動の段階では行為者である蓋然性の低い者（外堀）から情報収集のアプローチを開始し，十分な情報と証拠を得たうえで，行為者である蓋然性の高い者（本命）へどうアプローチするかの作戦を立てるといった配慮は，証拠保全の時間を確保するうえで有効です。また，本命以外に対しても，インタビュー

や証拠提出の協力を得るために，不正調査の実施について伝える必要がある場合には，調査について口外しない旨念を押ししたうえで覚書を取るなど，調査実施の情報が拡散し，証拠隠滅の機会を与えることのないよう留意が必要です。

　ただし，どのような牽制をしても，多数の従業員に協力を要請した時点で調査の事実が漏れ伝わるリスクは高くなりますので，インタビューに先だって可能な証拠保全を行うなど，証拠隠滅の機会が生じないように調査を計画します。

　また，調査の過程で，「どの程度の証拠や情報を取得できたのか」という情報を，不正行為者に悟られることのないよう留意する必要があります。

　不正調査においては，疑義が生じないほど十分な証拠が揃っている場合や，行為者が観念してすべてを自供した場合を除き，部分的な情報や間接的な証拠を積み上げて供述を引き出す必要があります。仮に不正行為者が調査チームの得た証拠や情報を把握しているとしたら，その情報を利用して有利に抗弁することができるでしょう。

　こうした調査情報は，調査担当者から漏洩する以外にも，電子メールサーバーやファイルサーバー等の管理者が特権を利用して盗み見るケースも考えられることから，調査情報に関する情報は暗号化したり，情報伝達手段を限定したりするなど，機密管理に十分な留意が必要です。

　(d)　情報提供者の身分保障　　内部通報者や，調査に対して情報を提供してくれる協力者の身分保障を確保するうえでも，調査情報の管理は重要です。情報提供者にとって，自分の上司や同僚を告発したり，調査担当者に対して誰かが不利になる情報を提供したりするということは，多くの場合不安を伴う行為であり，勇気が必要な行為です。にもかかわらず，誰が情報を提供したという事実が他の誰かに知られてしまっては，情報提供者にとって身分や人間関係上のリスクになります。

　不正調査を進めるにあたって，調査チームが情報提供者の身分を保障することは当然必要ですが，身分保障が確実に行われるためには，「誰が，どういった情報を提供した」といった情報を，調査チームのコアメンバー内に厳格にとどめておく必要があります。

　この種の情報の機密を確保するためには，インタビューや尋問を行う際に

も細心の注意が必要となります。たとえば，「あなたがいつもこうした行為を行っていた旨，部下のＡさんが証言しているのですが本当ですか」など，情報提供者が特定できる質問をすることは当然避けるべきです。また，「Ａさんが言っている」ということを明かさなくても，Ａさん以外に知りえない情報を前提に質問する場合など，情報提供者が誰かを悟られないよう十分に配慮すべきでしょう。

(e) 調査対象者のプライバシー

調査対象が不正行為者であっても，合理的な理由なくプライバシーを侵害するべきではありません。仮にＰＣや文書など調査対象が会社の所有物であったとしても，職務上，調査を行うべき立場にない者がプライバシーに関わる情報にアクセスした場合や，調査を行う立場のものであっても，調査上の合理的な理由がないのに，もっぱら個人的な好奇心などからプライバシーに関わる情報にアクセスした場合などは，プライバシー侵害に当たります。

また，強制捜査権をもたない民間企業による調査は，調査対象が従業員であっても，任意の協力による調査ですので，対象者に対して任意での情報提供を求めていくことになります。不正・不祥事の発覚後，電子メールなどの閲覧を行う場合には，あらかじめ電子メールを会社が本人の許可なく閲覧する旨の社内規定を施行し，本人了承の覚書を貰うなど，プライバシー侵害のリスクを減らしておくことが望ましいといえます。

3 不正調査の進め方

(1) **不正調査の目的**

不正調査の計画を立案，遂行する際には「何のためにこの不正調査を行うのか」といった目的を明確にし，企業内，調査チーム内でコンセンサスを得ることが重要です。

不正調査の進め方や手続は，不正の種類や企業が置かれる状況によって様々ですが，企業として不正調査を行う目的は，大別して以下の２つがあります。

(a) 不正に対して適切な対応を行う　不正が発覚した場合，事態の収束，業務の復旧，被害や損害の回復措置，不正行為者や管理責任者の処分，再発防

止など，様々な対応が必要となります。しかし，何が起こっているのかを正しく把握できなければ，適切な対応を行うことはできません。適切な対応を行うためには，調査によって不正の実態を把握し，解明する必要があります。

(b) 企業としての説明責任を果たす　不正の影響が社内に限定されない可能性がある場合，必要な調査を行ったうえで調査結果を報告することで，被害者，ステークホルダー，当局，社会全般への説明責任を果たす必要があります。被害者やステークホルダーは，不正を犯した企業から開示された情報に基づいて，リスク回避などの意思決定を行うことができます。各ステークホルダーにとって，意思決定に必要な情報は何か，ということを念頭に置いて，解明すべき事実を想定したうえで，不正調査を実施する必要があります。

(2) 調査の計画

調査計画の策定においては，ステークホルダーに対して何を説明する必要があり，また是正措置のため何を知る必要があるかを明確にしたうえで，その骨子を策定します。

調査開始までに既に判明している事実から，どのような不正が行われたかについて，可能性のある範囲で複数の仮説を立て，それぞれの仮説の反証に必要な調査手続と対象範囲を決定します。これに対して，最も蓋然性の高い一つの仮説を立て，それを検証するための手続を行うというアプローチは避けるべきです。この場合，仮説を強化する情報にのみ注目し，逆に仮説を否定する情報を無視するバイアスが働きやすいことがわかっています。もし事実が仮説と異なった場合，仮説の修正は困難であり，誤った調査結果が導き出される可能性が高くなります。

なお，不正調査では，計画した手続を行うのに十分な調査期間を確保できることはまれで，ステークホルダーや社会から求められる調査結果の公表のタイミングから，スケジュールを逆算することになります。また，調査過程で判明した事実により，新たな仮説や必要な調査手続が追加され，計画の刷新を迫られることも珍しくありません。このため，スピードと柔軟性を重視した計画を立てる必要があります。

(3) 情報と証拠の収集

不正調査により実態解明を行うためには，調査計画に基づいて情報を収集

していく必要があります。まずは，実態解明のために収集すべき情報にはどのような種類があり，これらの情報をどのように収集・分析すれば調査を成功に導くことができるのかを整理します。

(a) 証拠保全　　調査手続中で最優先に位置づけられるものが証拠保全です。客観的な証拠は，調査を進めるうえで中核となる重要な情報であり，またそれゆえ不正行為者が隠滅するインセンティブも高いといえます。また特定の電子データや履歴などは，誰かが隠滅しなくても，日常業務の中で時間の経過とともに消失していくものもあります。したがって，情報収集の過程で重要だと判明した証拠のみを保全するのではなく，可能な限り調査対象となる情報をすべて保全したうえで，情報の収集，分析といった手続を進めるようにします。

電子データについては，正しい手続に従って取得と保全を行わなければ，証拠能力を失ったり，情報そのものが損なわれたりするリスクが生じるため，特に留意が必要です。

(b) 人的証拠――インタビューによる情報収集　　不正関与者やその他関係者へのインタビューにより得られる口頭の証拠を人的証拠といいます。十分な物的証拠を得られない段階では，インタビューを通じて得られた情報が調査の方針に重要な示唆を与えてくれます。また，インタビューの対象者が不正への関与を認めている場合は実態解明に迫る重要な情報を得ることができますが，そのような場合であっても，記憶違いや，余罪や不利になる決定的情報の隠匿，共犯者の隠匿，他者に責任を転嫁するための虚偽証言などを行う可能性もあり，証言のすべてが真実とは限りません。証言を鵜呑みにするのではなく，物的証拠や電子的証拠，複数の証言などにより，客観的な裏づけを取ることが必要です。

(c) 物的証拠――文書からの情報収集　　企業不正において，物的証拠となるものには，不正行為当時の会計帳簿，請求書等の原始証憑，議事録，関連するメモ書き等があります。特に紙面の文書は不正行為当時の情報がそのまま記載されており，かつその訂正のためには何らかの痕跡が残ることが多く，比較的改竄が難しいため客観性の高い証拠といえます。

(d) 電子的証拠――電子データからの情報収集　　社内のコンピューターシステムや記録媒体，あるいはインターネット上に保存された電子データ全般

が電子的証拠となりえます。電子的証拠の特徴の一つとして，前述の物的証拠とは異なり，データの消去や上書きが可能であるため，証拠保全の手続が重要になります。

(4) 不正の実態解明

発覚した不正について必要な情報を収集した後にはそれらを分析し，被害状況，行為者および不正手口，不正発生の経緯といった不正の実態解明を行います。

不正調査を通じて収集された情報，証拠は，改竄，虚偽の証言などの余地，記録や記憶違いなどの可能性がどの程度存在するかにより，その信頼性に差異があります。より多くの互いに独立した証拠に支持され，事実として認識されることもあれば，たった一つの信頼性の高い証拠が支持する事実もあります。このように，調査を通じて得た情報から，総合的に不正の実態を把握する必要があります。

また，調査報告書に実態解明の結果を記載する際に留意すべき点は，調査で確認された事実を個別に羅列しても，説得力のある報告にはならないということです。実態解明の報告として説得力をもたせるためには，ある行為と，その行為の結果生じた事象，また，ある行為と，その行為の動機となった事象を，因果関係でつながれたストーリーとして記述する必要があるのです。「不正」というリスクを伴う行為には，必ず動機があります。そして，不正が実際に行われれば何らかの結果が生じます。そして，生じた結果により利得を得る一方で，他者に被害や損害が生じ，それを隠蔽するためにまた行為を行う，そのようにして，一連の不正行為とその結果の事象が発生しており，こうした因果関係を軸に実態解明を行うことは，道理にかなっているといえます。また，いくら疑わしくても，確認されていない事実を認定し，「あったもの」として報告したり，疑わしいという理由で処罰を行った事態を収めたりすることはできません。疑わしい事象については，実施した調査手続を併記のうえ「調査の結果として認定できないけれども，嫌疑を晴らすことはできない」事実として報告することで，報告を受けるステークホルダーは，意思決定に有用でより事実に近い情報を受け取ることができるでしょう。

(5) 件外調査

　実態解明のための手続では，発覚した不正に関する既知の情報から仮説を立て，その実態を解明するための情報収集を行うため，調査担当者やインタビュー対象者の視点は，発覚した「本件不正」のみに集中します。一方で，客観的に見れば，「ある企業で不正が発覚したということは，判明している以外にも同様の不正が行われているのではないか。」という疑念が当然に生じます。こうした疑念に対して行われる，潜在的な不正の有無を確認する手続を「件外調査」といいます。

　件外調査は，いわば「ほかに無いこと」の証明であり，実態解明に比べて一般に手間のかかる手続となります。また，既に発覚している不正の実態解明に追われて手が回らないという事情からか，過去の不正調査報告書を見ても，十分な件外調査が実施されている調査報告書は多くありません。

　しかし，調査報告書の結果をもって意思決定を行うステークホルダーにとっては，本件の実態解明よりも件外調査のほうがずっと有用な情報となりえます。既に発覚し，公表された不正が，その後も継続されるリスクは実際のところ高くありません。それよりも，その企業と今後もステークホルダーとして関係を続けるうえで懸念されることは，「公表された不正は，実は氷山のほんの一角ではないか」「芋づる式に不正が発覚するのではないか」「企業体質に根本的な問題があり，不正の温床になっているのではないか」といったことです。こうした疑念やリスクを払拭するためには，まさに件外調査により，発覚した不正が，どこの企業にでも起こりうる不正が偶発的に起こったものなのか，それとも企業として本質的に問題があり，潜在的に多くの不正が隠れているのかを明確に示す必要があります。

　件外調査では，発覚した不正および内部統制の状況等からリスクを想定し，それに応じて調査範囲と手続を決定します。実態解明の仮説検証アプローチに対して，件外調査ではより網羅的なアプローチが重要となります。このため，初期の手続として，データマイニングやアンケートなど網羅的かつ効率的な手段でリスクの高い対象を絞り込んだ後に，インタビュー，証拠収集，詳細な情報分析など，実態解明と同様の手続を行うアプローチが効果的です。

　なお，報告書においては，件外調査で行った手続と対象範囲を記載するこ

とが不可欠です。ある企業で不正が完全に存在しないことの証明など原理的に不可能ですから,「これだけの手続をこの対象に対して実施した範囲では,不正は発見されませんでした。」という限定的な情報を提供し,ステークホルダーのリスク判断に資することを目的とします。

【堀田　知行】

Q27　デジタル・フォレンジック

パソコンなどのIT機器に残された証拠はどのように保全・入手するのでしょうか。

A

(1) 電子的証拠を収集する対象として，PC，サーバー，スマートフォン，USBメモリといった物理的対象種別と，電子メール，電子ドキュメント，システムログといった，データとしての対象種別があります。データの種別によって得られる情報が異なるため，証拠収集に際しては，物理的対象の所在のみでなく，どういったデータが，どの物理的対象に保存され，どのような方法でアクセス可能であるかなどを明らかにしたうえで，電子的証拠の取得を行う必要があります。

(2) 電子的証拠の取得においては，まずはイメージコピー*1などの方法で保全を行うことが大変重要です。適切な保全を行わず，直接パソコンやサーバーなどを閲覧した場合，改竄の余地が生まれ，証拠能力に疑義が生じるのみでなく，ファイルの最終アクセス日時などが書き換えられてしまうなど，重要な情報や証拠が消失する可能性があります。

(3) 取得した電子的証拠は，削除データの復元，暗号化データのパスワード解読などの処理を行ったうえで，キーワード検索やデータ属性等により調査に関係するデータを絞り込みます。電子データは改竄や捏造が容易なため，データの処理や抽出の手続を記録し，証拠データのハッシュ値を取得することで，手続の正当性やデータの真正性を担保し，証拠能力を保持することが重要です。

解説

１　電子的証拠収集の対象

　電子的証拠を収集対象として考えたとき，物的対象と電子データとしての対象を分けて考える必要があります。証拠保全を行う際には，ＰＣ，サーバー，バックアップ装置が管理されている拠点など，有形物の所在を明確にすると同時に，どのような種類のデータが，どこに保管されており，どのような方法でアクセスが可能かといったデータの所在とアクセス方法を明確にする必要があります。

(1) 物的対象

　(a)　Ｐ　Ｃ　　ＰＣが物的対象となる場合，電子データは，通常内蔵のＨＤＤ，ＳＳＤ内に保管されています。外付けのＨＤＤが利用されている場合は，同様にデータ取得対象となります。ＨＤＤ上のデータを取得する際には，フォレンジック専用のツールを用いてイメージコピーすることで，データ毀損リスクの低減，電子データの証拠能力の保全，削除データの復元などが可能になります。

　(b)　各種サーバー，業務システム　　サーバーには，電子メールサーバー，ファイル共有サーバー，業務システム用サーバーなど様々な用途があり，保存されている電子データの種類も電子メール，電子文書，業務用データベース，会計データ，システムログなど様々です。証拠収集の方法も，電子データの種類，記憶装置の構成，システムの運用状況，調査目的等によって，最適な方法を選択する必要があります。たとえば，ＰＣと同様にＨＤＤを対象にイメージコピーを取得するケース以外にも，論理ドライブ領域を対象にイメージコピーを取得するケース，必要なデータセットを抽出する場合などがあります。

　(c)　ネットワーク機器，セキュリティ機器　　ＰＣやサーバーなど，一般的なコンピューター以外の機器類が物的対象となる場合，電子データは主に機器に記録されたログが対象となります。情報漏洩などサイバー犯罪の調査では，ネットワーク機器やプリンターに残されたログ，入退室のログなどが有力な証

拠となるケースもあります。

　対象となる電子データは，機器上の記憶装置に保存される場合と，ネットワーク接続された管理サーバ上に保存される場合があります。

　(d) モバイル機器　スマートフォンやタブレット端末などのモバイル機器は，業務上の利用，個人利用の双方で，非常に重要なコミュニケーションデバイスであり，物的証拠の対象としても大変重要なものとなっています。

　日本の携帯電話事情にとして，「ガラケー」という言葉があるとおり，従来は各社独自の規格で開発が進められ，ファイルシステム等の内部の仕組みも機密情報とされてきました。したがって，海外メーカー製の共通規格の携帯電話については，ベンダーよりフォレンジック用のデータ復元ツールが提供されていますが，旧来の日本製携帯電話には復元ツールが対応しておらず，いわゆる「ガラケー」のデータ復元は実質困難でした。

　一方で，昨今世界的に急速な勢いで普及したiPhoneやAndroidに代表されるスマートフォンおよびタブレット端末は，共通規格のOSやミドルウェアが利用されており，フォレンジック用のデータ復元ツールも提供されています。

　(e) 電子記憶媒体　電子記憶媒体としては，USBメモリやSDカード，フラッシュメモリといったポータブル用の記憶媒体，CDやDVDといった光記録媒体，DDS，DLT，およびLTOといったデータバックアップ用のテープ等が挙げられます。これらの媒体は，データ保存の仕組みなどにより，削除データ復元の可否が異なります。

　企業データが保存された電子記憶媒体であっても，PCやサーバ類とは異なり，企業の管理外で個人所有されることも想定されるため，物的対象の全容把握は容易ではありません。場合によっては，調査対象者の自己申告以外にも，対象者の利用PCを分析し，USBメモリの接続履歴やCD，DVD作成の痕跡などを手掛かりに，対象となる記憶媒体の全容を把握する必要があります。

(2)　電子データの種類

　(a) コミュニケーション記録　代表的なコミュニケーション記録として，電子メール，チャットログなどが挙げられます。また，通話記録の音声アーカイブなども，コミュニケーション記録の一つです。電子メールは，PC，電子

メールサーバー，メールアーカイブシステムなどに保存されており，保存先によってデータの取得方法が異なります。ＰＣに保存された電子メールは，取得したイメージコピーから，メールファイルを抽出します。電子メールサーバーでは，メールフォルダから対象となる電子メールを書き出すのが一般的です。メールアーカイブシステムは，独自のフォーマットで高比率圧縮されているため，多くは専用のレビューツールでのみ閲覧が可能です。

ユーザーが削除可能なＰＣ上の電子メールは復元対象となりますが，ファイル単位での復元に加え，メッセージ単位での復元処理を行う必要があります。

(b) 電子文書　電子文書としては，議事録や報告書，稟議書，電子ドキュメントなどが挙げられます。ＰＣ以外に，ファイル共有システムやグループウェアなどのサーバー，電子記録媒体などに保存されています。

電子文書は通常，文字コードを含みますので，検索エンジンによるキーワード検索で調査に関連する電子文書を抽出することが可能です。書面の文書をスキャナーおよびＯＣＲで電子文書化し，キーワード検索を行うこともあります。

(c) データベース，定量データ　データベース，定量データとしては，会計データ，仕訳データ，債権管理データ，マーケティングデータベースなど，属性，数値などから構成されるデータセットがあります。大規模なものは，業務システムのデータベースサーバーに保存されていますが，ＰＣ上のファイルとして保存されているケースもあります。データの取得方法は，ＰＣ上に保存されているものであれば，イメージコピーからの抽出，データベースサーバー上のものは，データベースファイルを保全したうえで，対象となるデータセットの書き出しを行うのが一般的です。取得したデータは，異常値の検出，不正取引の特定，被害額の推計などのほか，調査目的に応じて様々な定量分析に利用されます。

(d) システムログ，メタデータ　ＰＣやサーバへのログイン履歴，ファイルへのアクセス履歴，各種アプリケーションの起動履歴，ネットワーク機器上のトラフィック記録といったシステムログや，データの作成・更新・アクセス日時，作成者などのメタデータは，データへのアクセス，機器の操作，入退室などの行為が，いつ，誰によって，どのように行われたかといった行動の推定に利用することができます。システムログは，一般的に様々なＰＣ，サー

バー，機器類に分散して保存されていますが，昨今では，様々な機器のログを統合的に監視，収集，分析する製品もあり，不正調査にも活用することができます。

また，Windows OSには，システムやアプリケーションに関する各種定義情報やユーザーごとの各種定義情報が保存された「レジストリ」と呼ばれるデータベースファイルがあり，CD-ROMドライブやUSBメモリなどの接続履歴，アプリケーションのインストール，実行状況など，様々な設定や履歴を確認することができます。

2 証拠保全の重要性

(1) 証拠消失のリスク
(a) 調査過程での証拠毀損　　電子証拠の調査を行ううえで，最も典型的なミスが，対象となるPCやサーバーに対して，直接データの確認やコピーを行うことです。証拠原本を起動して，直接データの確認を行えば，ファイル内容の書き換えや上書き保存を行わなくても，メタデータやレジストリ情報，各種ログなどが更新されることで，様々な情報が失われます。

たとえば，漏洩した機密情報に関連するファイルがどこに保管されているかを知るために，調査担当者が慌ててサーバー上のデータを検索したため，ファイルの最終アクセス日時がすべて更新されてしまい，不正行為者が機密情報にアクセスした日時を特定する手掛かりがすべて消失するといったケースなどです。

また，調査員が通常業務で利用しているPCを調査に利用する場合には，前もって証拠保全を行うことが必要となる場合があります。実際，情報漏洩の調査では，流出経路となったPCを特定する調査を行う際に，「調査担当者のPCから漏洩データが数多く検出される」といったことがよくあります。これは，調査担当者が，自らのPC上で，漏洩データの確認を行ったためにその痕跡が残ったものと考えられますが，調査担当者だからといって，不正行為者でないことが事前に立証されているのでなければ，検出されたファイルが流出の痕跡でないとは言い切れません。

こうした事態を防ぐためには，調査対象となりうるＰＣとは別に，調査分析用のＰＣを用意するか，調査に利用するＰＣについては証拠保全の手続により，調査前の状態を保全しておく必要があります。

　(b)　行為者による証拠隠滅　　行為者による証拠隠滅を防ぐためには，調査情報の統制と早期の証拠保全が重要であり，特に個人に貸与しているＰＣなどを対象とした作業で，タイミングと情報の伝達に配慮が必要です。不正調査が行われていることを調査対象者が知らされていない場合は，個人に貸与したＰＣよりも，サーバーなどの保全を先に実施するのも一つの方法です。電子メールや電子文書は，調査対象者のＰＣと同じデータがサーバー上に保存されていることもありますから，調査対象者に知られることなく取得できる電子的証拠を先に分析することでより多くの情報を把握し，調査対象者を絞り込むなどＰＣの証拠保全を有利に進めることができるかもしれません。

　ＰＣ，モバイル機器など，個人管理の対象物に対して，証拠隠滅の機会を与えることなく証拠保全を行う方法として，ＰＣの提出を依頼すると同時に，期間を置かずに作業を開始する，ウィルス感染の確認など，別の名目でＰＣの提出を依頼するなどの方法が考えられます。また，証拠保全が無事完了するまでは，調査対象者にインタビューの申し入れを行うなど，調査が行われていることを推察させるようなコンタクトは極力避けるなどの配慮が必要です。

　会社貸与のＰＣについては，調査上の必然性が高い場合には，事前に本人に了承を得ず，秘密裏に証拠保全を行うことも検討します。この場合，保全作業は，夜間や休日など，本人や周囲の従業員が不在の時間帯に行う方法や，専用のツールを用いて，ＰＣ側に認識させずにネットワーク経由でイメージコピーを取得する方法などがあります。原則として，業務に関連して会社から貸与されているＰＣや電子メールなどは，十分な必要性が認められる場合には，会社が閲覧する権利を有していると考えられますが，本人の承諾を得ずＰＣの証拠保全を行う場合には，従前よりＰＣや電子メールを会社が本人の許可なく閲覧する旨の社内規定を施行し，本人了承の覚書を貰うなど，プライバシー侵害で問題となるリスクを減らしておくことが望ましいといえます。

　一方で，自宅のＰＣやモバイル機器などの個人所有物については，任意で提出を受けて証拠保全を行う必要があります。こうしたことから，不正行為者

が調査の実施を知った場合や，自分に対して調査の手が及んでいると認識した場合には，証拠隠滅が図られる可能性が高いといえます。実際，不正行為者に対して，自宅のPCなど個人所有物の提出を求めた場合，理由なく提出を拒否すると怪しまれるため，「壊れて捨てたので提出できない。」「提出するが，最近故障したのでHDDを入れ替えた。」などの弁解を行ったうえで，無関係のPCや記録メディアを提出することが多いようです。他の証拠や供述などから，不正行為者である確証がある場合は，任意提供の同意を得た後に自宅への同行を求め，隠ぺいの機会を与えない状態で，確実に証拠を取得することが望ましいといえます。

3 電子データの証拠能力

(1) 証拠能力を左右する要因

デジタルデータは，その性質から，痕跡を残さず捏造や改竄を行うことが可能です。したがって，訴訟や不正調査において，以下のようなデジタルデータの真正性，真実性が重要な論点となります。

① 電子的記録は容易に改変可能であるため，改竄または変更されたという理由で，真正性が疑われるケース

② プログラムの信頼性に疑義が生じることで，真正性が疑われるケース

③ 「なりすまし」や「IDの不正利用」等を理由に，電子的記録の作成者等の信頼性に疑義が生じることで，真正性が疑われるケース

④ 人によって作成された記録（電子メール，電子文書等）は，誤認・誤解を含んでいる可能性から，内容の真実性が疑われるケース（伝聞法則）

⑤ ただし，コンピューターによって自動的に作成された記録（ログ等）や，通常遂行される業務の過程で保有され，記録された業務活動が通常の活動であったと管理者または他の適切な証人の証言によって示される場合には，通常伝聞は含まれないとみなされる（伝聞の例外）。

米国では，連邦民事訴訟規則により明記され，判例からも適切な方法・フォーマットで取得されたイメージコピーは証拠として採用されるのが通例になっています。一方，日本では未だに明確な規定はないものの，民事訴訟では

事実認定や証拠評価については，裁判官の自由な判断に委ねられている自由心証主義がとられ，基本的に法廷へ提出する証拠には特に制限はなく，裁判官の裁量によりそのデジタルデータの真正性が推定できれば，他の文書と同等の証拠としてみなされることになります。

(2) **電子的証拠の真正性を担保するための手続**

一般的に，デジタルデータを取り扱う際に，複製の前後でデータが変わっていないという「同一性」と，調査手続が，第三者により再現可能であるという手続の「再現性」を確保することにより，真正性が担保され証拠能力を保持することができます。

(a) ハッシュ値による同一性の確認　データの同一性を確認する際に用いられる方法として，「ハッシュ関数」を用いた検証が一般的です。ハッシュ関数には，ＣＲＣ32，ＭＤ5，ＳＨＡ1といった種類の関数があり，対象となるデータをハッシュ関数にかけると，その関数に固有の桁数のハッシュ値が生成されます。同じデータからは，必ず同じハッシュ値が生成されます。一方で，ハッシュ値は元のデータより情報量が少なくなるため，ハッシュ値とハッシュ関数がわかっても，元のデータは生成できません。また，理論的には，別のデータからまったく同じハッシュ値が偶然生成される可能性は皆無ではありませんが，天文学的に低い確率となります。実務上，生成されたハッシュ値が同一であれば，1ビットの相違なく同一のデータであると考えて差し支えありません。

(b) 手続の記録による再現性の確保　一方，再現性を担保するためには，データの取得，抽出，加工，分析それぞれのプロセスで，適切な方法で実施した手続を記録しておくことが必要です。たとえば，ＰＣのハードディスクからデータを取得する際には，ＰＣの管理者および利用者（カストディアン）の署名，日付，時刻，場所，ＰＣやハードディスクの機種，スペック，シリアルナンバー等を記録するほか，ＰＣの分解，取出し等，作業の状況を，写真撮影やビデオ撮影といった方法で記録しておくことも有用です。

また，フォレンジック用のツールには，データの抽出，加工，分析におけるコンピューター操作を記録する機能があり，分析対象のデータから分析結果までの手順を効率的に記録することができます。

第3章 事業継続と危機管理

［4］ 電子的証拠の保全・分析手続

　電子的証拠に関する保全・分析に関する技術は,「デジタル・フォレンジック」と呼ばれ,昨今のＩＴの普及とサイバー関連犯罪の増加などに伴って注目を浴びている分野であり,ＩＴ関連犯罪に限らず,企業内の不正全般に必要不可欠な技術となっています。以下に,一般的な電子的証拠の保全,処理,分析の手続について解説します。

(1) 電子データの取得と証拠保全

　ＰＣでは,ＨＤＤなどの記憶装置を取り出し,イメージコピーを行う方法が基本です。イメージコピーとは,ＰＣ上の操作で行うファイルコピーとは異なり,記憶装置上のビット配列をそのまま複製して取得する方法です。単なるファイルのコピーではなく,イメージコピーを行うことで,原本と複製のハッシュ値による同一性検証や,削除データの復元などが可能となります。

　複製は2部作成し,1部を保全用,1部を分析用とします。複製を作成する際には,イメージコピーのハッシュ値のほか,ＰＣの機種名,シリアルナンバー,管理番号の記録,ＨＤＤの容量,シリアルナンバー,取得時刻,作業者名などを記録し,原本および取得作業の写真撮影を行います。また,ＰＣの利用者氏名,管理者名,設置場所など,原本ＰＣの利用状況も記録します。ハッシュ値と,取得時の各種記録により,複製と原本のＰＣが確実に紐づけされるようにする必要があります。記憶装置,記録メディア,モバイル機器についても,これに準じた方法で証拠保全を行います。

　サーバー類については,業務継続のために停止できない,ハードディスクが冗長構成（ＲＡＩＤ）であるなどの理由で,ハードディスクを取り外してイメージコピーを実施することが困難な場合も想定されます。このような場合でも,サーバーを稼働させたまま,論理ドライブのイメージを取得するといった方法で,証拠保全を行うことができます。サーバー自体が大容量の場合には,全体を対象に証拠保全を行うと,取得までに長期間を要したり,稼働中のシステムに負荷を掛ける場合もあります。このような場合は,削除データを復元する必要性がない場合は,状況に応じて,特定の対象者の電子メールやフォルダ,

ログなどの必要なデータを特定して保全したり，バックアップから証拠を取得したりするなど，柔軟に方法を選択すべきでしょう。

(2) 削除データの復元

イメージコピーされた電子的証拠から，削除されたデータを復元することが可能です。たとえば，Windows等のOS上でファイルを削除（ごみ箱を空に）した場合，OS上からはそのファイルは認識されなくなりますが，実際のHDD上にはデータが残ったままです。そのため，HDDのイメージコピーには，削除されたファイルのデータも含まれており，専用のツールを利用して読み取ったり，復元・抽出したりすることができます。

ただし，ハードディスクの空き容量が少ない場合は，新しいデータに上書きされ，データがHDD上に残されている可能性が低くなります。また，インターネットキャッシュなど，システムが一時的に作成するファイルは，優先的にHDD上から削除される仕様になっていますので，比較的新しいデータ以外は復元が難しくなります。

なお，昨今ではPCの廃棄やリユースの際の情報漏洩を防止するために，ハードディスク上からデータを完全に消去するツールが販売されています。このようなツールで削除したデータは，通常の方法で復元することは困難です。

(3) パスワード解除と圧縮解凍

電子的証拠として収集されたデータのなかには，暗号化されパスワード設定されたファイルも含まれています。他者に内容を知られることを防ぐためにパスワードを掛けるといったことも考えられ，パスワードが設定されたファイルが重要な証拠となるケースも少なくありません。パスワードを解析する方法として，次のような手法があります。

(a) ブルートフォースアタック　すべての文字列の組み合わせを，総当たりで試す方法です。時間をかければ理論的には必ず成功する方法ですが，パスワードの桁数が増えると，等比級数的に処理に要する時間が長くなります。

(b) 辞書アタック　辞書に登録されている文字列やその一部を組み替えた文字列をパスワードとして試行していく方法です。取得したPCのデータなどからキーワードリストを作成し，辞書に登録することも可能です。ブルートフォースより効率的な方法です。

(c) レインボーアタック　　パスワード候補の文字列を暗号化した一覧（これをレインボーテーブルといいます）を用いてパスワードの解析を行う方法です。通常は，パスワードは暗号化された状態で保存されているため，パスワード候補の文字列を暗号化して照合するという方式を取りますが，逐次暗号化の演算を行うため，処理に多くの時間を要します。レインボーアタックでは，あらかじめ暗号化済みのパスワードと照合するため，処理時間を大幅に短縮することができます。暗号化の方法はファイルの種類により異なるため，それぞれに対応したレインボーテーブルが必要となります。

　実際の手続では，これらの方法が組み合わされて利用されます。実際の不正調査における手続としては，レインボーテーブルが用意されている種類のファイル（WordやExcel等）については，最初にレインボーアタックを試行します。レインボーテーブルが用意されていないファイルについて辞書アタックを実施し，最後にブルートフォースアタックを実施するといった具合です。辞書アタックやブルートフォースアタックでは，解析に多大な演算リソースを必要とするため，ネットワーク上の複数のコンピューターのCPUやGPUに，パスワード解析を分散処理させる仕組みもあります。

　また，圧縮されたファイルについては，そのままではキーワード検索を行うことができませんので，対応する解凍ツールやフォレンジック専用ツールで，検索前に解凍しておく必要があります。

(4) 電子的証拠の抽出

　取得したデータは，PC1台でも数十GB，数百GBと，すべて読むにはあまりにも膨大ですから，不正調査に関連するファイルや電子メールを抽出する必要があります。以下に主な抽出，絞り込みの手続を解説します。

　(a) 見読可能なファイルの抽出　　取得したデータの中には，OSを構成するシステムファイルやアプリケーションのプログラムファイルなどのファイルが相当量存在します。このようなファイルは，製品固有のハッシュ値リストと照合したうえで，調査対象から除外することができます。また，ワード，エクセル，パワーポイント，PDFなどの典型的な見読可能なファイルや，企業で利用されている見読可能なフォーマットを指定し，該当するファイルを抽出する方法もあります。

(b) 重複ファイルの特定　ファイルや電子メールメッセージのなかには，まったく同一のファイルが複数存在する場合があります。ファイル名が異なっても，ハッシュ値が同じファイルはまったく同一の内容ですので，重複ファイルを特定し，同じ内容のファイルを何度もレビューするといった非効率を防ぐことができます。

　(c) データの属性による絞り込み　ファイルの作成者，作成日時，更新日時，最終アクセス日，電子メールの送信者，受信者，送受信日時などの属性によって，調査対象とするデータを絞り込むことができます。不正が行われた可能性のある時期や組織などがある程度限定できる場合には，特に有効です。

　(d) キーワード検索　文字列を含むファイルや電子メールに対しては，キーワード検索が有効な証拠抽出の手段です。データレビューソフトや検索エンジンなどでインデックスを作成し，検索用DBを構築することで，高速検索が可能となります。

　キーワードは，一般的に調査に関連する固有名詞を中心に選定します。利用頻度の高い普通名詞を単独で検索キーワードに採用するのは，効率的ではありません。

　ただし，採用したキーワードが必ずしも証拠にヒットするとは限りませんから，重要性の高い対象データを最初からキーワード検索で絞り込んでしまう方法はリスクを伴います。人物や時期などの属性で，重要性が特に高いと判断されるデータについては，まず全件をレビューした後に，キーワード検査による見落としチェックを行うことをお勧めします。

5　外部専門家の利用

　電子的証拠の保全や分析は，誤った方法で行えば証拠棄損などのリスクを伴い，一方で，確実に実施するためには特殊なツールや技術が必要なケースも多く，社内での実施は容易ではありません。そこで外部専門家の利用が一つの選択肢となりますが，以下で外部専門家へ委託した場合の，メリットおよびコスト・効率について解説します。

(1) 外部専門家のメリット

電子的証拠保全は，調査の初期段階で必要となる重要な手続ですから，社内で確実に実施することができる体制を整えておくことが理想です。しかし，前述の解説から推察されるとおり，電子的証拠を確実に収集・保全し，効果的に調査に活用することは容易ではありません。専門的な技術と経験が必要不可欠であり，証拠毀損のリスクを負って社内で試行錯誤を試みるより，早期の段階で外部の専門家に相談することが望ましいといえます。

また，調査の組織や人間関係への影響の観点からも，外部の専門家に委託するメリットがあります。電子メールやPCを対象に調査を行うということは，プライバシーの問題が不可避です。社内の担当者が，面識のある同僚の電子メール調査を行うことになれば，調査される側からすれば少なからず心理的に抵抗があるでしょうし，また調査する側も，調査を通じて知る必要のない様々な人間関係や裏側の事情を見てしまい，心理的負担になることも多いようです。外部の専門家に委託し，調査に関係のあるデータのみを抽出して提供してもらうことで，こうした社内調査によるプライバシーの問題を最小限に抑えることができます。

(2) コストと効率

電子的証拠保全や分析の支援を専門家に依頼する意思はあるものの，デジタル・フォレンジックは特殊な技術であり，高額なコストがかかるのでは，といったイメージがあるかもしれません。しかし昨今では，ニーズの高まりとともに，手法やツールが充実しつつあり，定型的な手続は従来よりもずっと低価格でサービスが提供されつつあります。

また，外部専門家のなかには，単に定型的なデジタル・フォレンジックの作業を請け負うのみでなく，調査や危機対応を総合的に支援する専門機関もあり，こうした専門家が調査の背景を踏まえてプランニングから関与することで，調査全体が劇的に効率化されるケースもあります。状況に応じて，適した外部専門家を選択することで，コストメリットを得ることも可能です。

注記

＊1　ハードディスクや記憶メディアに保存されているデータの複製を行う際，OSやファイルシステム，断片データなどのすべてを対象に，完全に同一の複

製を作成する方法。

【堀田　知行】

Q28 行政機関対応（捜査機関）

不正が発生した場合に，監督官庁などの行政機関に対応する際の留意点は何ですか。また，刑事事件に該当する場合の捜査当局に対応する際の留意点は何ですか。

A

(1) 行政対応の留意点
- 企業コンプライアンスは，事前抑制型行政から事後規制型行政への転換により生まれた，国家施策です。
- 行政にすべてを任せて頼る時代は終焉を迎え，企業が独自に判断をしなければならない時代となりました。
- 行政に情報共有する際には，マスコミへの情報共有を常に意識しなければなりません。
特に，情報を持ち込むタイミングには細心の注意を払うことが必要です。

(2) 捜査機関対応の留意点
- 捜査機関といえども万能ではなく，企業自身が行った調査の結果が影響します。
- 捜査機関が受理したくない事件，受理したくなる事件があるのが事実であり，その特徴をつかんだ対応が必要です。
- 刑事事件化を視野に入れているのであれば，最初の段階からどのように行動すべきかについて，専門家のアドバイスを受けながら動くことが必要不可欠です。

解説

[1] 企業コンプライアンスがなぜ重要視されるか

(1) 企業コンプライアンスの歴史

　行政対応，捜査当局対応を考えるにあたり，理解しておかなければならないことがあります。

　それは，なにゆえ，企業のコンプライアンスが強調され，一従業員がやったことであっても企業の姿勢そのものが問われてしまうような時代になったのか，という歴史的経緯です。

　企業コンプライアンスが，経営倫理であるとか，社会的な貢献がトレンドであるからというような精神論として導入されたのではなく，国家の姿勢の転換による政策的なものである，ということを知っておくことが，捜査機関を含む行政当局の思考を理解する鍵となります。

　(a) 法令順守は，本来行政の責任であった　かつてわが国は，護送船団方式に代表されるとおり，業界への参入の時点で行政によるコントロールを行い，またその後の企業の行動についても細かな規制を行い，行政による強力なガバナンスによる，企業コンプライアンスを実現しようとした時代がありました。

　行政は，いわゆる業法や通達といった成文による規制に加え，「行政指導」という根拠も範囲も不透明な，日本的慣習に基づく事実上の強制的権限をもって企業をコントロールし，従わない企業を排除するという手法によってコンプライアンスを実現していました。

　この時代においては，企業はとにかく行政の顔色をうかがい，何かあったら真っ先に行政に相談し，株主よりも取引先よりも何よりも，行政の意見照会を行うことが最優先とされました。

　そして，行政のいうことさえ聞いていれば，たとえその結果，何らかの不都合が発生しても，行政が面倒を見てくれ，何とか助けてもらえる時代でもありました。

(b) バブル経済崩壊後の環境の転換　しかしながら，このような行政による全面的なコントロールが機能しなくなった時代が到来しました。

そこで，国家政策として，事前規制から事後規制への転換がなされました。

一般的には，その理由は，過度な事前規制は企業の競争力を阻害していることから，企業の競争力をつけるために，事後規制型に転換して，自由闊達な競争環境を確保するためである，とされています。

また，いわゆる護送船団方式によって手厚く保護されていた銀行が，国際的な競争圧力により金融自由化の波に飲まれ，自らの資本健全性を維持するためのバーゼル対応，貸はがし，直接金融の主流化などの経営体制転換を余儀なくされた結果，銀行が事実上の社外役員的な役割を果たしていた「母体行」という慣行が崩れ去り，銀行からのガバナンスが弱ってしまい，経営のモラルハザードが起き，新たな統制が必要となったことも指摘できます。

しかしながら，筆者は，国家側の本音として，重要な点を2つ指摘しておきたい，と思います。

(ア) 国家財政悪化による公務員の減少　一つは，税収の落ち込み，国債発行額の増加など国庫の経済状態の悪化に伴う，公務員の削減，権限の民間移譲が強く推し進められたことです。

いわゆる事前規制型の行政においては，企業の一挙手一投足を規制しチェックするわけですから，必然的に公務員の数は多くなり，その手間も多くなります。

ところが，行政をつかさどる公務員が削減されると，いちいち企業の行動を監視監督することが困難となり，公務員1人あたりの負担は増加することとなりました。

つまり，景気の悪化，財政の悪化に伴う公務員の削減とそのための機関整理，権限縮小により，従来のようなきめ細かなチェックとコントロールは不可能となり，事前規制型の企業コンプライアンスはその方向性の転換を余儀なくされたのです。

(イ) 公務員の刑事事件化　もう一つの要素は，企業の不祥事が刑事事件化した際に，監督官庁の担当官までもが個人的に刑事責任を問われる事例が出てきたことです。

代表的な事件が，薬害エイズ事件です。同事件は，当時のミドリ十字による血液製剤の輸入過程において，その危険性について認識しえたのにこれを回避することなく輸入販売したことで，有罪判決がなされています。

この事案において，ミドリ十字がその責任が問われることについては，自ら輸入販売し，それによって利益を上げていたのですから違和感はありません。

ですが，当時，その血液製剤について非加熱製剤の回収をしなかったとして厚生省の担当課長までもが，有罪判決を受けたことは特筆すべきことです。

彼は，一公務員として仕事をしていたものであり，企業のようにこれによって利益を得ていたような存在ではないにもかかわらず，ガバナンスが不適切であったとの一事をもって，犯罪者とされてしまったのです。

これ以外にも，企業不祥事が刑事事件化した際に，それをコントロールする権限をもっていた行政機関が責任を問われる事案が発生しました。

公務員にとっては，まさに悪夢です。

自ら利益を得たわけでもなく，ただ，企業をコントロールする権限を担当していたがために，刑事責任を問われ，社会的に抹殺される時代になったのです。

企業をコントロールする権限すらなければ，彼らは刑事責任も民事責任も問われることはないのです。

先に挙げた，行政の力の縮小，そして望まない過度の負担。これにより，企業コンプライアンスを実現するための手法について，国家的施策として大きく方向転換が試みられることとなりました。

(c) 企業にコンプライアンス実現の責任を負わせる　行政がコントロールできなくなったからといって，企業コンプライアンスを実現しなくていいことにはならないのは，当然です。

行政が考えたのは，その責任を企業の責任とし，行政はその後方支援にすぎず，第一次的責任は企業にある，という構造の作出です。

この方針に従って，各種法令の整備が始まりました。

会社法，金融商品取引法などにおける，内部統制や企業情報開示の強化などは，まさに企業自身にそのガバナンスに関する責任があることを明示するための制度です。

この発想の転換がなされたことが顕著なのが，反社会的勢力に対する施策です。

　反社会的勢力から脅しを受け企業がお金を脅し取られた場合，これまでは当然，恐喝事件として行政である捜査当局が対応し，反社会的勢力の撲滅は行政の仕事であることに，誰も異存はなかったはずです。

　ところが，平成19年の政府の指針には，反社会的勢力との断絶は企業の責任であると明示され，反社会的勢力にお金を脅し取られた企業は，株主代表訴訟で違法な支出をしたとして賠償を命じられるなど，被害者から加害者へと位置づけを変えられてしまいました。

　(d) 行政は事後規制型へ　　以上のように，海外からの規制緩和要求圧力や，国内の経済環境の変化により，企業にコンプライアンス実現の責任を負わせると同時に，事前抑制の代わりに事後規制，すなわち，違反した企業に対する制裁を強めることで，威迫効果を出すという手法に舵を切る時代となりました。

　事後規制型であれば，違反した事例のみ厳罰に処することで，費用対効果が上がると考えられており，企業不正に対する制裁について，法定刑の引き上げや訴訟における経営陣の責任などをめぐる解釈が厳しくなっているのも，この傾向を受けたものといえます。

　このように既に行政の手法が転換されたことにより，企業コンプライアンス実現のための努力を怠った結果，不正が発生した場合は，事後規制型の制裁強化によって，思わぬ厳しい制裁が科せられる時代となったのです。

　(e) まとめ　　このように，企業が不正に直面した時，かつての頼りがいがあっていうことを聞いてさえいればなにも問題はなかった行政は，もう存在しません。

　企業コンプライアンス実現の責任が企業に移譲された現状においては，不正発生後の行政対応における対応も，転換を求められているのです。

2　行政機関対応

　以上を踏まえた時，何でもかんでも行政のいいなりになるのが誤りであることは自明です。

(1) 行政の立場に配慮する

　行政に報告をするのは，指導や指示を仰ぐためではありません。

　監督官庁として何をやっていたのかなど，方々から責められることになる彼らの立場に配慮し，共同してそれぞれの立場に即した事案対応をするための，情報共有が目的です。

　企業に求められるＣＳＲの内容の一つに，ステークホルダーに対し誠実に接するというものがありますが，結局企業価値をあらゆるステークホルダーに認めてもらい，社会の一構成員として存在を認めてもらうためには，行政もそのステークホルダーの一人であると考えるべき時代であるといえます。

　とすれば，事案にもよりますが，不確実な情報を不確実なまま持ち込んでも，行政としては動きようもありません。

　よって，まずは行政に，という姿勢は改め，少なくとも情報収集と分析が対外公表できるレベルに達してから，報告するのが好ましいことになります。

(2) 行政とマスコミの関係について

　行政のマスコミに対する影響力も，低下しています。

　どちらかといえば，マスコミに厳しく追及されがちな組織となってしまい，立場が逆転しつつあるのが現状です。

　特に，国家機関の場合，マスコミの動きは国会議員にまで及ぶことが多いことから，国会議員からの問い合わせに対する対応も加重されることもあり，ストレスフルな現状にあります。

　このような立場に配慮するとき，行政に対し「これは秘密にしてください」「これは，まだ発表しないでください」というお願いは，まず考慮されないと考えるべきです。

　ただでさえ，行政の責任ではない事情で迷惑をかけるのに，そのうえ秘密を共有せよなどという要求は無理難題です。

　よって，行政に報告する情報は，すべてマスコミに発表されることになる情報となることを理解しなければなりません。

(3) 行政機関が一番嫌がることとは

　行政機関が一番嫌がること。それは，まだ自分たちが知らない情報をマスコミから初めて聞かされることです。知らないから答えに困るし，何よりも知

らされていないことへの怒りもわいてきます。

よって，マスコミへ公表する情報と同等以上のものを持ち込まなければならないのはもちろんのこと，そのタイミングも，マスコミ公表の直前か遅くとも直後に行わなければなりません。

(4) 持ち込む資料について

企業に対応する行政の部署が最終決定権をもっていることはほとんどなく，多くが，その上位職や上位機関への報告がなされ，そこで方針の決定がなされます。

よって，行政への報告の際に，当該機関が上位者に対して報告することも視野に入れることが親切であり，結果的には企業にとって良い結果をもたらします。

たとえば，説明資料をそのまま上位者に示せるようにわかりやすくサマリーを作成したり，行政機関が気にしそうなポイントにマッチした資料を付けるなどの配慮です。

(5) 事後対応に関する意見の相違について

BtoCに関連する不正の場合に，行政から過剰な事後対応を要求される事例があります。たとえば，全国紙，地方紙に全面社告を打て，などのような要求です。

事後対応として何をしなければならないのかについての判断は，企業に判断責任があるのであり，その対応を誤ったことにより不都合が生じても，行政は責任を取ってくれません。

よって，まずは企業自身が事後対応について十分専門家の意見を徴求して，誠実な対応をしなければなりません。

そして，それを超える過剰な対応を要求された場合は，専門家とも協議し，その必要性についてステークホルダーに説明ができるかという観点から，検討し，自ら決定すべきです。

仮に，上記のような過剰な社告を出し，数億円の費用が発生した場合，その必要性が裏づけられていないと，株主代表訴訟などのリスクとなります。

その際に，「行政から指示された」と主張してみても，行政は「案を提示しただけで，最終決定は経営陣が行ったものである」と回答するに違いありませ

ん。
　また，反対に，行政から「そこまでしなくていいんじゃないですか。この程度でいいでしょう。」という甘言がもたらされることがあります。
　ついつい，このような言葉を聞くと，行政がいらないと言ってるんだから，大丈夫だろう，と安心してしまい，本来ならば企業としてやるべきことを怠ることがありうることも注意しなければなりません。
　これも，後から他のステークホルダーより，「対応が甘い」と批判されたときに，「行政がいらないって言ったから」などと主張してみても，やはり，最終決定は経営陣の責任である，と言われて，臍を噛むことになると思います。

［3］ 捜査当局対応

　以上の一般的な行政機関の傾向に加え，捜査当局特有の事情について，触れることとします。
　紙幅の都合上，企業が被害者として被害届，告訴をする場合について触れることとします。
　なお，内容については，筆者が検察官として勤務していた経験に基づくものであり，その私見にわたることをお断りしておきます。

(1) 被害者として告訴をする場合の留意点

　(a) **事件をきちんとまとめて，整理してもって行くこと**　よくわからないままとりあえず相談だけしてみても，捜査機関は何もしてくれません。
　捜査機関なんだから何でもできる，万能だというのは期待がすぎるのであり，捜査機関から見れば企業内部の話は企業のほうが詳しいはずです。
　よって，事実関係についての確認や調査は企業の責任において遂げたうえでないと，捜査機関は動きようがありません。
　さらに，捜査機関は犯罪に該当しないと動けないのですから，当該事実が犯罪にあたるものかどうかについても，一定の見識をもって持ち込まないと，これまた動きようがありません。
　(b) **感情よりも証拠で訴える**　たまに，処罰感情をむき出しにしたり，被害がいかに悲惨かということを捜査機関に強調しようとする企業があります

が，捜査機関が感情で動くことはありえません。

きちんと事実を特定し，証拠をつけて，ロジカルに訴えることが重要です。

(2) 捜査機関が受理したくない事件

(a) 古い事件　　刑事事件の時効は思ったより短いです。

また，民事と異なり，時効中断の要件が厳しいです。

時効が切迫していなくとも，時間が経過しているということは，それだけ証拠が散逸しているということです。

客観証拠がすべて，企業内にあり，保存されているとしても，それを補完する人の記憶が薄れていきます。

このように，事件が古いというだけで，立件可能性が低くなることから，捜査機関は古い事件を受理したがらない傾向にあります。

(b) 客観証拠が少なく，被疑者が否認している事件　　企業内不正に関する事案で，客観証拠が少ない場合，供述による解明が必要ですが，被疑者が否認しているような場合は，その解明には相当困難があります。

捜査機関が取り調べをすれば何とかなる，というのは期待過剰です。

(c) いわゆる，民事崩れ　　刑事事件の被害届を出す前に，民事の交渉や訴訟を行い，勝訴したのに履行しない場合，ひどい場合には証拠が足りなくて負けそうだから捜査機関の力を借りて証拠を収集する，あるいは訴訟の相手方が捜査を受けたという事実上の影響力を期待して，というような被害届があります。

捜査機関は，民事手続のための手先ではありません。

本当に処罰しなければならないものだけを処罰するのが日本の刑事司法の原則ですが，ここの心理がわかっていない法律家は多いです。

特に，刑事事件に精通していない民事事件の代理人がこの間違いを犯しがちです。

(3) 捜査機関が動きたくなる事件

(a) 社会的意義が見いだせる事案　　単なるお金で解決できる問題ではなく，規模や手口などで，立件することに社会的な意義があると，捜査機関としては本腰を入れて動きたくなります。

(b) 早い段階で，調査や整理ができている事件　　調査の専門家や刑事事

件のプロなどが早い段階で関与しており，事実関係の調査，証拠の収集がなされており，法律関係の問題点も検討されている事案であれば，当然に，捜査機関の負担が少なく済むのは事実です。

(c) 代理人弁護士が積極的に動いてくれる事案　捜査機関も人手不足であり，事件の訴えは増加する一方です。

そうすると，企業の事件であれば，代理人の弁護士が捜査機関の意を汲んで積極的に動いてくれそうだと，やはりありがたいです。

たとえば，企業内にある書類について，捜査機関の意を汲んだ資料を作成したり，本来なら令状が必要な証拠収集について，企業の業務執行権を使ってスムーズに証拠収集するなど，痒いところに手が届くサポートができる代理人であれば，捜査機関もより好意的に取り組んでくれます。

間違って，警察に持ち込むだけで動こうとしてくれない代理人を選んでしまうと，捜査機関としては動く意欲が薄れてしまいます。

(4) まとめ

その他，なかなか公刊物上にて書きづらい捜査機関の本音はたくさんあります。

大事なことは，刑事事件への発展を希望するのであれば，早期に専門家に相談し，そのための準備を早く始めることです。

ほかにいろいろやってから，忘れたころに刑事事件としての立件を希望しても，その希望はかなえられることはないと肝に銘じるべきです。

【木曽　裕】

第4章

各種事案にみる
リスクマネジメントの実務

Q29　経営環境の変化

　市場，技術，資金，人材，グローバル化などの経営環境の変化は，何をどこまで管理すべきでしょうか。

A

(1)　企業として対応が必要なリスクは，自社を取り巻く経営環境の変化に伴って変化します。したがって，企業リスクに係る情報を日常的にモニタリングして，自社にも起こりうるリスクがないかどうか検討しておくことが求められます。

(2)　一方，変化するリスクのすべてに対応することは現実的ではありません。定期的にリスクの洗い出しや評価等を実施して，その時々において優先的に対応すべきリスクを見直すことが重要です。

(3)　対応すべきリスクの種類としては大きく分けて，通常のリスクマネジメントのPDCAサイクルで管理すべき「純粋リスク」と，通常の業務実施ラインや経営判断のなかで取り扱われる「事業リスク」とがありますが，その特性に応じた対応が求められます（一般的に「事業リスク」への対応は経営判断そのものであり，危機対応組織によりコントロールすべき対象とはなりません）。

(4)　変化するリスクに対して，いわゆる「想定外」のリスク発生の可能性も十分に考えられますので，教育・訓練等により「危機対応の基礎力」を鍛えておくことも欠かせません。

解説

1 経営環境の変化とリスク

(1) 企業はリスクに囲まれている

　長引く不況のなか，企業が事件・事故に巻き込まれる事例が多く発生しています。1995年には阪神・淡路大震災が発生し，その教訓から行政だけでなく，企業における業務に多大な影響を与え，それまであまり重視されてこなかった危機管理への問題を投げかけることとなりました。加えて，地下鉄サリン事件や大手銀行で発生した巨額損失等は，地震以外の危機があることも認識させました。

　さらに，危機発生そのものによる影響だけでなく，その対応への失敗が経営に大きな影響を与えた事例もみられるようになりました。たとえば，機器の製品安全上の問題や，食品の表示偽装等のようにそれ自体が問題であるケースに追い討ちをかける形で，その事件や事故に関してメディアに対する対応が不十分であったこと等が原因となり，批判的な報道が大々的に行われ，その結果，経営者の交代や，ひいては経営破たんに至ったケースもありました。

　近年では，サブプライム問題に端を発した世界的な金融危機，欧州の経済危機等のような経済のグローバル化に係る問題や，さらに2011年の東日本大震災やタイの洪水のような自然災害により，企業活動の存続に大きな影響を与えました。

　このように，企業は常に変化する危機に囲まれており，そのリスク環境の変化に向き合って企業存続をしていく必要があります。

(2) 経営環境の変化に伴うリスクの傾向

　近年の経営環境の変化に伴う企業におけるリスクの傾向として，主に以下のようなものがみられます。

　(a) ＩＴ化やグローバル化に伴う新たなリスク　　近年の情報技術の進展は，職場環境のＩＴ化をもたらした一方，ネットワーク障害による業務停止や，ネット犯罪，サイバーテロ，情報漏えい，風評被害等のような，それまでには

なかった，または着目されなかったリスクももたらしました。

また，グローバル化の進展により，進出先の国における経営文化，商習慣，法規制，労務環境等の違いによるトラブル等の発生も増えています。

(b) ステークホルダーによる厳しい反応　企業の利害関係者（ステークホルダー）が企業を見る目も厳しくなりつつあります。たとえば，企業のコンプライアンス違反等による業績悪化に対して，株主代表訴訟を起こすケースが増えています。

官公庁からも，企業の自己責任を求められるようになっている一方，企業に対する検査や監視等が強化される傾向もみられます。

消費者も，インターネット等の発達に伴い発言の場が広がったことで，その発言力を強めており，一度不祥事等を起こした企業に対して厳しい反応を示すようになっています。

このように自社のステークホルダーとは誰なのかということを今一度考え，そのステークホルダーの視線から自社を見直すことが求められています。

(c) 経営環境の急速な変化に伴うリスクの加速化　全般的に経営環境の変化のスピードが加速化しています。それに伴い，企業として対応の必要性を認識しているものの，対応が追いつかなくなっているという声も多く聞かれるようになりました。

このように経営環境の変化のスピードの加速化により，企業も対応の迅速化が必要とされています。

上記のような傾向から共通してみてとれるのは，企業の経営はリスクをいかにテイクするかということです。リスクマネジメントを行うことは不可欠であるのは当然のことですが，近年は環境の変化が急激に進んでいるので，些細な見落としや変化への対応の遅れが命取りになる可能性があるということです。さらには，企業として，リスクマネジメントに一度取り組んだだけで，それ以降も同じような対応を続けているだけではまったく無意味であるということです。

リスクは常に変化するということを念頭においたうえで，リスクマネジメントを行っていく必要があることを今一度，十分に認識しておきましょう。

2　変化するリスク情報への対応の考え方

上述のように変化するリスクに対して，企業としては，「リスクはあってはならないもの」とせず，その不確実性にいかに対応するかということが重要です。変化するリスクに対して，具体的に企業としてどのような対応が求められるのか，以下に記します。

(1) 企業リスク情報のモニタリング

社外におけるリスク情報については，他の企業や組織等で発生している事件や事故等の情報を新聞等から確認し，事例を収集します。特に，「同業種である」「同地域に所在している」「同地域に進出している」「ビジネスモデルが似ている」「経営体制が似ている」等のような視点から，自社と同じような経営環境にある他の企業がどのような事件・事故に遭遇しているかは必ず確認しておきましょう。地道な作業ではありますが，これが一番確実に世の中のリスク傾向を把握できる方法です。すべての新聞等を確認するのは困難な場合もあるかもしれませんが，その場合はリスクコンサルティング専門会社等が発行している企業リスクを整理した定期的なレポート等を活用するのも一案です。

社内のリスク情報については，いわゆる「ヒヤリ・ハット」（重大な事故等にはつながらなかったものの，その可能性があったミスや事象等）も含む，リスク事例を社内の各職場から収集できるようにしておきます。これらの事例については，職場内においては随時朝礼等で共有できるようにしておき，また，全社の状況を把握するために，所定の報告様式を定めたりするほか，報告しやすい雰囲気を社内に作ったりしておくことも肝要です。

さらに，上記のような社内外のリスク情報について，必要に応じ，経営層や関連する部署等と共有しておきましょう。

(2) 定期的なリスク評価

上述のように収集した情報等をもとに，それらのリスクが発生する可能性や発生した場合の影響等を評価し，現段階で対応が必要なリスクを把握します。

具体的な手法としては，上述のような社内外のリスク発生事例等を分類・整理したうえで，従業員に対するアンケートやヒアリング，ワークショップ等

を実施し，それらのリスクの発生頻度や被害・影響の大きさを測り，リスクマップ上に位置づけて「見える化」する方法があります。そのうえで，一般的には，発生頻度と被害・影響の大きさがともに大きいリスクから対応の優先順位をつけていくことになります（**Q14**参照）。

このような方法を用いたリスク評価は，リスクマネジメントの推進のスタート時点で実施する場合が多いですが，上述のとおり，リスクは常に変化しますので，中長期的に行って見直すことが不可欠です（定期的な見直しは，毎年行う必要はありませんが，リスク環境変化の加速化を考えると，2, 3年に一度は見直すのが適切といえます）。

(3) **リスク特性に応じたリスクマネジメントの方向性**

上述のようなリスク評価を実施すると，「製品開発の失敗」「同業他社との競争激化」「海外進出先の選択ミス」等のようなリスクが上位に挙がることがあります。このようなリスクは，たとえば，危機対策本部等のような危機対応組織を立ち上げて対応するようなものではなく，通常の業務実施のラインや経営判断のなかで取り扱われるべきリスクであり，一般的に「事業リスク」と呼ばれます。「事業リスク」は，経営者の経営判断そのものであることから，危機対応組織でコントロールすべきリスクに含めるべきではなく，別に対応すべき組織を区別しておくことが肝要です（ただし，危機管理担当者は，対象外として切り離すのではなく，自社における重要リスクと認識しておくことは必須です）。「事業リスク」に対する取組みとして，これらのリスクに対する経営判断を行うに足る情報を経営層に提供するために適切な情報収集や情報分析を行う仕組みと経営の場で真摯な議論を行う体制の構築が必要となります。

一方，「自然災害の発生」「製品事故の発生」「社内不祥事」等のように，従来のリスクマネジメントの枠組みでの対応が適当なリスクは，一般的に「純粋リスク」と呼ばれます。これらについては，いわゆる「ＰＤＣＡサイクル」に則って，対応を行っていくこととなります（具体的な対応方法は，**Q12**参照）。

このようにリスクの性質を「事業リスク」か「純粋リスク」か見極めたうえで，適切な方法や体制による対応を検討することが肝要です。特に，「リスク」というと「損失への対応」というようなネガティブなイメージが先行しがちですが，経営環境の変化はリスクであると同時に，企業にとってはチャンス

でもあるはずですので，そのような観点から真摯に向き合っていくことが求められます。その際，特に重要なのは，全社的にどのように対応するのかの方針や，どのリスクを誰が担当し責任をもつのかを明確にすることです。たとえば，リスクごとに「リスクオーナー」を役員レベルで選任して，そのリスク管理の最終的な責任をもたせる等の方法も一法です。

(4) 想定外のリスクについて

　経営環境の変化に伴い，対応すべきリスクの変化は常に起こりうるものという認識に立ち，一度構築したリスクマネジメント体制ですべての事象に対応できると考えずに，常にどのようなリスクが発生しうるのかを考えておくことが欠かせません。しかし，それでも発生が想定できない，いわゆる「想定外」のリスクが発生する可能性も十分にあります。

　実際に「想定外」のリスクが発生した場合，各企業における危機対応の応用力が問われることになります。その際に重要になるのは，危機対応の「基礎力」です。基礎力を養成するには，現在想定しているリスクのシナリオへの対応力を身につけておくことが基本となります。そして，そのリスクを超える事象が発生した場合には，想定しているシナリオに出ていない「アドリブ」が増えることになりますが，このアドリブは基礎力がなければ出てきません。

　経営環境や危機事象の変化への対応は，可能な限り，想定リスクを見定めておくことが重要ではありますが，一方では，対応力の基礎をしっかり押さえつつ，いかにアドリブでの対応ができるかどうかということが要諦といえます。

【濱﨑　健一】

Q30 コーポレート・ガバナンス機能不全

経営層が不正や不祥事を起こして企業価値を大きく毀損してしまう事態はなぜ生じるのでしょうか。そのような事態をどのように防止すべきでしょうか。

A

(1) コーポレート・ガバナンスが機能不全に陥る原因としては，法制度上の問題点，構築上の問題点，運営上の問題点があります。
(2) コーポレート・ガバナンスを十全に機能させるためには，(a)取締役会で経営判断原則のプロセスを踏む，(b)業務執行機関にリスク管理体制を整備させる，(c)不正の兆候に対して職業的懐疑心を働かせる，(d)経営トップによる不正を抑止する，(e)有事において適正に対応する，といった施策を着実に実行することが求められます。

解説

1 ガバナンス・マネジメント・モデルとコーポレート・ガバナンスの定義

コーポレート・ガバナンスという英語は，「企業統治」と訳されますが，それ自体多義的な概念であり，論者によって定義も異なるものと思われます。

本項目では，筆者の立場を明確にするために，わが国でポピュラーな監査役会設置会社を想定して，株式会社の各機関を次の「ガバナンス・マネジメント・モデル」に位置づけ，そこからコーポレート・ガバナンスの定義を示すこととします[*1]。

■ガバナンス・マネジメント・モデル

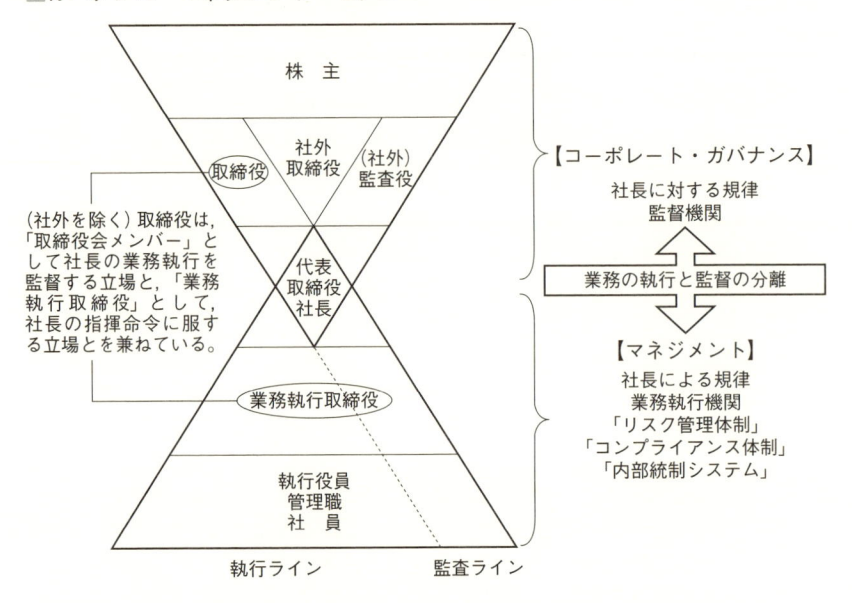

```
                    株 主
              ┌─────────────┐
         取締役│ 社外   │(社外)│
              │取締役 │監査役│
                    代表
                  取締役
                   社長
              ─────────────
                業務執行取締役
              ─────────────
                  執行役員
                  管理職
                  社 員

         執行ライン    監査ライン
```

【コーポレート・ガバナンス】
社長に対する規律
監督機関

業務の執行と監督の分離

【マネジメント】
社長による規律
業務執行機関
「リスク管理体制」
「コンプライアンス体制」
「内部統制システム」

(社外を除く)取締役は、「取締役会メンバー」として社長の業務執行を監督する立場と、「業務執行取締役」として、社長の指揮命令に服する立場とを兼ねている。

　まず，下の正三角形は，代表取締役社長を頂点，社員を底辺とする業務執行機関のヒエラルキーを表します。リスクマネジメントの文脈では，この正三角形は「リスク管理体制」「コンプライアンス体制」「内部統制システム」などと呼ばれることがありますが，いずれも社長による規律であり，社長に対する規律を働かせることはできません。

　次に，上の逆三角形は，株主を頂点，代表取締役社長を底辺とする株式会社の機関設計のヒエラルキーを表します。株主総会で取締役と監査役を選任し，取締役会で代表取締役を選定することから，代表取締役は会社法の世界では最も低位に位置づけられます。リスクマネジメントの文脈では，この逆三角形を指して「コーポレート・ガバナンス」と呼ぶことが多く，本項目でも，「コーポレート・ガバナンス」とは，社長に対する規律，つまり株主，取締役および監査役が主体となり，代表取締役社長を頂点とする業務執行機関に対する規律を働かせることと定義することにします。

2 コーポレート・ガバナンス機能不全の問題点

　コーポレート・ガバナンスが十全に機能しない結果，代表取締役社長に対する規制が働かず，経営層が不正や不祥事を起こして企業価値を大きく毀損する事態が後を絶ちません。その問題点は，以下の３点に整理されます。

(1) 法制度上の問題点

　上述の■ガバナンス・マネジメント・モデルにも図示しましたが，コーポレート・ガバナンスの機能を十全ならしめるためには，「業務の執行と監督の分離」が最も重要なキーワードとなります。業務執行に対する監督機能を高めるには，業務執行からの独立性を確保すること，業務執行者によるセルフ監督から脱却することが必要です。

　しかし，わが国の会社法制度では，代表取締役社長の業務執行権限を分掌する業務執行取締役が取締役会メンバーになることが認められており，現実にも業務執行取締役が取締役会メンバーの過半数を占める会社が多数派といえます。

　業務執行取締役は，上の逆三角形においては，取締役として社長の業務執行を監督すべき立場にありますが，下の正三角形においては，業務執行機関の一員として社長による指揮命令や人事権行使に服する立場にあります。いくら取締役には他の取締役に対する監視義務が課されているとはいっても，現実問題として，このような立場の業務執行取締役が，社長の業務執行に対する監督機能を十全に果たすことは，やはり期待できないといわざるをえません[*2]。

　今般の会社法改正では，社外取締役の選任を法制度として義務づけることは見送られました。しかし，法律案要綱では，「取締役は，当該事業年度に関する定時株主総会において，社外取締役を置くことが相当でない理由を説明しなければならない。」とされ，Comply or Explain（遵守せよ，さもなくば説明せよ）という規制手法が示されました。引き続き今後の立法動向が注目されます。

(2) 構築上の問題点

　社外取締役の選任が法制度として義務づけられると否とにかかわらず，会

社が任意に社外取締役を選任することは，コーポレート・ガバナンス機能を高めるための体制構築として有効な施策であることはいうまでもありません。

日本取締役協会の2013年8月1日付「上場企業のコーポレート・ガバナンス調査」によれば，東証1部上場企業に占める社外取締役選任企業の割合は，2004年の30.2％から2012年には54.2％，そして2013年には62.2％と大幅に上昇しています。特に2013年は，大手議決権行使助言会社が，社外取締役を選任しない企業の代表取締役選任議案に賛成しない旨を表明したことも影響したものと思われます。

しかし，まだ相当数の会社が，社外取締役の選任を見送っています。そのなかには，コーポレート・ガバナンス機能を高める必要性を必ずしも感じていない，社外監査役でさえわずらわしいのに，これ以上社外の門外漢から会社経営についてとやかくいわれたくない，と本音で考えている経営者も少なくないのではないかと思われます。このように，コーポレート・ガバナンス機能を高めるための体制構築に取り組まないという構築上の問題点が指摘されます。

(3) **運用上の問題点**

会社が社外取締役を選任したとしても，その社外取締役の独立性が乏しかったり，あるいは代表取締役社長の業務執行を監督するという意欲や責任感に乏しかったりすれば，コーポレート・ガバナンス機能が十全に発揮されることは期待できません。米国のエンロンやわが国のオリンパスに社外取締役がいながら経営層の不正を防げなかったことは，コーポレート・ガバナンスは構築面だけでなく運用面でも機能不全の原因を抱えていることを示しています。社外取締役を選任する会社のなかには，同人にビジネス推進上の助言機能を期待する例も見られますが，取締役である以上，業務執行に対する監視機能を忘れることはできないでしょう。

３ コーポレート・ガバナンスを機能させるための施策

コーポレート・ガバナンスを十全に機能させ，経営層による不正や不祥事を未然に防止するための魔法の杖はありません。社外取締役を選任さえすればコーポレート・ガバナンス機能が高まるわけでもありません。そのためには，

現在の取締役会メンバー，つまり現有勢力が以下の施策を着実に実行することが重要です。

(1) 取締役会で経営判断原則のプロセスを踏む

会社にとって重要な経営判断事項は，所定の基準に従って取締役会に上程され，審議を経て決議されます。取締役会メンバーは，取締役会決議に至るプロセスに「経営判断原則」が適用されるよう十分な審議を尽くす必要があります。

「経営判断原則」とは，①経営判断の前提となる事実認識の過程（情報収集とその分析・検討）における不注意な誤りに起因する不合理さの有無，②事実認識に基づく意思決定の推論過程および内容の著しい不合理さの存否，の2点を審査し，2点とも認められなければ，その経営判断に起因して会社に損失が生じたとしても，その経営判断を下した取締役は善管注意義務または忠実義務違反に問われない（つまり免責される）という判例法理です。ただし，③具体的な法令違反にあたる場合，④会社との利益相反がある場合には適用されません。

取締役会メンバーは，とりわけ上記①の「情報収集とその分析・検討」に注力すべきです。上程される議案にはどのようなリスクが潜在するのか，そのリスクはどの程度と評価されるのか，そのリスクを低減するためにどのような統制を行うのか，統制された後の残存リスクは受容できるリスクか，こうした思考過程をたどりながら，まさに取締役会においてリスクマネジメントを行うことが必要です。

こうしたプロセスを踏むことにより，業務執行機関が無謀なリスクテイクに走ることを抑止し，逆にリスクに過度に委縮することもない，健全な経営判断を導くことができます。

そのためには，事前の資料送付，社外役員への事前説明，十分な審議時間の確保といった運用面での工夫が必要になります。そして，取締役会議事録には，当該取締役会で経営判断原則のプロセスが踏まれたことがわかるように議事の経過を記録しておく必要があります。このような議事録を残しておくことが，後日株主から善管注意義務違反に基づく責任追及を受けたときに，取締役会メンバーを経営判断原則によって守る盾になります[*3]。

(2) **業務執行機関にリスク管理体制を整備させる**

　会社全体のリスク情報が適時適切にリスク管理部門に伝達されるようなリスク管理体制（内部統制システム）が整備されなければ，業務執行機関が適正にリスクマネジメントを行うことはできません。

　リスク管理体制の整備はまさに業務執行そのものであり，取締役会メンバーが自らこれを行うわけではありませんが，取締役会メンバーは業務執行機関にリスク管理体制が整備されているかに十分な注意を払い，ＰＤＣＡサイクルに則った不断の改善に適切に助言や指導をすることが求められます。

　また，社外役員（取締役・監査役）は，社内の目では気づかないような，社外の目や社会の目から見たリスクの把握と評価に寄与することが求められます。

(3) **不正の兆候に対して職業的懐疑心を働かせる**

　取締役会メンバーが何らかの不正の兆候に接したら，取締役は他の取締役に対する監視義務の履行として，また監査役は業務監査の一環として，健全な「職業的懐疑心」を働かせて，その兆候の裏に不正があるかないかを見極めるまで調査を尽くす必要があります。

　取締役会メンバーという職責にありながら，不正兆候について見て見ぬふりをしたい，面倒なことには巻き込まれたくない，事を荒立てたくないといった"サラリーマン根性"で行動することは，株主から負託された重大な職責を放棄したに等しく，その責任が厳しく問われるのは当然のことです。

(4) **経営トップによる不正を抑止する**

　取締役会メンバーの最大の仕事は，目の前で行われようとしている経営トップによる不正を抑止することです。監査役は，取締役の違法行為に対する差止請求権を有していますが，この伝家の宝刀を抜く前に，取締役会で代表取締役を解職する，代表取締役や取締役の辞任を求める，説得して不正を思いとどまらせる，といった手段を講じることが現実的であり，会社が被るダメージも減じることができます。

　こうした場面では，生活の糧を会社から得ている社内役員よりも，経済的に独立した社外役員（取締役・監査役）の果たす役割が必然的に大きくなります。必要に応じて顧問弁護士や監査法人，規制当局などとも連携しながら，体を張って経営トップの不正を抑止する，これが社外役員の最大の任務といえます。

(5) 有事において適正に対応する

　製品事故や社員による不祥事など，会社にとって有事といえる場面での対応は，当期の業績や将来の企業価値に重大な影響を及ぼす重要な業務執行です。取締役会メンバーとしては，ここで会社が対応を間違えないよう，リアルタイムで注視し，必要に応じて助言や指導をすることが必要です。

　たとえば，製品事故は一製品の事故，社員の不祥事は一社員の事故にすぎませんが，会社がこれを隠蔽すれば，その時点から経営者の事故，会社全体の事故に転化します。会社の信用に与える影響が，一製品や一社員の事故とは比較にならないほど大きいことはいうまでもないことです。

　ダスキン肉まん事件[*4][☆1]では，こうした場面で，会社の信用失墜を回避し，信頼を回復するための方策を検討することが取締役・監査役の善管注意義務であると判示されました。詳細は，**Q23**をご参照ください。

注　記

* ＊1　初出は竹内朗「企業価値を高めるコンプライアンス～コンプライアンス体制整備のためのいくつかの視点」月刊監査役547号（2008）14頁。
* ＊2　久保利英明『日本改造計画―ガバナンスの視点から』（商事法務，2013）14頁は，上述のガバナンス・マネジメント・モデルを紹介したうえで，「一人二役の撞着」という表現で，この問題を指摘しています。
* ＊3　詳しくは竹内朗「ケーススタディで考える『経営判断原則』」ビジネス法務2013年7月号80頁。
* ＊4　竹内朗「ダスキン事件高裁判決で取締役に課された信頼回復義務――大阪高判平成18．6．9にみるクライシスマネジメントのあり方」ＮＢＬ860号（2007）30頁以下参照。

引用判例

* ☆1　大阪高判平18．6．9判タ1214号115頁・判時1979号115頁。

【竹　内　朗】

Q31 製品・食品の安全

製品や食品に起因する事故を防止するためにはどのような管理体制を整備すべきでしょうか。また，事故が起きたり問題が発覚した際にはどのような点に注意して対応すべきでしょうか。

A

　第1に，製品や食品の安全管理を行うことです。これには，製品や食品を新規に製造・販売する時だけでなく，製造・販売した後も継続的に安全性の見直しを行う必要があります。第2に，適切なクレーム処理の体制を構築することです。クレームが寄せられたら，事故調査をし，事故原因を究明してクレームを解決します。第3に，製品や食品に起因する重大な事故が発生した場合は消費者庁や所轄の行政機関（主務大臣）に報告することが義務づけられている場合があります。第4に，製造物責任法は，製品や食品（未加工の農林水産品を除きます）に欠陥があり，それによって被害者に損害を与えた場合，被害者が製造業者や輸入業者に損害賠償を請求できることを定めています。民法は，製品や食品（未加工の農林水産品を含みます）に欠陥があり，事業者（製造業者や輸入業者に限りません）に過失があれば，被害者は事業者に損害賠償を請求できることを定めています。第5に，製品や食品に欠陥や不具合が発見された場合は，製品や食品の安全性の見直しを行うことです。第6に，製品や食品の欠陥や不具合が発見され，それにより被害が拡大したり，同種・類似事故の発生を防止したりする必要がある場合はリコールの実施を検討する必要があります。大切なのはこれらの6つのポイントがすべて密接に関連しているということです。

解説

1　製品や食品の安全管理

(1) 行政取締法規

　製品や食品の製造業者や輸入業者は，その安全性を確保しなければなりません。そのために無数の行政取締法規が制定されています。本項目では，私達の身の回りにある消費生活用製品を規制する消費生活用製品安全法，食品，添加物，器具および容器包装の衛生を規制する食品衛生法，自動車やバイクの安全性を確保するための道路運送車両法，医薬品，医薬部外品，化粧品および医療機器の安全性を確保するための薬事法を念頭にしています。このなかで最も中心的な行政取締法規は消費生活用製品安全法です。食品衛生法，道路運送車両法，薬事法は消費生活用製品安全法の特別法に位置づけられていますので，消費生活用製品安全法を中心として解説します。

(2) 安全基準の遵守

　製品や食品の安全性を確保するためには，まず，所轄の行政機関が設定した安全基準を遵守しなければなりません。消費生活用製品安全法では，政令で指定された特定製品や特別特定製品について主務大臣が定めた技術基準，食品衛生法では厚生労働大臣が定めた規格・基準，道路運送車両法では自動車やバイクについて国土交通大臣が定めた保安基準，薬事法では，医薬品，医薬部外品，化粧品および医療機器について厚生労働大臣が定めた審査基準をそれぞれ遵守しなければなりません。

(3) 安全基準の遵守と欠陥の存否

　しかし，安全基準を遵守していれば，製品や食品に起因して事故が発生した場合にすべて免責されるわけではありません。製造物責任法における欠陥（通常有すべき安全性に欠けること）の有無については，安全基準が遵守されていればそれだけで欠陥がないと評価されるわけではありません。なぜなら，安全基準は製品や食品の安全性を確保するための最低基準を設定したにすぎず，欠陥がないと判断されるためには安全基準を超える安全性を確保するための設

計や製造上の配慮や適正な警告表示の掲載が必要だからです。

(4) 安全管理と社内体制

　製品や食品の安全性を検討するのは，それらを新規に製造・販売する時だけでなく，事故が発生したり，クレームが寄せられたときに，事故調査を行い，事故原因を究明することで，その安全性を見直し，製品や食品の改善を行わなければなりません。

2　クレーム処理

(1) クレーム処理の位置づけ

　クレーム処理を直接規定した法令はありませんが，製品や食品の安全性を確保するために制定された行政取締法規，製造業者や輸入業者が製品や食品の欠陥による被害について賠償責任を定めた製造物責任法，消費者庁が製品や食品の事故についてどのように活動するかを定めた消費者安全法のシステムを考えると，製品や食品の製造業者や輸入業者だけでなく販売事業者にいたるまで適切なクレーム処理をすることが要請されます。クレーム処理を行う際に重要となるポイントは次のとおりです。

(2) クレーム処理のポイント

　第1は，事故調査（事実確認）です。被害者が製品や食品を購入した後，どのように保管し，どのように使用し，どのように事故が発生したかを正確に調査することが必要です。そのために事故が発生した製品や食品（現物）を確保して，事故原因を調査分析するとともに，被害者や関係者から事故がどのように発生したのか詳細に事情聴取し，損害賠償をすることになった場合に備えてどのような損害が発生したのかについても早急に把握しなければなりません。

　第2は，事故原因の究明です。事故が発生した原因については，製品や食品のどの部位にどのような不具合があり，それがどのような機序で事故が発生したのかという科学技術的な判断と，それが製造物責任法の欠陥に該当するかという法的な評価が必要です。科学技術的な判断には技術スタッフの関与が必要不可欠です。製造物責任法の欠陥の評価については弁護士の関与が必要となってくる場合があります。

第3は，苦情を申立てた者（クレーマー）との間の問題を解決することですが，そのためには法的交渉の知識と技術が必要です。製品や食品に欠陥がある場合は被害者に損害賠償をして示談を成立させなければなりません。欠陥がない場合はそのことをクレーマーに理解を求めて要求を拒絶します。製品や食品の欠陥の有無だけでなく，発生した損害をどのように算定するのかについても，クレーマーからどうしても納得が得られない場合は，弁護士に交渉を委任する必要があります。クレーマーが裁判を申し立てることもあります。逆に，なかなか交渉による解決が図れない場合は，簡易裁判所での民事調停やＡＤＲ（裁判外紛争解決機関）での紛争解決を試みることも選択肢の一つですが，そのような手続をとることについてクレーマーに対し事前の説明をして了解を得ておくといった配慮が必要です。

　第4は，消費者庁や主務大臣に事故報告を行うことです。消費生活用製品安全法は製品に起因して重大事故が発生した場合は消費者庁に事故報告をすることを義務づけています。このようなことからも，製造業者や輸入業者は，事故の発生を知った場合，直ちに正確な事故調査をしなければなりません。

　第5は，クレーム処理においては事故調査，事故原因の究明を行っていますから，その結果を踏まえ，製品や食品の安全性を見直すことが必要です。そのためにはクレーム処理の結果が製品や食品の開発・管理部門に反映させられるような社内体制が構築されていなければなりません。

　第6は，クレーム処理の結果を踏まえて，リコールを実施することです。製造業者や輸入業者は，事故原因を究明した結果，製品や食品に欠陥や不具合が認められる場合は，被害の拡大や同種・類似事故を防止するために必要な措置を講じることが義務づけられており，これを適切に行わない場合は主務大臣からリコールを行うよう危害防止命令を受けることがあります。

３　損害賠償制度

(1) 製造業者や輸入業者について（製造物責任法）

　製造物（製造物責任法は未加工の農林水産品を除く）に欠陥があり，それによって損害を被ったときは，製造業者や輸入業者は被害者に対し製造物責任法に基

づいて損害賠償しなければなりません。製造物責任法における欠陥とは，製造物の特性，通常予見される使用形態，製造物を引き渡した時期，その他の事情を考慮して，製造物が通常有すべき安全性に欠けることとされていますが，その判断はなかなか困難です。製造物の設計に問題があるのか，製造過程で発生した不良品か，指示・警告（取扱説明書）に不備があったのか，それとも使用者が誤った使用をしたのか（誤使用），仮に誤使用だとしても，消費者であればやむをえない誤使用の場合（予見される誤使用）は製造物の欠陥と評価されます。使用者の異常な使用方法があった場合は製造物の欠陥ではないと評価されます。

(2) **修理業者，設置業者，販売業者について（民法）**

消費生活用製品安全法においては，修理業者，設置業者，販売業者等は消費者に事故情報を提供するように努めるとか，重大事故が発生したことを製造業者や輸入業者に通知するという義務が定められています。民法は，製造業者や輸入業者だけでなく，修理業者，仲介業者および販売業者等の事業者であっても，取り扱った製品や食品（民法は未加工の農林水産物を含む）に欠陥があり，そのことについて事業者に過失（注意義務違反）があれば，民法415条の契約責任や民法709条の不法行為責任に基づいて，被害者に損害賠償をすることを定めています。

(3) **販売業者に欠陥商品の販売を中止する義務を認めた裁判例**

これまで，製品や食品の欠陥についての責任は基本的には製造業者や輸入業者が負うものであり，その他の事業者が責任を問われることは考えにくいと思われていました。しかし，販売業者でも，販売している製品に欠陥や不具合が判明した場合は販売を中止する義務を認める裁判例が出てきました[1]。この判決は，販売業者には複数のクレームが寄せられていたと思われること，商品の品質を管理する業務体制がしっかりしていることを強調して注意義務を肯定しています。それゆえ，すべての販売業者に裁判例のような注意義務が認められるようになったわけではありませんが，裁判実務は販売業者についても高度な注意義務を認めるところまできています。

(4) **損害賠償のための交渉や裁判**

製品や食品の欠陥の有無や損害の算定について交渉が成立しない場合は裁

判に移行することを予定しなければなりません。そのためには弁護士に委任することを検討する必要があります。

4 消費者庁はどのような活動をしているのか（消費者安全法の概要）

(1) 消費者事故等の収集・分析

消費者庁は事故情報を収集し分析します。事業者が①消費者に提供した製品や商品，②消費者の利用に供した設備，建造物，工作物，③消費者に提供した役務（サービス）について，それらを使用していた際に一定の被害を伴う事故が発生した場合を消費者事故等（これには事故と事態があります），消費者事故等のなかで重大な結果が発生した場合を重大事故等（これにも事故と事態があります）といいます。経済産業大臣，厚生労働大臣，農林水産大臣のような行政機関の長，都道府県知事，市町村長および国民生活センターの長が，重大事故等が発生したことを知った時は直ちに消費者庁に報告します。重大事故等にいたらない消費者事故等が発生した場合は，被害の拡大もしくは同種・類似事故が発生するおそれがある場合は消費者庁に報告することになっています。

(2) 消費者事故等の報告

消費者庁は，重大事故等や消費者事故等の報告を受けた場合は，それらを分析し，関連する行政機関や国会に報告するとともに取りまとめた結果を国民に公表します。

(3) 措置要求

消費者庁は，被害の拡大や同種・類似事故の発生を防止する必要がある場合は，所轄の行政機関に対し，是正措置を実施することを求めることができます。これを措置要求といいます。

(4) 所轄の行政機関がない場合の措置

消費者庁は，被害の拡大や同種・類似事故の発生を防止する措置を実施する必要があるにもかかわらず，所轄の行政機関が存在しない場合は，自ら，事業者に対し，措置勧告や措置命令を出したり，譲渡の制限や禁止，回収命令を行ったりすることができます。

5　リコールの実施

(1) リコールを実施する要件

製造業者や輸入業者は，事故原因を究明した結果，製品や食品に欠陥や不具合が認められる場合は，被害の拡大や同種・類似事故の発生を防止するために必要な措置を講じること（リコール）が義務づけられていることが多く，これを適切に行わない場合は主務大臣から危害防止命令を受けることがあります。

(2) リコールの方法

リコールとは製品や食品を回収する方法のほかにも様々な方法があります。消費生活用製品や自動車・バイクに多いと思いますが，欠陥や不具合のある部位の修理や交換という方法もあります。さらには，取扱方法について注意を喚起するために取扱説明書の追補のみで足りる場合もあります。

(3) リコールを実施する時機

製品や食品の安全性の見直しとリコールの実施は，被害の拡大や同種・類似事故の発生を防止するという観点から，事故原因が明らかになるまで実施しないということはできず，企業の経営陣は，企業に寄せられたクレームの件数やその内容から事故調査を行って原因究明をし，製品や食品に欠陥や不具合がある蓋然性が高いと思われた段階でリコールの実施を決断しなければなりません。この点については将来的に「予防原則」の考え方が導入されてくるでしょう。

(4) リコールの費用

最後にリコール費用をどうやって捻出するかという問題があります。なぜなら，リコールには多大な費用がかかるために，リコールを躊躇してしまう場合が多いからです。リコールはいったん製造して出荷した製品や食品を回収するので収益が上げられず，新たに製造費用を調達して製品や食品を製造して出荷しなければなりません。また，販売事業者に対する謝罪とリコールの協力要請，消費者に対する告知（テレビ，ラジオ，新聞，雑誌による広報，住所・氏名の知れた購入者に対する通知，インターネットのサイト等），そして，被害者からの受付窓口の設置が必要です。そして，製品や食品によって損害を受けた被害者

に謝罪や損害賠償を含めた措置を講じなければなりません。

> 引用判例

☆1　東京高判平18・8・31判時1959号3頁【イトーヨーカドーが販売した電気ストーブの不具合により化学物質過敏症に罹患したとする消費者からの損害賠償請求が認容された事件】。

【中村　忠史】

Q32 消費者契約法

消費者契約法は，事業者と消費者の間の契約の適正を図るためにどのような規制をしていますか。また，その規制内容にはどのような特徴がありますか。

A

消費者契約法は，事業者と消費者の間の知識，情報，交渉力の大きな格差に注目し，消費者契約の締結過程において，事業者が不適切な勧誘行為を行ったり，消費者を困惑させて契約締結させた場合に，消費者に取消権を認めました。また，約款等の契約条項のうち，消費者に一方的に不利益な条項は無効とします。事業者は，消費者と契約を締結するには，契約内容について十分な説明を行い，適正な契約書面を交付し，契約締結過程での行き過ぎに注意しなければなりません。また，消費者被害が発生した時やそのおそれがある時に，被害者に代わって，あるいは消費者全体の利益のために，公益的立場にある消費者団体（適格消費者団体）に差止請求をする権利を認めています。

解説

1 消費者契約法のポイント

(1) 消費者契約法の対象

消費者（事業としてまたは事業のために契約の当事者となる場合を除く個人）と事業者（法人その他の団体および事業としてまたは事業のために契約の当事者となる場合における個人）との間で締結される契約です（消費契約2条）。

(2) 消費者契約法で定められた取消権

消費者は契約締結過程で事業者に不適切な勧誘行為があった場合は消費者契約を取り消すことができます。

(a) 誤認行為（事業者が契約勧誘時に消費者を誤認させる行為）

(ア) 「重要事項に関する不実告知」（消費契約4条1項1号）　消費者は，事業者が消費者契約に係る①物品，権利，役務その他の当該消費者契約に目的となるものの質，用途その他の内容や②物品，権利，役務その他の当該消費者契約の目的となるものの対価その他の取引条件など，消費者が消費者契約を締結するか否かについての判断に通常影響を及ぼすべきものについて，事実と異なること（真実または真正でないこと）を告げた場合は，意思表示を取り消すことができます。

(イ) 「将来の変動が不確実な事項についての断定的判断の提供」（消費契約4条1項2号）　消費者は，事業者が，消費者契約の目的となるものに関し，将来における不確実な事項（物品，権利，役務その他の当該消費者契約の対象となるものに関し，将来におけるその価額，将来において当該消費者が受け取るべき金額その他の将来における変動が不確実な事項）について断定的判断の提供をなした場合も，意思表示を取り消すことができます。

(ウ) 「重要事項に関する消費者の不利益事実の故意の不告知」（消費契約4条2項）　事業者が，消費者に対し，重要事項ないし同事項に関連する事項につき，一方で有利なことを告げ，他方で当該重要事項について不利益な事実を故意に告げないために消費者が誤認した場合でも，消費者は意思表示を取り消すことができます。

(b) 困惑行為（事業者が契約締結過程で消費者を困惑させて契約を締結させた場合）

(ア) 住居，就業場所からの不退去による勧誘行為（消費契約4条3項1号）
　消費者が事業者に対し，住居，業務を行っている場所から退去すべき旨の意思を示したにもかかわらず，事業者が退去しなかったことにより，消費者が困惑し，意思表示した場合には，消費者は意思表示を取り消すことができます。

(イ) 勧誘場所からの退去を阻害する勧誘行為（消費契約4条3項2号）
消費者が事業者から勧誘を受けている場所から退去する旨の意思を示したにも

かかわらず、事業者がその場所から消費者を退去させないことにより、消費者が意思表示をした場合には、消費者は意思表示を取り消すことができます。

(c) 取消しの効果　遡及的無効であり、取消しができる期間は追認をすることができるときから6か月、契約締結時から5年間です（消費契約7条）。

(d) 事業者が第三者に契約締結の媒介を委任した場合　事業者から契約締結の媒介を委任された第三者が誤認・困惑行為を行った場合にも消費者は意思表示を取り消すことができます（消費契約5条）。

(5) **不当条項**

消費者契約の契約条項が約款等で消費者に一方的に不利益な条項となっている場合は不当条項として無効となります。なぜなら、消費者契約では、契約条項が事業者の一方的に作成した約款による場合が多く、消費者は情報格差があり、十分な説明も受けられず、交渉で変更することもできず、不利益を被る場合が多いので、不当条項については契約自由の原則を制限して拘束力を否定するものです。

(a) 免責条項（消費契約8条）

(ア) 事業者の債務不履行・不法行為に基づく損害賠償義務の全部ないし一部を免除する条項のうち、事業者の責任の全部免責条項と事業者の故意または重過失による全部ないし一部免責条項は無効になります。

(イ) 事業者の瑕疵担保責任の全部を免責する条項も無効となります。しかし、瑕疵を修補する、ないし瑕疵のない代物を交付するとされている場合、あるいは、他の事業者が代わって責任を負うとされている場合には無効とはなりません。

(b) 損害賠償の予定条項（消費契約9条）

(ア) 解除に伴う損害賠償の予定ないし違約金条項について、消費者契約と同種の消費者契約の解除に伴い事業者に生ずべき平均的損害を超えるものは超える部分につき無効となります。平均的損害は、当該消費者契約の当事者たる個々の事業者に生じる損害の額について、契約の類型ごとに合理的な算出根拠に基づき、算出された平均値である、解除の事由、時期のほか、当該契約の特殊性、得べかりし利益・準備費用・利益率等損害の内容、契約の代替可能性・変更ないし転用可能性等の損害の生じる蓋然性等の事情に照らし判断され

ると解されており[☆1]，平均的損害の立証責任は消費者が負うとされています[☆2]。

　(イ)　金銭の支払期日経過による遅延損害金の予定が年14.6％を超えるものは超える部分につき無効となります。ただし，金銭消費貸借契約は利息制限法が適用されます。

　(c)　一般条項（消費契約10条）　民法，商法その他の法律の公の秩序に関しない規定の適用による場合に比し，消費者の権利を制限し，または消費者の義務を加重する消費者契約の条項であって，民法1条2項に規定する基本原則に反して消費者の利益を一方的に害するものは，無効となります。

(6)　消費者団体訴訟制度

　(a)　消費者団体訴訟制度の概要　消費者被害があったときやそのおそれがあるときに，被害者である消費者に代わって，あるいは消費者全体の利益のために，公益的立場にある消費者団体（適格消費者団体）に差止訴訟をする権利を認める制度です。消費者の被害の発生または拡大を防止するため，内閣総理大臣の認定を受けた適格消費者団体に対し，事業者等による誤認行為や困惑行為による不当勧誘行為，免責条項，損害賠償の予定条項，一般条項に不当契約条項を含む契約締結行為，不当景品類および不当表示防止法の違反，特定商取引に関する法律の違反が，現に行われまたは行われるおそれがある場合に，これを差し止める権限を付与したものです。

　(b)　差止請求権の対象となる行為　消費者契約法，不当景品類および不当表示防止法，特定商取引に関する法律に違反する行為です（特定商取引58条の18〜58条の24）。

　(c)　差止請求の要件　事業者が，不特定かつ多数の消費者に対して，不当行為を現に行いまたは行うおそれがあるときです。

　(d)　差止請求の内容

　①　不当勧誘行為については，不当勧誘行為の停止もしくは予防，不当勧誘行為に供した物の廃棄もしくは除去その他の不当勧誘行為の停止もしくは予防に必要な措置，是正の指示または教唆の停止，その他の当該行為の停止または予防に必要な措置とされています。

　②　不当条項については，不当契約条項を含む消費者契約の申込み等の停

止もしくは予防，当該行為に供した物の廃棄もしくは除去その他の当該行為の停止もしくは予防に必要な措置，是正の指示または教唆の停止，その他の当該行為の停止または予防に必要な措置とされています（消費契約12条）。

(f) 訴訟提起前の差止請求の通知　適格消費者団体は，訴訟提起前に，当該事業者に対し，団体の名称や連絡先，請求の要旨および紛争の要点等を記載した書面により訴訟外で差止請求を行います。差止請求訴訟を提起することができるのは，当該書面が事業者に到達してから1週間を経過した後とされています（消費契約41条）。

(g) 内閣総理大臣による公表　内閣総理大臣は，消費者被害の防止・救済のために，差止請求に係る判決の概要等について，公表が義務づけられています（消費契約39条）。

(7) **集団的消費者被害回復にかかる訴訟制度**

「消費者の財産的被害の集団的な回復のための民事の裁判手続の特例に関する法律」が制定されました。

引用判例

☆1　東京地判平14・3・25判タ1117号289頁。

☆2　最判平18・11・27民集60巻9号3732頁・判タ1232号82頁・判時1958号61頁。

【中村　忠史】

Q33 特定商取引に関する法律（特商法）

特商法は，事業者と消費者の間のどのような取引形態を規制していますか。また，その規制内容にはどのような特徴がありますか。

A

特商法は，訪問販売，通信販売，電話勧誘販売，連鎖販売取引，特定継続的役務提供，業務提供誘引販売，訪問購入の7種類の取引形態とネガティブオプションをその対象としています。これらの取引形態は，消費者が特殊な商品や役務（サービス）について十分な知識がなく，事業者の不適切な勧誘行為が行われやすいために熟慮し冷静に判断できずに契約を締結してしまい，不利益な契約に拘束されることを防止することを目的としています。その内容は，行政規制（事業者を直接規制する規定）として，事業者の氏名等の明示，法定書面の交付義務，不当な勧誘行為の禁止などが，民事ルール（消費者に契約の取消権や解除権を付与したり，契約内容を制限したりする規定）として，クーリング・オフ制度，契約解除後の損害賠償等の額の制限，適格消費者団体による差止請求などが規定されています。

解説

1 訪問販売

(1) 訪問販売とは

「訪問販売」とは，販売業者または役務提供事業者が，店舗等以外の場所（消費者の自宅等）で行う商品，権利の販売または役務（サービス）の提供のことをいいます。また，特定の方法によって誘った客に対して，通常の店舗等で

行う商品，権利の販売や役務を提供することも含みます（特定商取引2条1項）。指定権利は政令で定められます。特商法が適用されない場合があります（特定商取引26条）。

(2) 行政規制

行政規制には，①事業者の氏名等の明示（特定商取引3条），②再勧誘の禁止（特定商取引3条の2），③契約の申込み時または契約締結時の法定書面の交付義務（特定商取引4条・5条），④不実告知，故意の事実不告知，威迫・困惑行為，勧誘目的を告げない誘引方法により公衆の出入りする場所以外の場所での勧誘などの禁止（特定商取引6条），⑤上記の行政規制に違反した事業者に対する業務改善指示（特定商取引7条）や業務停止命令（特定商取引8条）などの行政処分や罰則，があります。

(3) 民事ルール

民事ルールには，①契約の申込みの撤回または契約の解除（クーリング・オフ制度）（特定商取引9条），②過量販売契約の申込みの撤回または契約の解除（特定商取引9条の2），③勧誘時に不実告知や故意の事実不告知の内容を誤認して行った契約の申込みや承諾の意思表示の取消し（特定商取引9条の3），④クーリング・オフ期間の経過後に消費者の債務不履行を理由として契約が解除された場合に事業者の損害賠償等の額の制限（特定商取引10条），⑤事業者が不実告知，故意の事実不告知，契約を締結するためや解除を妨げるための威迫・困惑行為，損害賠償額の制限に反する特約を含む契約締結を，不特定かつ多数の消費者に対し，現に行い，または行うおそれがあるときの，適格消費者団体の差止請求（特定商取引58条の18），⑥消費者保護のための公益社団法人日本訪問販売協会の「訪問販売消費者救済基金制度」（特定商取引29条の2），があります。

2 通信販売

(1) 通信販売とは

「通信販売」とは，販売業者または役務提供事業者が「郵便等」によって売買契約または役務提供契約の申込みを受けて行う商品，権利の販売または役務

の提供のことをいいます（特定商取引2条2項）。指定権利は政令で定められます。特商法が適用されない場合があります（特定商取引26条）。

(2) 行政規制

行政規制には，①広告の表示（特定商取引11条），②誇大広告等の禁止（特定商取引12条），③未承諾者に対する電子メール広告の提供の禁止（特定商取引12条の3・12条の4），④前払式通信販売の承諾等の通知（特定商取引13条），⑤契約解除に伴う債務不履行（現状回復義務の履行拒否や遅延）の禁止（特定商取引14条），⑥インターネット通信販売等で顧客の意に反して契約の申込みをさせようとする行為の禁止（特定商取引14条），⑦上記行政規制に違反した事業者に対する業務改善の指示（特定商取引14条），業務停止命令（特定商取引15条）などの行政処分や罰則，があります。

(3) 民事ルール

民事ルールには，①契約の申込みの撤回または契約の解除（クーリング・オフ制度）（特定商取引15条の2），②事業者が，通信販売における広告について，不特定かつ多数の者に誇大広告などを行い，または行うおそれがあるときの，適格消費者団体の差止請求（特定商取引58条の19），があります。

3　電話勧誘販売

(1) 電話勧誘販売とは

「電話勧誘販売」とは，販売業者または役務提供事業者が，消費者に電話をかけ，または特定の方法により電話をかけさせ，その電話において行う勧誘によって，消費者からの売買契約または役務提供契約の申込みを「郵便等」により受け，または契約を締結して行う商品，権利の販売または役務の提供のことをいいます（特定商取引2条3項）。指定権利は政令で定められています。特商法が適用されない場合があります（特定商取引26条）。

(2) 行政規制

行政規制には，①事業者の氏名等の明示（特定商取引16条），②再勧誘の禁止（特定商取引17条），③契約の申込み時や締結時の法定書面の交付義務（特定商取引18条・19条），④前払式電話勧誘販売における承諾等の通知（特定商取引20条），

⑤不実告知，故意の事実不告知，威迫・困惑行為の禁止（特定商取引21条），⑥上記行政規制に違反した事業者に対する業務改善指示（特定商取引22条）や業務停止命令（特定商取引23条）等の行政処分や罰則，があります。

(3) 民事ルール

①契約の申込みの撤回または契約の解除（クーリング・オフ制度）（特定商取引24条），②勧誘時に不実告知や故意の事実不告知の内容を誤認したことによる契約の申込みまたはその承諾の意思表示の取消し（特定商取引24条の2），③クーリング・オフ期間の経過後，消費者の債務不履行によって契約が解除された場合の事業者の損害賠償等の額の制限（特定商取引25条），④事業者が，不実告知，故意の事実不告知，威迫・困惑行為，消費者に不利な特約や契約解除に伴う損害賠償額の制限に反する特約を含む契約の締結を，不特定かつ多数の者に対し，現に行い，または行うおそれがあるときの，適格消費者団体の差止請求（特定商取引58条の20），があります。

４ 連鎖販売取引

(1) 連鎖販売取引とは

「連鎖販売取引」とは，物品の販売（または役務の提供など）の事業であって，再販売，受託販売もしくは販売のあっせん（または役務の提供もしくはそのあっせん）をする者を，特定利益が得られると誘引し，特定負担を伴う取引（取引条件の変更を含む）をするものです（特定商取引33条）。

(2) 行政規制

行政規制には，①統括者，勧誘者または一般連鎖販売業者の氏名（名称），特定負担を伴う取引についての契約の締結について勧誘をする目的である旨，その勧誘にかかわる商品または役務の種類の明示（特定商取引33条の2），②統括者や勧誘者が勧誘をする際，取引の相手方に契約を解除させないようにするために嘘をつくことや威迫して困惑させるなどの不当な行為の禁止（特定商取引34条），③広告の表示（特定商取引35条），④誇大広告などの禁止（特定商取引36条），⑤未承諾者に対する電子メール広告の提供の禁止（特定商取引36条の3），⑥契約時に法定書面の交付義務（特定商取引37条），⑦上記行政規制に違反した

者に対する業務改善指示（特定商取引38条）や業務停止命令（特定商取引39条）等の行政処分や罰則，があります。

(3) 民事ルール

民事ルールには，①契約の解除（クーリング・オフ制度）（特定商取引40条），②消費者がクーリング・オフ期間後に解除した場合の中途解約・返品ルール（特定商取引40条の2），③勧誘時の不実告知や故意の事実不告知の内容を誤認した場合の契約の申込みまたはその承諾の意思表示の取消し（特定商取引40条の3），④統括者，勧誘者または一般連鎖販売業者が，不実告知・故意の事実不告知，威迫・困惑行為，誇大な広告等の表示，断定的判断の提供，消費者に不利な特約や契約解除に伴う損害賠償額の制限に反する特約を含む契約を，不特定かつ多数の者に，現に行い，または行うおそれがあるときの，適格消費者団体の差止請求（特定商取引58条の21），があります。

5　特定継続的役務提供

(1) 特定継続的役務提供とは

「特定継続的役務提供」とは，政令で定める「特定継続的役務」を一定期間を超える期間にわたり，一定金額を超える対価を受け取って提供するものです。これには役務提供を受ける権利の販売（特定権利販売）も含まれます（特定商取引41条）。店頭契約も対象になります。特定継続的役務とは，エステティックサロン，語学教室，家庭教師，学習塾，パソコン教室，結婚相手紹介サービスをいいます。特商法が適用されない場合があります（特定商取引50条）。

(2) 行政規制

行政規制には，①契約時の法定書面の交付義務（特定商取引42条），②誇大広告などの禁止（特定商取引43条），③不実告知，故意の事実不告知，威迫・困惑行為の禁止，④書類の閲覧等（特定商取引45条），⑤上記の行政規制に違反した事業者に対する業務改善指示（特定商取引46条）や業務停止命令（特定商取引47条）などの行政処分や罰則，があります。

(3) 民事ルール

民事ルールには，①契約の解除（クーリング・オフ制度）（特定商取引48条），

②消費者のクーリング・オフ期間の経過後の中途解約ルール（特定商取引49条），③勧誘時の不実告知や故意の事実不告知の内容を誤認した場合の契約の申込みまたはその承諾の意思表示の取消し（特定商取引49条の2），④役務提供事業者または販売業者が，誇大な広告等の表示，不実告知，故意の事実不告知，威迫・困惑行為，消費者に不利な特約や契約解除に伴う損害賠償の制限に反する特約を含む契約を，不特定かつ多数の者に，現に行い，または行うおそれがあるときの，適格消費者団体の差止請求（特定商取引58条の22），があります。

6　業務提供誘引販売取引

(1)　業務提供誘引販売取引とは

「業務提供誘引販売取引」とは，物品の販売または役務の提供（そのあっせんを含む）の事業であって，業務提供利益が得られると相手方を誘引し，その者と特定負担を伴う取引をするものです（特定商取引51条）。

(2)　行政規制

行政規制には，①氏名等の明示（特定商取引51条の2），②業務提供誘引販売取引業者が勧誘時や契約締結後に取引の相手方に契約を解除させないようにするために，嘘をつくことや威迫して困惑させるなどの不当な行為の禁止（特定商取引52条），③広告の表示（特定商取引53条），④誇大広告等の禁止（特定商取引54条），⑤未承諾者に対する電子メール広告の提供の禁止（特定商取引54条の3），⑥契約締結時に法定書面の交付義務（特定商取引55条），⑦上記行政規制に違反した者に対する業務改善指示（特定商取引56条）や業務停止命令（特定商取引57条）などの行政処分や罰則，があります。

(3)　民事ルール

民事ルールには，①契約の解除（クーリング・オフ制度）（特定商取引58条），②契約の勧誘時に不実告知や故意の事実不告知の内容を誤認した場合の契約の申込みまたはその承諾の意思表示の取消し（特定商取引58条の2），③クーリング・オフ期間の経過後に消費者の債務費履行により契約が解除された場合の損害賠償等の額の制限（特定商取引58条の3），④事業者が，不実告知や故意の事実不告知，威迫・困惑させる行為，誇大な広告等の表示，断定的判断の提供，

消費者に不利な特約や契約解除に伴う損害賠償額の制限に反する特約を含む契約を，不特定かつ多数の者に対し，現に行い，または行うおそれがあるときの，適格消費者団体の差止請求（特定商取引58条の23），があります。

7　訪問購入

(1)　訪問購入とは

「訪問購入」とは，購入業者が店舗等以外の場所（一般消費者の自宅等）で行う物品の購入のことをいいます（特定商取引58条の4）。特商法が適用されない場合があります（特定商取引58条の17）。

(2)　行政規制

行政規制には，①事業者の氏名等の明示（特定商取引58条の5），②不招請勧誘の禁止（特定商取引58条の6），③再勧誘の禁止等（特定商取引58条の6），④申込み時や契約時の法定書面の交付義務（特定商取引58条の7・58条の8），⑤クーリング・オフ期間内に契約の相手方に物品の引渡しを拒絶することができる旨の告知をする義務（特定商取引58条の9），⑥不実告知，故意の事実不告知，威迫・困惑行為，物品の引渡しを受けるための不実告知，故意の不実告知，威迫・困惑行為をすることの禁止（特定商取引58条の10），⑦事業者は契約の相手方から物品の引渡しを受けた後，クーリング・オフ期間内に第三者に物品の引渡したときの契約の相手方に対する通知（特定商取引58条の11），⑧事業者が相手方から物品の引渡しを受けた後，クーリング・オフ期間内に第三者に物品を引き渡すときの第三者に対する通知（特定商取引58条の11の2），⑨上記の行政規制に違反した事業者に対する業務改善指示（特定商取引58条の12）や業務停止命令（特定商取引58条の13）などの行政処分や罰則，があります。

(3)　民事ルール

民事ルールには，①契約の申込みの撤回または契約の解除（クーリング・オフ制度）（特定商取引58条の14），②物品の引渡しの拒絶（特定商取引58条の15），③クーリング・オフ期間の経過後に契約を解除した場合の損害賠償等の額の制限（特定商取引58条の16），④事業者が，不実告知，故意の事実不告知，威迫・困惑行為，物品の引渡しを受けるための不実告知，故意の不実告知，威迫・

困惑行為を，不特定かつ多数の者に対し，現に行い，または行うそれがあるときの，適格消費者団体の差止請求（特定商取引58条の24），があります。

8 ネガティブオプション

「ネガティブオプション」とは，消費者から注文がないのに一方的に商品を送りつけて売買を申し込む商法のことであり，「送り付け商法」ともいいます。商品を受領した日から14日間以内（取引を請求したときは7日間）に，消費者が商品購入を承諾せず，かつ事業者が引き取らないときは，その後は事業者は商品の返還請求権を失います（特定商取引59条）。

【中村　忠史】

Q34　割賦販売法

　割賦販売法は，利用者の利益を保護し，割賦販売等にかかる取引の公正を確保し，商品等の流通，役務の提供を円滑にするために，どのような規制をしていますか。その規制内容にはどのような特徴がありますか。

A

　割賦販売法は，行政規制として，信用購入あっせんを行うクレジット業者の登録制度，取引条件表示義務，過剰与信防止義務，適正与信調査義務，契約書面交付義務を定めるとともに，民事ルールとして，クーリング・オフ制度，過量販売についての解除権の付与，不実告知・事実不告知についての取消権，抗弁の対抗，契約条件の規制を定めています。

解説

1　割賦販売法が予定するクレジット契約

(1)　割賦販売とは

「割賦販売」とは，販売業者と利用者の間で締結されるクレジット契約です。販売業者は，指定商品，指定権利，指定役務を利用者に提供し，利用者からその代金を2月以上かつ3回以上の分割払いで受けるか，またはリボルビング方式で受けます（割賦2条1項）。

(2)　ローン提携販売とは

「ローン提携販売」とは，クレジット業者が，利用者にカード等を発行し，利用者が指定商品，指定権利，指定役務の購入時にカードを提示した場合，販

売業者が指定商品，指定権利，指定役務の販売を条件として，その代金相当額を販売業者に立て替え，利用者が2か月以上かつ3回以上の分割払いをするか，リボルビング方式で支払うもので，利用者がクレジット業者から借り入れをするにあたり，販売業者がクレジット業者に保証を行うものです（割賦2条2項）。

(3) 包括信用購入あっせんとは

「包括信用購入あっせん」とは，クレジット業者が，あらかじめ利用者の与信枠（利用限度額）を設定してカード等を発行し，利用者が商品，指定権利，役務の購入時にカードを提示した場合，販売業者が利用者に商品，指定権利，役務の販売を条件として，その代金相当額を販売業者に立て替え，利用者から2か月以上の後払いを受けることをいいます（割賦2条3項）。

(4) 個別信用購入あっせんとは

「個別信用購入あっせん」とは，利用者が，商品，指定権利，役務の購入時に，カード等を利用することなく，クレジット業者に代金の立て替えを申し込み，クレジット業者は，販売業者が利用者に商品，指定権利，役務の販売を条件として，その代金相当額を販売業者に立て替え，利用者から2か月以上の後払いを受けることをいいます（割賦2条4項）。

2　規制内容

(1) 取引条件表示義務

個別信用購入あっせん契約の場合，販売業者は商品販売時までに契約内容を記載した書面の交付義務があります（割賦35条の3の2）。包括信用購入あっせん契約の場合，クレジット業者は，カード発行時までに，クレジット契約の内容を記載した書面の交付義務があります（割賦30条）。

(2) 過剰与信防止義務

クレジット業者が，①個別信用購入あっせん契約を締結する場合は，購入者の個別支払可能見込額の算定に必要な省令で定める事項の調査義務があり（割賦35条の3の3），これを超える個別信用購入あっせん契約の締結を禁止しています（割賦35条の3の4）。②包括信用購入あっせん契約を締結する場合は，カード発行時または極度額増額時に，包括支払可能見込額に関する事項の調査

義務があり（割賦30条の2），これを超えるカード交付等が禁止されます（割賦30条の2の2）。③クレジット業者には，支払可能見込額の調査・算定にあたり，指定信用情報機関の信用情報を利用する義務や調査記録の作成保存義務があります（割賦35条の3の3・30条の2）。④過剰与信防止義務に違反してもクレジット契約が直ちに無効とはなりませんが，過量販売に該当する場合は解除することができます（割賦35条の3の12）。

(3) 適正与信義務と加盟店情報報告制度

クレジット業者が，訪問販売，電話勧誘販売，連鎖販売取引，特定継続的役務提供および業務提供誘引販売取引について，個別信用購入あっせん契約を締結しようとするときは，販売契約の勧誘方法について省令で定める事項について調査義務を負うものとし（割賦35条の3の5），不適正な勧誘行為による販売契約に基づく個別信用購入あっせん契約を禁止しました（割賦35条の3の7）。さらに，契約締結後に購入者から苦情が寄せられたときは，販売業者に対する調査義務を負います（割賦35条の3の20）。これらに違反すると行政処分の対象となります（割賦35条の3の21）。包括信用購入あっせん契約の場合は，販売契約時や包括信用購入あっせん契約時の調査義務はありませんが，購入者から苦情が寄せられた時は販売業者の調査義務を負います（割賦30条の5の2）。クレジット業者は，購入者等から苦情を受けたことにより販売業者の調査を行ったときは認定割賦販売協会にその内容を報告しなければなりません（割賦35条の20）。

(4) 書面交付義務

クレジット業者は，訪問販売，電話勧誘販売，連鎖販売取引，特定継続的役務提供および業務提供誘引販売取引について，個別信用購入あっせん契約の申込みを受けたときは申込書面を，契約を締結したときは契約書面を，それぞれ交付する義務を負います（割賦35条の3の9）。包括信用購入あっせん契約の場合，包括クレジット業者は，契約締結後遅滞なく契約内容を記載した書面の交付義務を負い，販売業者も遅滞なく契約書面交付義務を負います（割賦30条2項）。

(5) クーリング・オフ制度

クレジットを利用した販売契約のクーリング・オフ規定は「特定商取引に

関する法律」に委ねられていますが、訪問販売等に利用した個別信用購入あっせん契約についてクーリング・オフ規定を設けました（割賦35条の３の10）。これにより、個別信用購入あっせん契約の契約書面の不交付や記載不備があればいつでもクーリング・オフが可能となります。クーリング・オフの起算日は個別信用購入あっせん契約の契約書面または申込書面の受領日のいずれか早いほうであり、訪問販売、電話勧誘販売および特定継続的役務提供は８日間、連鎖販売取引および業務提供誘引取引販売は20日です。クーリング・オフ妨害行為があった場合は、改めてクーリング・オフ告知書面を受領した日が起算日となります（割賦35条の３の10～35条の３の11）。クーリング・オフの行使方法は、訪問販売契約については販売業者、個別信用購入あっせん契約についてはクレジット業者に解除通知書を送付することですが、クレジット業者だけに解除通知書を送付した場合でも、販売契約を解除したものとみなされます。販売契約および個別クレジット契約の両方が解除された場合は、個別クレジット業者は立替金相当の損失を購入者に請求することはできず、販売業者が立替金相当額をクレジット業者に返還する義務を負い、クレジット業者は購入者から受領した既払金を購入者に返還する義務を負います（割賦35条の３の10）。

(6) 過量販売解除

特定商取引法は、訪問販売により通常必要とする分量を著しく超える商品等の契約を締結したときは、購入者の正常な判断を歪めその利益を不当に侵害する取引であると考えられるため、購入者に販売契約の解除権を付与しました。割賦販売法も、過量販売に該当する訪問販売契約に利用した個別信用購入あっせん契約についても、同時に解除権を認めました。その要件は、①販売契約が特定商取引法９条の２の過量販売解除に該当することと、②これについて個別信用購入あっせん契約を利用したことです。解除権の行使期間は契約締結の日から１年以内です。購入者は、販売業者とクレジット業者に対し、解除通知を同時に行うことが必要です。両契約の解除により、クレジット業者は購入者に対し解除に伴う違約金等の請求はできず、立替金相当額は販売業者がクレジット業者に返還する義務を負い、クレジット業者は既払金を購入者に返還する義務を負います（割賦35条の３の12）。

(7) 不実の告知等による取消し

　個別信用購入あっせん契約を利用した訪問販売，電話勧誘販売，連鎖販売取引，特定継続的役務提供および業務提供誘引販売取引について，利用者は契約締結時に販売契約または個別信用購入あっせん契約に関する不実告知または事実不告知により誤認していたのであれば，販売契約とともに個別信用購入あっせん契約を取り消すことができ，クレジット業者が既払金の返還の返還義務を負うと規定されました。利用者は販売業者と個別クレジット業者に対し同時に取消通知を行います。両契約の取消しにより，クレジット業者は利用者に対し立替金相当額の損失を請求できず，販売業者はクレジット業者に対し立替金相当額を返還する義務を負い，利用者はクレジット業者に対し既払金を返還請求することができます（割賦35条の3の13～35条の3の16）。

(8) 抗弁の対抗（接続）

　利用者が，信用購入あっせんまたはローン提携販売を利用して商品，指定権利，役務を購入した場合，購入者は商品，指定権利，役務の販売契約につき販売業者に対して生じている抗弁事由（無効，取消し，解除等）をもってクレジット業者の支払請求に対抗（支払拒絶）することができます。ただし，支払総額が4万円に満たない少額の取引には抗弁の対抗ができません。抗弁対抗の行使方法は，利用者がクレジット業者に対し，販売契約につき抗弁事由があることを主張して支払を拒絶することです。書面の提出は努力規定です。抗弁対抗の効果は未払金の支払拒絶です。抗弁事由の内容が，同時履行の抗弁や瑕疵修補請求のように代金支払いを一時的に停止する抗弁事由であれば，その抗弁事由が解消された時点から支払を再開することになり，契約の解除・無効・取消しなど債務が確定的に消滅したことが抗弁事由となる場合は，将来にわたって確定的に支払を拒絶できます（割賦35条の3の19・30条の4）。

(9) 契約条件の規制

　(a) 契約解除・期限の利益喪失の制限　　割賦販売や信用購入あっせんの契約においては，割賦金の不履行があった場合，クレジット業者は20日以上の相当期間を定めて書面による催告をし，その期間内に支払がないときでなければ，契約の解除または期限の利益喪失による一括請求ができません（割賦30条の2の4・35条の3の17）。

(b) 遅延損害金の規制　　信用購入あっせんや割賦販売の契約が解除または期限の利益喪失となったとき，残債務額に対する遅延損害金は商事法定利率年6％を超えることはできません（割賦30条の3・35条の3の18）。

(10) 開業規制

包括信用購入あっせん契約を行うクレジット業者だけでなく，個別信用購入あっせん契約を行うクレジット業者についても登録制が導入されています（割賦35条の3・35条の3の23）。

(11) 適用除外

信用購入あっせんに関する規定は，利用者が営業のためにもしくは営業として締結する場合，事業者が従業者に対して行う場合，不動産の販売に関する契約の場合等は適用が除外されます（割賦35条の3の60）。

(12) 前払式取引の規制

(a) 前払式割賦販売　　政令指定商品の販売で商品引渡し前に2回以上にわたりその代金の全部または一部を受領する割賦販売は，営業許可制とともに（割賦11条），営業保証金供託義務（割賦16条）および前受金保全措置義務（割賦18条の3）を負います。

(b) 前払式特定取引　　代金前払方式で商品売買の取り次ぎを行う取引や政令指定役務の提供または取り次ぎを行う取引は，前払式特定取引として営業許可制および営業保証金供託義務を負います（割賦35条の3の61・35条の3の62・16条・18条）。

【中村　忠史】

Q35 証券市場ルール違反

証券市場に株式を上場する上場会社において，金融商品取引法などのルールに違反しないよう，どのようなリスク管理体制を整備すべきでしょうか。もし問題が生じたら，どのように対応すべきでしょうか。

A

(1) 上場会社にとって，金融商品取引法は実務に与える影響が大きく，その違反には強い制裁が用意されているため，高度のリスクマネジメントを要します。
(2) 開示（ディスクロージャー）規制違反，とりわけ有価証券報告書の虚偽記載を防止するためのリスク管理体制の整備と，判明したときの有事対応が必要になります。
(3) 不公正取引規制違反，とりわけインサイダー取引を防止するためのリスク管理体制の整備と，判明したときの有事対応が必要になります。

解説

1 証券市場と金融商品取引法

証券市場（Security market）は，株券や社債券などの有価証券を発行し，または流通させるための市場です。有価証券を新規に発行して投資者から資金調達する市場を発行市場（Primary market），既に発行された有価証券を投資者間で流通させる市場を流通市場（Secondary market）と呼びます。

証券市場は，直接金融市場であり，資金を調達したい発行会社のニーズと，

資金を運用したい投資者のニーズとを，市場仲介者（証券取引所，証券会社）が直接結び付ける機能を果たします。

　証券市場のルールの中心は，金融商品取引法です。その第１条が，金融商品取引法の目的を次のように定めます。
　１　企業内容等の開示の制度を整備するとともに，
　２　金融商品取引業を行う者に関し必要な事項を定め，
　３　金融商品取引所の適切な運営を確保すること等により，
　(1)　有価証券の発行および金融商品等の取引等を公正にし，
　(2)　有価証券の流通を円滑にするほか，
　(3)　資本市場の機能の十全な発揮による金融商品等の公正な価格形成等を図り，もって
　(i)　国民経済の健全な発展および
　(ii)　投資者の保護に資することを目的とする。

　証券市場で株式が売買される上場会社にとって，金融商品取引法は会社法と同等に実務に与える影響が大きく，その違反には刑事罰・課徴金・民事損害賠償・上場廃止といった強い制裁が用意されているため，高度のリスクマネジメントを要します。

　上場会社に対する規制は，開示（ディスクロージャー）規制と不公正取引規制とに分かれます。以下順に論じます。

　2　　開示（ディスクロージャー）規制

(1)　概　　論

　開示（ディスクロージャー）規制は，有価証券に関する情報を投資者に開示するための規制です。

　有価証券は，発行会社の企業価値や需給の変化に応じて価格が変動する典型的な価格変動商品であり，価格の上昇による利益が投資者に帰属する反面，価格の下落による損失も投資者に帰属します。証券市場では「自己責任原則」が妥当し，価格下落による損失を他者に転嫁できないのが原則です。しかし，投資者に自己責任を問うためには，有価証券に関する情報が投資者に適正に開

示され，投資者が適正な投資判断を行うことができることが前提になります。したがって，開示（ディスクロージャー）規制は，証券市場における自己責任原則を支える重要な規制です。

開示（ディスクロージャー）規制は大きく，発行開示，継続開示，公開買付け制度，大量保有報告制度，適時開示に分かれます。

(2) **発行開示（有価証券届出書等）**

発行開示は，発行市場（Primary market）における開示です。有価証券を新規に発行して投資者から資金調達する発行市場では，有価証券を取得しようとする投資者に対し，①「有価証券届出書」を公衆縦覧に供するとともに，②「目論見書」を投資者に交付することが求められます。

(3) **継続開示（有価証券報告書等）**

継続開示とは，流通市場（Secondary market）における開示です。既に発行された有価証券を投資者間で流通させる流通市場では，有価証券の売り手と買い手の双方に等しく有価証券に関する情報が提供され，公正な価格が形成されることが必要です。そのために，①「有価証券報告書」を通期ごとに公衆縦覧に供する，②「四半期報告書」を四半期ごとに公衆縦覧に供する，③「臨時報告書」を投資者の投資判断に重大な影響を与える事象が生じたときに公衆縦覧に供する（株主総会での議決権行使結果は臨時報告書で開示されます），などが求められます。

カネボウや西武鉄道の有価証券報告書虚偽記載事件を受けて導入されたのが，「内部統制報告制度」（いわゆる日本版ＳＯＸ法）です。これは，発行会社による財務報告が適正に行われるよう，発行会社に自社の財務報告に係る内部統制が有効かどうかを開示させる「内部統制報告書」の提出を求め，監査法人には発行会社の内部統制報告書の表示が適正かどうかを開示させる「内部統制監査報告書」の提出を求める制度です。また，継続開示書類とあわせて，これらの記載内容が適正であることを確認した旨の「確認書」の提出も求めます。

(4) **公開買付け制度（ＴＯＢ）**

上場会社の支配権移転を伴う株取引が市場外取引で行われると，既存株主には売却の機会が与えられず，支配権プレミアムが公平に配分されない（不公平），支配権移転後に不利に売却せざるをえなくなる圧力がかかる（強圧性）と

いった弊害が生じます。

そこで，支配権移転を伴う株取引を市場外取引で行うときは，不特定かつ多数の者に対し，公告により株券等の買づけ等の申込みまたは売付け等の申込みの勧誘を行うことが義務づけられます。これが「公開買付け」(Take Over Bid, Tender Offer Bid：ＴＯＢ）と呼ばれるものです。

(5) **大量保有報告制度（5％ルール）**

特定の株主が上場会社の株式を大量保有している状況は，会社の支配関係と株式の需給関係に影響を与えるため，投資者に開示される必要があり，また当該上場会社にも開示される必要があります。

そこで，株式の保有割合が5％を超えた株主は，5営業日以内に「大量保有報告書」を提出することが義務づけられ，その後，保有割合が1％増減したときにも「変更報告書」を提出することが義務づけられ，これらは公衆縦覧に供されます。

(6) **適時開示（タイムリー・ディスクロージャー）**

金融商品取引法において自主規制機関とされている金融商品取引所の自主規制として，適時開示が義務づけられます。東京証券取引所の有価証券上場規程401条は，「上場会社は，投資者への適時，適切な会社情報の開示が健全な金融商品市場の根幹をなすものであることを十分に認識し，常に投資者の視点に立った迅速，正確かつ公平な会社情報の開示を徹底するなど，誠実な業務遂行に努めなければならない。」と定めます。

(7) **開示規制のエンフォースメント**

金融商品取引法を執行する行政機関は，金融庁と証券取引等監視委員会です。

適時開示を除く金融商品取引法に基づく開示規制（法定開示と呼ばれることがあります）には，刑事罰，課徴金，民事損害賠償責任というエンフォースメントが用意されています。

たとえば，典型的な開示規制違反である有価証券報告書の虚偽記載であれば，刑事罰として，提出者には10年以下の懲役もしくは1000万円以下の罰金，またはこれらが併科され，発行会社には7億円以下の罰金が科せられます。刑事訴追に至るほど悪質でない場合には，600万円と時価総額の10万分の6のいずれか大きい額の課徴金が課せられます。

また，有価証券報告書の虚偽記載によって投資者が損害を被った場合には，発行会社は無過失責任を負い，損害の推定規定が置かれ，発行会社の役員や監査証明をした公認会計士・監査法人は立証責任の転換された過失責任を負うなど，厳しい民事責任が課せられ，投資者の保護が図られています。
　他方，自主規制機関である金融商品取引所は，上場廃止基準に基づいて上場会社を上場廃止にする，特設注意市場銘柄や開示注意銘柄に指定する，改善報告書を徴求する，上場契約違約金を課すなどの権限を有しています。

(8) 開示規制に対するリスク管理体制の整備
　上場会社にとって最も身近なリスクである有価証券報告書の虚偽記載に対するリスク管理体制の整備は，「内部統制報告制度」に基づいて財務報告に関する内部統制の有効性を確保することが中心になります。
　取締役の善管注意義務との関係では，日本システム技術事件の最高裁判例[☆1]が，①通常想定される架空売上げの計上等の不正行為を防止しうる程度の管理体制を整えていたか，②本件不正行為は通常容易に想定しがたい方法によるものであったか，③本件不正行為の発生を予見すべきであったという特段の事情があるか，という3点を判断基準として，本件不正行為を防止するためのリスク管理体制を構築すべき義務に違反したとは認められないと結論づけています。善管注意義務の要求水準を示すものとして参考になります。
　なお，「内部統制報告制度」に基づいて内部統制の有効性が確保されるのは，あくまで財務情報に関する開示に限られ，非財務情報の開示はカバーされないことに注意を要します。西武鉄道が有価証券報告書の虚偽記載で上場廃止となったのは，株式保有状況という非財務情報の虚偽記載であり，この点は別途リスク管理体制を整備しなければなりません。

(9) 開示規制違反が判明したときの有事対応
　有価証券報告書の虚偽記載が判明したときは，①金融商品取引所や財務局への事前相談，②適時開示，③適正な四半期報告書または有価証券報告書の提出，④虚偽記載が複数年にわたっていれば過年度決算修正，⑤事実調査・原因究明・再発防止措置の実施，⑥関係者の処分，⑦株主からの損害賠償請求への対応，⑧株主からの提訴請求と株主代表訴訟への対応，といった有事対応が必要になります。

何より重要なのは上記③および④です。四半期決算であれば45日以内，本決算であれば3か月以内が四半期報告書または有価証券報告書の提出期限であり，この提出期限を1か月以上遅延すると上場廃止になります。この最悪の結果を避けるためには，虚偽記載についての徹底的な調査を行い，監査法人にも金融商品取引所にも信頼される決算を行うことが必要です。経営者が虚偽記載に関与しているなど，上場会社の社内調査では信頼を得られないときには，「第三者委員会」を活用するなどして，上記⑤にまで踏み込んだ積極的な対応が必要になります。もし上場廃止になれば，既存株主は大きな損害を被り，上記⑦および⑧のリスクも格段に高まりますので，上場廃止を避けるために全力で取り組む必要があります[※1]。

また，開示規制違反については，課徴金の減額に係る報告の手続が，証券取引等監視委員会から公表されており，積極的な利用が望まれます。

3 不公正取引規制

(1) 概　論

不公正取引規制は，証券市場の公正を害し，投資者の保護に反するような不公正な取引を禁止する規制です。

不公正取引規制には，不正な手段，計画または技巧の禁止，風説の流布や偽計の禁止，相場操縦の禁止などもありますが，とりわけ上場会社にとってリスクが大きいのは，インサイダー取引規制です。そこで以下では，インサイダー取引規制について論じます。

(2) インサイダー取引の本質

インサイダー取引とは，有価証券の売り手と買い手の「情報の非対称性」を利用した取引です。情報の非対称性を利用した取引は，情報を知らない取引相手に損害を与えます。また，情報の非対称性を利用した取引が横行すれば，情報を知らない投資者は証券市場から遠ざかり，証券市場の機能が害されることになります。ここにインサイダー取引を禁止する理由があります。

インサイダー取引は，情報を知って情報の非対称性が生じたときから禁止され（始期），情報が公表されて情報の非対称性が解消されるまで禁止されま

す（終期）。

インサイダー取引の構成要件は，重要事実を知った（＝主観）会社関係者ないし情報受領者が（＝主体），公表される前に（＝時期），株券等の有価証券を（＝客体），売買する（＝行為）ことであり，これらの5要件が充足されてインサイダー取引は成立します。売買した時点で既遂に達し，結果として利益を得たかどうかは問題とされません。

インサイダー取引の類型には，発行会社の重要事実に関するものと，発行会社を対象とする公開買付けに関するものに大別されます。

(3) 重要事実（インサイダー情報）

上場会社とその子会社に関する①決定事実（たとえば新株発行を決議した），②発生事実（たとえば災害に起因して損害が発生した），③決算情報（たとえば業績を下方修正することになった）のほかに，④バスケット条項として，「運営，業務または財産に関する重要な事実であって投資者の投資判断に著しい影響を及ぼすもの」が重要事実とされます。

また，公開買付けの実施に関する事実または中止に関する事実も，インサイダー情報となります。この場合には，上場会社の知らないところでインサイダー情報が発生することもあります。

(4) 会社関係者ないし情報受領者（インサイダー）

重要事実を知った者はインサイダーとなります。「会社関係者」としては，①上場会社の役職員が職務に関して知ったとき，②上場会社の大株主等が権利行使に関して知ったとき，③監督官庁の担当者等が権利行使に関して知ったとき，④上場会社と契約しあるいは契約しようとしている者が契約の締結・交渉・履行に関して知ったとき，⑤上記①ないし④のインサイダーが所属する法人の他の役職員が職務に関して知ったとき，がこれに当たります。そして，会社関係者から重要事実の伝達を受けた者が「情報受領者」となります。

(5) インサイダー取引規制のエンフォースメント

インサイダー取引規制に違反すると，刑事罰として，5年以下の懲役もしくは500万円以下の罰金，またはこれらが併科されます。刑事訴追に至るほど悪質でない場合には，利得相当額を基準とした課徴金が課せられます。

また，インサイダー取引により損失を被った買い手が売り手に対して不法

行為に基づく損害賠償を請求し，請求額全額が認容された事例もあります。

(6) インサイダー取引規制に対するリスク管理体制の整備

インサイダー取引に対するリスク管理体制整備のポイントは，①情報管理，②売買管理，③適時開示の3点になります。

①情報管理については，インサイダー取引は情報の非対称性を利用した取引ですから，情報の非対称性を生み出さないこと，つまりインサイダー情報を拡散させないことが重要です。重要事実を職務上知ることとなる役職員には守秘を徹底し，必要最小限の役職員にしか重要事実を伝達しないこと（Need-to-know 原則）が必要です。

②売買管理については，重要事実を知りえる役職員の株売買を厳しく管理することが重要です。全面禁止から許可制，事前届出制，事後届出制，無制限まで，売買管理の程度は異なりますが，リスク・アプローチの観点から重要事実を知りえる程度によって管理レベルを変えていくのが実効的です。また，持株会を通じた定時定額の買付けについてはインサイダー取引規制の適用除外とされるので，これを有効に活用することができます。

③適時開示については，情報の非対称性が生じている間がインサイダー取引の禁止期間です。適時開示が遅れれば遅れるほど，インサイダー情報を知る役職員も増えていき，インサイダー取引のリスクが高まります。早めの適時開示を励行して禁止期間を終わらせることが必要です。

最近多い不祥事は，業務上他社のインサイダー情報を知る立場にある者が当該他社株のインサイダー取引を行う事例です。新聞社や印刷会社で法定公告を扱う社員，銀行や証券会社でM＆Aや投資運用に携わる社員，報道記者，公認会計士などがこれに当たります。この場合，会社の業務として他社から預かった情報資産が社員の個人的都合で目的外利用されたことになります。社員の個人的な不祥事と片づけるのは誤りであり，正に会社の「情報セキュリティ」の問題として取り組まなければなりません。

取締役の善管注意義務との関係では，日本経済新聞社事件の裁判例[☆2]が，一般的に予見できる従業員によるインサイダー取引を防止しうる程度の管理体制を構築し，その職責や必要の限度において，従業員によるインサイダー取引を防止するために指導監督すべき善管注意義務を負うと判示し，本件では善管

注意義務違反はなかったと結論づけています。善管注意義務の要求水準を示すものとして参考になります。

また，東京証券取引所自主規制法人は，「全国上場会社内部者取引管理アンケート」を2年おきに実施し，その結果を調査報告書にまとめて公表しています。上場会社の対応水準を把握する非常に有益な資料です。

(7) インサイダー取引規制違反が判明したときの有事対応

社員が個人的なつながりで聞きつけたインサイダー情報を知って株取引をした場合には，社員の個人的な不祥事として扱えば足ります。

これに対し，会社の情報資産がインサイダー取引に目的外利用された場合には，会社の「情報セキュリティ」の脆弱性が露呈した場面として捉え，事実調査・原因究明・再発防止措置という自浄作用を働かせなければなりません。調査の過程で，会社の情報管理や売買管理が甘かったことが判明することが少なくありません。

また，法人による自己株式の取得に係るインサイダー取引に限られますが，課徴金の減額に係る報告の手続が，証券取引等監視委員会から公表されており，積極的な利用が望まれます*2。

注 記

* 1 東京証券取引所自主規制法人上場管理部が平成22年8月に公表した「上場管理業務について―虚偽記載審査の解説」は，この場合の上場会社の対応について詳解していました。もっとも，同所は，平成25年8月に「特設注意市場銘柄の積極的な活用等のための上場制度の見直し」を行い，有価証券上場規程等の一部を改正したことから，上記資料は廃刊にしたとしており，注意を要します。

* 2 証券取引等監視委員会「課徴金の減額に係る報告の手続について」（同委員会ホームページ）参照。平成20年改正により，課徴金の減算制度が導入されました（金融商品取引法185条の7第12項関係）。この制度は，自主的なコンプライアンス体制の構築の促進および再発防止の観点から，課徴金の対象となる違反行為のうち，(1)発行開示書類等の虚偽記載等，(2)継続開示書類等の虚偽記載等，(3)大量保有・変更報告書の不提出，(4)特定証券等情報の虚偽等，(5)発行者等情報の虚偽等，(6)特定関与行為，(7)法人による自己株式の取得に係る内部者取引について，証券取引等監視委員会または金融庁もしくは財務局による検査または報告の徴取等が開始される前に，証券取引等監視委員会に対し違反事実に関する報告を行った場合に，直近の違反事実に係る課徴金の額を，法律の規定に基づ

いて算出した額の半額に減軽するものです。

引用判例

☆1　最判平21・7・9判タ1307号117頁・判時2055号147頁。
☆2　東京地判平21・10・22判タ1318号199頁・判時2064号139頁。

【竹　内　朗】

Q36　独占禁止法違反等

カルテル，入札談合，不公正な取引方法，下請法違反の防止についてはどのような管理態勢を整備すべきでしょうか。また，社内で問題が発覚した際や競争当局の調査があった際にはどのような点に注意して対応すべきでしょうか。

A

　カルテル・入札談合や優越的地位の濫用といった独禁法違反および下請事業者への不当減額等の下請法違反は，自社の業績確保，シェアの維持等の「会社の利益」のために行われることが通常であり，従業員個人が私利私欲のために行われるという側面は希薄です。そのため，日常のリスク管理という観点からは，会社として「会社の業績は独禁法の遵守が前提」ということを経営陣から一貫して明確に社内周知することが重要です。そうした会社の姿勢を明確にしたうえで，各種の独禁法違反等の防止のための具体的な態勢整備を行うべきです。

　また，当局による調査開始等の有事の対応としては，社内調査によって事実関係の把握と法的分析を行ったうえで，違反を認めて改善して当局の調査に協力するか，または違反でないと考えられる行為についてはその旨を当局に主張する等の対応を検討すべきです。さらに，違反の自主申告に対して制裁等の減免制度がある違反類型については，その利用も検討すべきです。当局の調査が終了するまでは秘密保持が必須となります。将来の再発防止策の検討においては，違反の原因を分析して実態に即した対策を講じる必要があります。

解説

1 独占禁止法・下請法の概要と現実化しうるリスク内容

(1) 独占禁止法・下請法違反となる行為の概要

　独占禁止法（独禁法）は，企業間で公正で自由な競争を維持・促進することを目的にした法律であり，競争に悪影響を及ぼす企業の行動を禁止しています。

　具体的には，①同業者間で話合いをして販売価格や数量等を調整したり値上げ幅を揃えたりする行為（いわゆる「カルテル」）および公共入札等で競合する他社と受注する企業をあらかじめ調整して決めたり，絞り込みを行う行為（入札談合）は，「不当な取引制限」として独禁法違反になります。また，②自社との取引継続を重要だと認識している得意先等に対して取引上の地位を利用して従業員派遣や協賛金提供を要請する等取引相手に不利益となる行為（優越的地位の濫用）を行うことも不公正な取引方法として独禁法違反になりますし，下請代金支払遅延等防止法（下請法）においても法律上定義された下請事業者にあたる企業に対して不当な減額や返品等の取引相手に不利益を与える行為は下請法違反となります。

　独禁法・下請法が規制する具体的な行為としては，上記に例示したもの以外にも私的独占や優越的地位の濫用以外の不公正な取引方法等様々なものがありますが[*1]，現在独禁法を執行している行政機関である公正取引委員会（公取委）は，上記①②の違反類型の調査に重点を置いています。

(2) 独禁法違反に対する行政処分等

　独禁法違反を行った企業に対しては，公取委によって，違反の取りやめ（または既に取りやめていることの確認）や再発防止のための措置等を命じる排除措置命令という行政処分がなされるほか，違反行為の種類によっては違反行為に関係する売上高をもとに算定した課徴金を国庫に納付することを命じる課徴金納付命令も併せて行われることがあります。行政処分までに至らず，行政指導等で調査が終了する場合もありえますが，独禁法に基づく立入検査を行った事案では行政処分までなされることが多いです。また，一部の違反類型（独禁89

条等，現実的にはカルテル・入札談合）については刑事事件として立件される場合もあり，民事上の損害賠償等が行われる場合もあります[*2]。

①カルテル・入札談合（不当な取引制限）および②優越的地位の濫用として，公取委が近年調査をしている事案では，違反した企業に数十億円に及ぶ高額の課徴金が課されています。また，①カルテル・入札談合（不当な取引制限）の一部に関しては，公取委に対して違反事実を自主的に申告した場合に，課徴金の減免を受けることができる課徴金減免制度（（独禁7条の2第10項・11項または12項），「リニエンシー制度」とも呼ばれます）が設けられており，近時のカルテル・入札談合（不当な取引制限）の事案では，ほとんどの事案で課徴金減免制度が利用されています[*3]。他方，②優越的地位の濫用に関しては課徴金減免制度の適用はないため，自主的に違反事実を申告することによって企業にメリットがある法律上の制度はありません。

(3) 下請法違反に対する行政指導等

下請法違反については，公取委および中小企業庁が調査を行っており，調査後に，大部分の事例では非公表の改善指導（行政指導）によって，下請事業者が受けた不利益の回復（減額代金の支払，返品商品の引取り等）や再発防止措置等が指導されています。下請事業者に与える不利益が大きな事案（減額代金額が1000万円を超える事案等）や繰り返し違反を行う企業に関しては，公取委により「勧告」と呼ばれる行政指導が行われて事案の内容や企業名が公表されます。公表によるレピュテーションリスクに加え，下請事業者の不利益の回復のために多額の支出を要することになります（中小企業庁が調査した案件についても公取委に措置請求が行われ，公取委が違反した企業に勧告を行います）。

下請法違反に関しては発注書面の交付義務違反等について刑事罰が設けられていますが（下請代金10条），過去に刑事罰が課された事案はなく現実的には刑事訴追の可能性は低いです（これらの違反に対しても，行政指導での改善は指導されます）。下請法違反に基づく民事上の損害賠償請求等は，取引関係が継続している間においては現実的に行われる可能性は低いですが，取引関係の終了に際して過去の違反を含めて紛争の原因となる場合があります。

なお，下請法に関しては，法律上の制度ではないものの，公取委の調査前に違反事実を申告する等一定の条件を満たした場合には，公表を前提にした

「勧告」を行わないという運用がされています*4。

(4) 国際的な厳罰化の傾向

米国やEU（欧州連合）においても，日本の独禁法に相当する法律（「競争法」と総称されます）が存在し，日本企業が欧米の競争当局からカルテルへの関与について重い制裁を受けたり，被害者からの民事訴訟により高額の和解金を支払ったりしています。また，アジア・オセアニア諸国，中南米諸国等においても競争法が整備されてきており，外国企業に対する調査を含めて積極的な法運用をしている国が増加しつつあり，今後も増えていくものと思われます。

企業の事業活動が世界的な広がりをもって行われるようになっていることから，事案の内容によっては海外競争法や海外の競争当局からの調査も視野に入れた検討を要する場合もありますが，以下，本項目では，日本における独禁法等のリスク管理を念頭に説明します。

2 リスク管理態勢

(1) 経営トップによる遵守姿勢の明確化

独禁法違反・下請法違反（以下「独禁法違反等」といいます）として問題となる行為には，関与している役職員の一部でも法令に抵触する可能性があることを認識しつつ行っているもの（便宜上「確信犯型」といいます）と，関与者が正確な知識不足等により法令に抵触することを認識せずに行ってしまっているもの（便宜上「知識不足型」といいます）のどちらかに分類できます。一般的に，カルテル・入札談合等は確信犯型であることが通常であり，その他の違反類型に関しては知識不足型が多いと思われます。

確信犯型か知識不足型かによって，効果的なリスク管理の対策は異なりますが，いずれの類型についても自社の業績確保，シェアの維持等会社の利益を優先する結果として違反行為が行われるものであるため，リスク管理のためには，まず会社として「会社の事業遂行や業績は独禁法の遵守が前提」ということを経営陣から一貫して明確に社内周知することが重要です。

これにより，知識不足型の予防として，役職員に対して，法令抵触のリスクを把握できるように知識習得をしようという動機づけを与えるのに役立った

り，事前に法務部門や外部専門家等に相談すべきであるといった意識づけにつながったりします。また，確信犯型についても，経営トップの姿勢が明確であれば，あらかじめ違反の疑いを招くような行為は避けようという意識づけをすることが期待でき，既に違反が行われている場合も違反事実についても迅速に情報収集できる可能性が高くなると考えられます（反対に経営トップの姿勢が不明確であれば，「法律上問題でもバレないようにうまくやれと指示している」と役職員は受け止めることになり，確信犯型の違反が隠蔽され，いっそう社内で把握しにくくなるというリスク管理上マイナスの要因を生じさせます）。

(2) 独禁法等の遵守指針の整備・遵守態勢の整備・継続的な研修

リスク管理のための取組みとしては，まず，自社の事業で生じやすい違反類型を分析して，事業内容に即した独禁法等の遵守マニュアルを作成したり，啓蒙の取組みを実施する責任者を選定する等の態勢整備が必要です。そして，正しい理解を浸透させるために継続的に研修を行い，疑問点について相談ができる窓口を設けることが必要です[*5]。

こうした態勢整備や研修は，特に知識不足型の違反の未然防止に役立ち，また，役職員に事前に適法性を法務部門等に相談してから実施に移すべきという意識づけをすることにもつながります。カルテル・入札談合に関しては，日本においても課徴金減免制度によって公取委の調査が積極化していることや海外でも競争法違反により企業や役職員個人が多大な制裁を受けていることも伝え，会社のみならず役職員個人を守るためにも，違反の疑いを招かないようにするための具体的対策（他社との接触時の社内報告を作成すること等）を確実に実践することが必要である点に，理解を得る必要があります。

(3) 定期的監査，社内情報の吸い上げの方法の工夫

リスク管理のためには，未然予防だけでなくリスクのある情報を的確に収集することができるような態勢整備（通報窓口の設置等）は重要ですが，確信犯型は違反を承知で行っている点で，また，知識不足型も違反であることを気づかずに行っている点で，関与している役職員から自発的にリスク情報の通報を期待することはできません。そのため，独禁法等の違反に焦点を当てた監査によって積極的に情報収集することが重要です[*6]。

監査の方法に関しては，単にヒアリング調査のみならず，監査対象部門の

役職員の手帳や電子メールのチェックを行う等実効性のある監査を行うべきという指摘もあります。監査では，違反事実の発見に注力するあまり監査対象部門等との関係を悪化させてしまい，監査への協力が得られにくくなることを防ぎつつ，経営トップから監査の重要性・必要性を伝えて協力を得て進めていくことが必要です。監査でも，確信犯型の違反は発見が難しいのが実際ですが，会社として独禁法等の遵守を重要と考えていることを示す意味でも，継続的に監査を行っていくことには大きな意義があります。

(4) **有事に備えた対応準備**

独禁法違反等が疑われる情報を把握した際には，迅速かつ正確に情報収集をして対応方針を決定していくことが重要であり，特に公取委に対して違反事実を自主的に申告した場合に課徴金の減免を受けることができる課徴金減免制度の適用がある違反類型については，課徴金減免申請が遅れると他社に先を越されて課徴金の減免を受けられない可能性もあります。正確な情報に基づき迅速な対応を行うため，疑わしい情報が把握された場合の対応手順を平時から想定して，関係部署・外部専門家等で共有しておくことが有益です[*7]。

(5) **まとめ**

日常のリスク管理としては，（特に知識不足型について）リスクに関する正確な知識付与や社内での事前相談がしやすい仕組み作りによって未然予防を行うとともに，有事の際に迅速に対応できるよう手順の確認をしておくことが有益です。確信犯型の違反については，秘密裡に行われることから情報把握が困難な場合も多いですが，継続的な監査で会社として独禁法等の遵守を重要視していることを示して，役職員に「違反を続けることが会社のためにならない」という意識を醸成・維持していくことで，早い段階で独禁法違反等の発見が容易になるようにしていくことが大切です。

3 有事対応

(1) **カルテル・入札談合**

(a) 課徴金減免申請の検討のため迅速な社内調査　カルテル・入札談合は，確信犯型であることが一般的であることから公取委から調査を受ける前に

違反事実についての情報を把握することは困難な場合も多いです。他方で，自社，グループ会社または競合他社が公取委から調査を受けたことを契機に，公取委の調査対象外の事業に関して社内調査を行ったことで違反が発見されるという例は少なからずあると思われます。

　違反が疑われる情報を把握した際には，違反の内容や影響範囲を確認することで公取委から調査を受けるリスクの程度を把握することも必要です。また，それと同時に，他社も同様に社内調査を進めている可能性があることから，課徴金減免を得るために迅速に調査を行うことも必要です。

　しかし，カルテル・入札談合は，関与が疑われる役職員に対して，単に違反の有無を尋ねるヒアリング調査をしても事実を否定されたり，かえって証拠の隠滅を誘発したりする危険もあり，調査の方法を誤ると事実解明がいっそう困難になる場合もあります。そのため，関与が疑われる役職員に感知されないように業務上使用されている電子メールや各種の電子データ等証拠資料の確保・確認を行ってからヒアリング調査を行うといった方法や，経営トップから関与が疑われる役職員へ「違反から決別して調査へ協力をすべし」という業務命令を発し，「社内調査に協力して違反事実を正直に説明した場合には，社内処分を軽減する」という取扱い（社内リニエンシー）を臨時的に採用して調査協力を促すといった方法が有用な場合もあります。

　(b)　**課徴金減免申請の要否の判断**　事実関係を把握した後，課徴金減免申請を行うか否かの検討にあたっては，様々な事情を考慮することになります。中でも，①他社との話合いによる調整内容が具体的である等違反であることが明らかな場合，②カルテル対象の商品または役務の売上高が大きく違反による競争への影響が大きい場合，③他社が既に課徴金減免申請をしている等公取委が調査を開始する可能性が高い場合には，迅速に申請をすべきと考えられることが多いと思われます。

　反対に，違反の成立要件を満たすか否かあいまいな場合や，既に同業者間での接触が終了しており除斥期間が経過している可能性がある場合には，課徴金減免申請を行うべき必要性が高いとまではいえない場合もあるでしょう。ただし，自社のみを対象にした社内調査では事案の全容まで把握することは困難であり，自社の役職員が認識していない事実が後日公取委による調査で明らか

になる可能性も否定できないため，違反の疑いがある場合には，念のために課徴金減免申請を行っておくほうがよいと考えられる場合が多いと思われます[*8]。

　(c)　公取委の調査対応と再発防止策・社内処分　　公取委は，課徴金減免申請による情報等をもとに，企業に対して立入検査を行って関係する資料の提出を求めたり，違反に関与した役職員から事情聴取を行ったりして，事実関係の解明を行っていきます。そして，判明した事実に照らして違反が認められれば排除措置命令・課徴金納付命令といった行政処分を行います。公取委の調査の途中でも，企業から事実関係について公取委へ積極的に情報提供したり法的論点について意見を述べたりして，実態に即した適切な調査・処分が行われるように対応すべきです。

　公取委の調査が終了するまでは，関係者間の口裏合わせや証拠隠滅の疑いを招かないよう違反事実に関しては秘密保持が必要であり，また，課徴金減免申請をした企業は正当な理由なく申請をした事実を第三者に明らかにしてはならないとされています（課徴金減免申請に係る報告及び資料の提出に関する規則8条）。

　調査の結果なされる排除措置命令では，再発防止対策として独禁法等の遵守指針の作成・改定や継続的な研修や監査の実施を命令される場合も多いですが，命令の内容は抽象的ですので，企業においては，違反に関与した役職員からのヒアリング調査等を通じて違反が生じた背景を把握・分析して具体的な再発防止対策を考えて実施していくことが必要です。また，一般に，違反に関与した役職員に関しては，公取委の調査が落ち着いた段階で，法令違反行為に関与したということで社内処分を行うことが多いですが，独禁法違反等は会社の利益を考えて行われ，会社として違反防止の態勢が不十分であったことも一因であることが通常ですので，違反に関与した役職員に責任を全面的に転嫁するような社内処分は避けるべきです。

(2)　私的独占，不公正な取引方法，下請法違反

　(a)　実態の把握とリスク検討　　課徴金減免制度の適用がない違反類型に関しても，違反が疑われる情報を把握した際は，まず，事実関係を確認して公取委から調査を受ける可能性や事業や市場の競争への影響等，リスクの程度を把握することが必要です。

過去の公取委が調査を開始したものの行政処分を行わずに事件の調査を終了（打ち切り）した事例をみると，独禁法違反を疑われて調査を受けた事業者が，自主的に競争への弊害が生じないような対応をとったことを評価して，調査を終了したとみられる例もあります[*9]。こうした対応が有益であるか否かについては事案ごとの事実関係によるところが大きく一概には判断できません。とりわけ，公取委の調査が行われていない段階で，独禁法違反等が疑われる行為を，将来に向かって取りやめるべきか否か，また，さらに進んで競争への悪影響を取り除くための措置を自主的に講じたり，他社に与えた不利益を回復する積極的な対応をしたりすべきかについては，事案の内容に応じたケースバイケースの検討が必要になります。公取委の調査前においては，独禁法違反等が疑われる行為が，本当に違法な行為であるか（適法な事業活動と評価する余地がないか）否かも不透明な場合が多く，リスク検討は非常に難しいため独禁法等に精通した弁護士等のアドバイスを受けながら対応すべきです。
　なお，下請法違反に関しては，前記1(3)のとおり，自主申告による公表回避が可能な場合もありますので，自主申告を行うべきか否かの検討も必要です。
　(b)　公取委の調査対応と再発防止策・社内処分　　公取委の調査が始まった場合には，基本的にはカルテル・入札談合同様に1(c)のとおり対応をしていくべきです。また，私的独占，不公正な取引方法についても，違反が認められれば再発防止対策をとるようにという内容の行政処分（排除措置命令），私的独占および一部の不公正な取引方法には課徴金納付命令がなされることもあり，行政処分までに至らなくても行政指導が行われることもあります。下請法違反にも前記 1 (3)のとおり行政指導があります。違反事実が認定された場合や違反の疑いを招いた場合には，違反が生じた背景を把握・分析して具体的な再発防止対策を考えて実施していくことが必要になります。
　なお，社内処分に関しては，特に，私的独占，不公正な取引方法に関しては，適法な事業活動との境界も微妙なものが多く，また，知識不足型での違反であることが一般的であることもあって，社内処分まで行われない場合もあると思われます。

(3)　まとめ

　有事対応においては迅速・正確な社内調査を行うことができるかが重要な

ポイントになりますが，有事の際の対応がスムーズに進むかは，日頃からの独禁法違反等のリスクに対する意識の高低に影響される面も大きく，有事対応と平時の態勢整備は密接に関連しています。平時からの態勢整備ができていてこそ有事対応は効率的に機能することを理解することが大切です。

注　記

* 1　独禁法・下請法の規制全般に関しては菅久修一編著『独占禁止法』(商事法務，2013) 17頁以下，金井貴嗣ほか編著『独占禁止法〔第 4 版〕』(弘文堂，2013) 38頁以下等参照。
* 2　独禁法違反事件の審査手続等に関しては，菅久編著・前掲注 (＊1) 182頁以下，金井ほか編著・前掲注 (＊1) 38頁以下等参照。
* 3　課徴金減免制度の詳細については，品川武＝岩成博夫『独占禁止法における課徴金減免制度』(公正取引協会，2012) 23頁以下参照。
* 4　公取委平成20年12月17日公表「下請法違反行為を自発的に申し出た親事業者の取扱いについて」公取委ウェブページ。
* 5　以上のような取組みの実施状況に関しては，公取委平成24年11月28日公表「企業における独占禁止法コンプライアンスに関する取組状況について」(以下「公取委報告書」といいます) 第 4 − 2(1)及び(2)〔52〜57頁〕参照。
* 6　公取委報告書第 4 − 2(3)〔57〜59頁〕参照。
* 7　公取委報告書第 4 − 2(4)〔59〜61頁〕参照。
* 8　多田敏明「ユーザーサイドから見た課徴金減免制度とその運用」公正取引696号 (2008) 10頁。
* 9　公取委平成16年10月21日公表「キヤノン株式会社に対する独占禁止法違反被疑事件の処理について」。

【籔内　俊輔】

Q37　環境関連紛争の予防と解決

環境法令違反，土壌汚染，廃棄物不適正処理について，どのような管理体制を整備すべきでしょうか。また，事故や紛争が生じた場合には，どのような点に注意して対応すべきでしょうか。

A

(1) 環境法令には，大気汚染防止法，水質汚濁防止法，廃棄物処理法，土壌汚染対策法など多くの法令があり，毎年のように改正されています。そこで，まず自社の事業活動に関連する法令を正確に理解するとともに，事業活動全般にわたって，環境法令違反が発生しないような施設整備・管理，従業員教育を行うことが必要です。

(2) 汚染物質漏洩等の事故が発生した場合，速やかに管轄行政への報告を行い，被害の拡大を防止することが必要です。また，事故原因の究明，対応策の決定と実行，再発防止のための改善プログラム作成と実施を，適切に行うことが必要です。

(3) 環境関連法の違反は，従業員への刑事罰，法人への両罰規定につながるものが多く，逮捕，捜索差押えを受ける可能性があります。また営業停止などの行政処分を受ける可能性もあるため，安易な解釈は危険です。

解説

1　主な環境法令について

従来の環境法令のイメージは，工場の環境管理責任者が，適切に設備を維持・操業して，大気汚染・水質汚濁・騒音振動を防止することが主な内容であ

ると考えられていました。しかし，現在の環境法令は，事業活動全体における環境負荷を低減させることを目標としており，企業は，化学物質管理，生態系の保護，温暖化対策，廃棄物の発生抑制など幅広い分野において，経営と環境配慮が一体となった取組みが求められています。

また，環境問題は，労働安全，消費者保護，地域住民とのコミュニケーションとも密接に関係しています。さらに近時では，サプライチェーンマネジメントとして，自社における環境法令遵守だけではなく，取引先の環境法令遵守を求めることや，共同した自主的取組みの推進が行われるようになっています。

■環境法とこれを取り巻くステークホルダー

（労働環境）

大気汚染防止法・水質汚濁防止法
土壌汚染対策法・廃棄物処理法・海洋汚染防止法
騒音規制法・振動規制法・悪臭防止法
食品衛生法・薬事法・建築基準法
消防法・農薬取締法・アセスメント法
温暖化対策推進法・省エネ法
化学物質審査法・PRTR法等

（取引先の信頼）

（消費者保護）

2　近時の法改正内容およびその傾向

(1) 汚染防止の徹底

平成22年消防法における危険物の規制に関する規則改正により，40年以上前に埋設した地下タンクについて，油漏れを防ぐための回収を義務づけられました。これにより，全国で約2000店のガソリンスタンドが閉鎖を余儀なくされたといわれています。

平成23年水質汚濁防止法の改正により，有害物質による地下水汚染を防止するため，有害物質を使用・貯蔵等する施設の設置者に対し，地下浸透防止の

ための構造，設備および使用の方法に関する基準の遵守，定期点検およびその結果の記録・保存を義務づける規定等が新たに設けられました（同法12条の4等）。

土壌汚染問題というと，土壌汚染対策法により，汚染が確認された場合の対策が求められているだけだと誤解されがちです。しかし，現実には他の法律により規制強化が行われており，企業は高額の未然防止対策が求められ，これに対応できない場合には事業が存続できないという状況が発生しています。

(2) 製造者・使用者・発注者責任の強化

平成25年フロン回収破壊法の改正により，フロン類の製造・輸入業者，フロン類使用製品（冷凍空調機器等）の製造・輸入業者に規制の対象が広がりました（同法9条等）。また，フロン類を使用した業務用冷凍空調機器の使用者に対し，フロン類の漏えい防止のための適切な設置，点検，故障時の迅速な修理等の適切な管理に取り組むことを求め，一定の使用者には，フロン類の漏えい量の年次報告（国が集計して公表）を求めました（同法16条・19条等）。従来は，フロン類使用機器の廃棄の際に，適正な回収・破壊を求められていましたが，改正により規制対象者および規制対象の時期が大幅に広がったのです。これにより，冷凍ショーケースや業務用クーラーを使用する企業は，環境マネジメントを徹底し，従業員教育や設備点検をする必要が発生しています。

平成25年大気汚染防止法の改正により，石綿の飛散を伴う解体等工事の実施の届出義務者を，工事施工者から発注者に変更し，発注者の責任を明確化しました（同法18条の15）。また，解体等工事の受注者に，石綿使用の有無の事前調査の実施と，発注者への調査結果等の説明を義務づけました（同法18条の17）。従来は，解体工事を行う業者だけが負担していた責任を，発注者に拡大したのです。これにより，発注者は，アスベストが使用されているのは知らなかった，という言い訳ができなくなるため，慎重な対応と適切な費用の負担をする必要があります。

(3) 刑事罰の強化

平成22年の大気汚染防止法および水質汚濁防止法の改正により，排出状況の測定結果の未記録，虚偽の記録等に対し罰則が創設されました。従来は，汚染物質を排出してしまった場合や，行政命令違反については罰則がありました

が，排出記録については，これによって環境汚染が生じるとは限らないため，罰則規定が存在しませんでした。しかし，日常の記録保持は，環境マネジメントでは必須であり，また証拠隠しを防止するためにも必要であるとされたものです。この罰則は，行為者（通常は工場長等）だけではなく，両罰規定により法人にも適用されます。

平成22年廃棄物処理法の改正では，廃棄物処理法の違反（不法投棄等）について，両罰規定による法人への罰則が3億円以下となりました。廃棄物処理法は，他の法律に比べて特に罰則が重いという特徴があります。これは，大規模な不法投棄が後を絶たないことから，法律の抑止力を高めるためのものです。

刑事罰の強化により，環境犯罪に対する警察の捜査が積極的に行われるようになっています。単なる書類的ミスであると安易に考えると，逮捕・拘留などの強制捜査につながります。

(4) **法改正への対応から，法改正への先取りへ**

近時の環境法改正は，規制対象者，規制対象物質および規制対象物件の拡大と罰則の強化がセットになって行われる傾向にあります。このことは，今まで環境関連法律を意識していなかったため，企業が知らずに法令違反を起こしてしまうリスクや，従来使用していた化学物質や設備機械が使用できなくなるため事業活動を継続できないというリスクを生じさせます。

しかし，このような法改正は突然行われるのではなく，予兆となる事件や外国における先行規制が存在することがほとんどです。そこで，企業は，このような予兆を捉えて，先行的な投資や教育を行うことにより，法改正を先取りした取組みを行うことに努めるべきです。このことは，結果的に，企業のリスクを低減させるだけではなく，競争力を高めることになります。

3 刑事処分の現状

環境法令違反については，刑事罰の厳罰化が進んでいます。

特に，廃棄物処理法，海洋汚染防止法，水質汚濁防止法違反は，警察に受理される件数が多く，企業としても注意が必要です。廃棄物処理法違反は，重大な不法投棄だけではなく，委託契約締結義務違反，マニフェストの交付義務

違反，処理業者の許可証を確認しないことによる無許可業者への委託など，管理が十分でないことから起きることがよくあります。法令遵守を徹底することが大切です。

■環境犯罪の法令別検挙件数の推移（平成20年～平成24年）

(単位：事件)

年次 区分	平成20年	平成21年	平成22年	平成23年	平成24年
総　数	7,173	7,164	7,179	6,503	6,503
廃棄物処理法	6,124	6,128	6,183	5,700	5,655
水質汚濁防止法	5	11	5	1	4
その他(注1)	1,044	1,025	991	802	844

注1：その他は，種の保存法，鳥獣保護法，自然公園法等である。
資料：警察庁
(出典)　環境省編『環境白書－循環型社会白書／生物多様性白書〔平成25年版〕』。

■罪名別環境関係法令違反事件通常受理・処理人員（平成24年）

罪　名	受　理	処　理 起訴	処　理 不起訴	処　理 計	起訴率 (％)
廃棄物の処理及び清掃に関する法律	7,499	4,267	3,012	7,279	58.6
鳥獣の保護及び狩猟の適正化に関する法律	531	273	260	533	51.2
海洋汚染等及び海上災害の防止に関する法律	460	151	303	454	33.3
動物の愛護及び管理に関する法律	59	24	37	61	39.3
軽犯罪法（1条14号，27号）	166	30	123	153	19.6
水質汚濁防止法	16	9	9	18	50.0
その他	424	182	131	313	58.1
合　計	9,155	4,936	3,875	8,811	56.0

注：起訴率は，(起訴人員／起訴人員＋不起訴人員)×100による。
資料：法務省
(出典)　環境省編『環境白書－循環型社会白書／生物多様性白書〔平成25年版〕』。

4 事故時の対応

　企業としては、平素から、事故は必ず起きる可能性があるという前提で、事故の予防マニュアルの作成と教育、ヒヤリハット事例の蓄積、万一発生した場合の被害拡大防止方法、社内連絡システム、行政や消防への通報について、あらかじめ決めておくことが必要です。社会的な影響のある重大事故については、プレスリリースや第三者委員会による検証をすることが、社会的信頼の回復の方法の一つとして、確立しつつあります。

　また、環境法令では、事故時の通報義務が存在する規定が数多くあります。

　たとえば、水質汚濁防止法14条の2は、特定事業場の設置者、指定施設の設置者、貯油施設等のある工場設置者は、漏えい等の事故が起きた場合には、応急措置を講ずるとともに、速やかに事故状況と行った応急措置内容を都道府県知事に届け出る必要があるとされています。同様の規定は、大気汚染防止法17条、廃棄物処理法21条の2などに存在します。

　環境事故の場合には、いったん大気や水に放出された汚染物質を回収することは極めて困難であり、流出を一刻も早く止めることが必要です。ただし、廃棄物不法投棄、土壌汚染では、汚染物質等が長期に同一場所にとどまっていることが多く、これが新たな被害の原因となることがあります。汚染物質の特定、汚染拡大経路の把握のためには、証拠を早期に保全し、正しい状況判断のもとで、対策をすることが必要です。

5 紛争事例

　環境法に関連する紛争事例は多く存在しますが、その例を紹介します。

(1) 廃棄物の定義に関する紛争

　廃棄物処理法に関する事案では、廃棄物該当性が問題となることがほとんどです。特にリサイクルについては、対象となるものがいつから廃棄物になるのか、またいつから廃棄物を卒業するのかという点が争われることがあります。

　例としては、飼料・肥料の原料となるおからについて、引取業者が処理料

金を徴収し，処理能力を超えて受け取っていたことから，当該おからは産業廃棄物であると判断された事例[1]，廃棄物を原料として混合再生砂を製造していたことについて，客観的な価値が認められれば必ずしも有償売却の実績までは必要ないとして廃棄物該当性が否定された事例[2]，建設廃棄物の木くずをチップ化して販売していたことについて，製造事業として確立していないとして廃棄物であると判断された事例[3]などがあります。

(2) 土壌汚染・地下埋設物に関する紛争

土壌汚染および地下埋設物の撤去は，対策費用が高額となることが多いため，不動産売買・賃貸借において，瑕疵担保請求や不法行為による損害賠償請求が問題となる事件が多くあります。

例としては，瑕疵があるかという判断は売買契約締結当時の取引概念を基礎として判断するべきであり，売買契約後に規制の対象となったふっ素による汚染は瑕疵に該当しないとした事例[4]，有害物質によって井戸水が汚染されたことについて汚染原因者に不法行為責任を認めた事例[5]，建物賃借人が土壌汚染を引き起こした場合に，賃貸借契約上の原状回復義務を認めた事例[6]があります。

(3) 商品・施設の安全性に関する紛争

製造者および販売者は，商品・施設の安全性に責任をもたなければなりません。これは，従来製造物責任法の範疇に入っていましたが，最近は化学物質の管理および環境配慮設計という観点から，環境法の分野にも属すると捉えられています。

例としては，電気ストーブに使用された微量化学物質が原因で化学物質過敏症に罹患したとして，販売店の不法行為責任が認められた事例[7]，ディーゼル自動車の排ガスが原因で大気汚染が発生し，住民が健康被害を受けたことについて，自動車メーカーの責任について第1審判決では否定されたものの，高裁の和解において一定の費用負担が合意された事例[8]があります。また，アスベストについては，労働者だけではなく，建物の居住者，工場の近隣住民からの被害も発生しており，今後も多くの事案が訴訟となると思われます。

引用判例

[1] 最決平11・3・10刑集53巻3号339頁・判タ999号301頁・判時1672号156頁．

- ☆2　東京高判平12・8・24判例地方自治230号58頁。
- ☆3　東京高判平20・4・24高刑集61巻2号1頁・判タ1294号307頁および東京高判平20・5・19判タ1294号312頁。
- ☆4　最判平22・6・1判時2083号77頁。
- ☆5　福島地郡山支判平14・4・18判時1804号94頁。
- ☆6　東京地判平19・10・25判タ1274号185頁・判時2007号64頁。
- ☆7　東京高判平18・8・31判時1959号3頁。
- ☆8　東京地判平14・10・29判時1885号23頁・判例地方自治239号61頁。

【佐　藤　　　泉】

Q38　人事・労務紛争①

解雇，賃金不払い，過労死・健康被害，メンタルヘルス，ハラスメントなどの人事労務紛争についてはどのようなリスクがあり，労務紛争の防止についてはどのような点に留意すべきでしょうか。また，実際に紛争になった場合はどのように対応すればよいでしょうか（前半）。

A

(1) 解雇は普通解雇・整理解雇・懲戒解雇・休職期間満了退職があります。それぞれの規程を整備し運用に留意することが必要です。また，雇止めについても必ずしも労働契約法の規制から，契約期間満了で終了とならない場合もあります。なお，雇止めについては労働契約法の無期転換権との関係で注意が必要です。

(2) サービス残業や単なる未払いについては，労働基準法違反であり刑事罰の可能性もあります。また，付加金により倍額の支払を命じられる可能性があります。なお，管理監督者性，定額残業代，事業場外労働，裁量労働性の適用が否定されるケースに注意が必要です。また，労働基準法上の割増賃金についても注意が必要です。

解説

1　はじめに（本項目の目的）

「労務倒産」という言葉が示すとおり，人事労務にまつわるリスクは幅が広く，そして企業活動の本質に関わる根深いものになっています。人事労務関連の書籍が多数出版されているように，本来，人事労務のリスクについて詳細に

解説するとすれば，1冊の本の分量が必要になってきてしまいます。

本書全体の趣旨は，企業に潜むリスクを広く洗い出し，まずは「気づき」をもっていただくという点にありますので，本項目においては，人事労務に関連するリスクにどのようなものがあるかという点を俯瞰することを目的とします（人事労務トラブル各論の実務対応については類書をご参照ください）。

2 解雇・雇止めに関するリスク

(1) 普通解雇・整理解雇・懲戒解雇について

解雇については，労働契約法により「解雇は，客観的に合理的な理由を欠き，社会通念上相当であると認められない場合は，その権利を濫用したものとして，無効とする。」（労契16条）とされており，これが有効と認められるためには，合理性・社会通念上の相当性が必要となります。

これは，従前判例法理により形成された解雇権濫用法理が労働基準法18条の2に規定され，これが労働契約法に移管されたものです。

大まかにいって，解雇には普通解雇，整理解雇，懲戒解雇の3類型がありますがまず，共通するリスクとしては，これらの解雇が無効となった場合，法的には解雇無効により労働者の地位が確認されることになりますので，被解雇労働者が会社に復職することになります。解雇を行った労働者が復職した場合，受け入れる会社としてそれ自体がリスクになることはいうまでもないでしょう。

また，労働裁判では判決確定までに2～3年を要することがあり，解雇無効の場合はその間の賃金を一括して支払う必要が生じますので，たとえば年収800万円の労働者の場合，2400万円もの支払が一度に必要になるケースがあります。

次に，解雇類型ごとのリスクを概観します。

(a) 普通解雇について　　典型的な普通解雇の理由としては能力不足，協調性不足，勤怠不良などが挙げられます。

しかし，上記のとおり，解雇には合理性・相当性が必要ですが，これらの類型についてはそのハードルが極めて高いという点を認識する必要があります。たとえば能力不足について見ると，①仕事内容にミスや不足がある，②これに

対する注意指導，③改善機会の付与，④再度のミス発生……（以下繰り返し）というプロセスを何度も経る必要があります。また，これらのプロセスを経ていたとしても，「会社に損害が生じていないのでもう少し改善を待つべき」とされるケースもあります。また，協調性不足についても，「雰囲気を害する」などといった抽象的な理由では合理性が認められないことはもちろん，上司に反抗的態度を取るといった場合も，「いつ・どこで・どのように」当該事象が発生し「これによりどのような点で職場の風紀を乱すに至ったか」という点をすべて立証する必要があります。

したがって，一般的に見て誰もが「これは解雇相当だろう」というケースを除いては，解雇のハードルは極めて高いことになります。

特に，外資系企業などでよく行われている「パフォーマンス不足」による解雇は実際に裁判になった場合には無効と判断されるケースもあるでしょう（外資系だからといって解雇権濫用法理のハードルが下がるわけではないのですが，中途のスペシャリスト・専門職採用の場合，若干ハードルが下がるケースもあります）。

(b) 整理解雇について　　整理解雇については，「4要件」であるとか「4要素」といわれることがありますが，本項目では4要素と呼びます（要件と要素の違いは，「要件」の場合各要件を1つでも満たさない事情があればそれだけで解雇が無効になるということであり，「要素」の場合は各要素の相関関係で考えるということです）。

整理解雇の4要素の内容は①人員整理の必要性，②解雇回避努力義務の履行，③被解雇者選定の合理性，④解雇手続の妥当性[☆1]のことを指します。

整理解雇については労働者側に落ち度はなく，企業側の都合により行われる解雇であることから裁判所が厳しい判断をするケースは多くたとえば，ある事業部門について赤字でも会社全体としてみれば黒字である場合や将来の事業予測では厳しい見通しであるにもかかわらず当面は黒字が続きそうな予防的解雇が認められるケースはほとんどないという点にリスクがあります。

(c) 懲戒解雇について　　懲戒処分としての懲戒解雇は「当該懲戒に係る労働者の行為の性質及び態様その他の事情に照らして，客観的に合理的な理由を欠き，社会通念上相当」といえない場合には無効となります（労契15条）。

懲戒解雇においては行為の重大性，被害の程度，職場に与える悪影響の程度，

類似処分との均衡，行為者の反省状況，被害回復状況などを総合的に勘案して判断することになります。

また，付随する問題点としては懲戒解雇の際，退職金を不支給とすることは可能かという問題があり，裁判所は，「当該労働者の永年の勤続の功を抹消してしまうほどの重大な不信行為があること」を要件としており[☆2]，かなりハードルが高い点には留意を要しますので，仮に懲戒解雇が相当な事案であっても退職金については別考を要します。

(2) 休職期間満了退職について

病気やケガなどで休職を行う私傷病休職の場合，休職期間が満了すると退職となりますが，そもそも労働契約を合意によらず終了させるという意味では解雇に類する判断がなされることが多くあります。

特に，病気等の原因が業務による（業務起因性がある）ものであれば，法律上の解雇制限があり解雇を行うことができません（労基19条1項）。なお，労働基準法上打ち切り補償という規定がありますが（労基19条1項ただし書・81条）労災保険給付を受けているにすぎない労働者は「第75条の規定によつて補償を受ける労働者」に該当せず，打ち切り補償解雇ができないという問題があります[☆3]。

また，私傷病の場合には，濫用的事例も散見され，トラブルになるケースも多いことから，これらに厳正に対処すべく，休職の発令要件，休職期間の長さ，休職事由，延長の要否，復職判断の適否，休職期間延長の可否，主治医の見解との対立，産業医との連携，リハビリ勤務のあり方，個人情報の取扱いなどの規定の整備が必要でしょう。特に，当初は私傷病休職としていたメンタル疾患の事案について，後に業務上災害として労災認定があると上記解雇制限の対象になる点は留意が必要です。

(3) 雇止めの留意点について

期間の定めのある労働者の雇止めについては平成24年の労働契約法改正により，「期間の定めのない労働契約」と同視できる場合および更新継続に合理的期待のある場合は合理性・相当性という解雇権濫用法理と同様の判断を受けることになります（労契19条）。

もっとも，この法改正について，厚生労働省によれば，従前最高裁判例に

より判例法理として認められていた雇止め規制を法定化したとのことですので，従前の取扱いと変わらない部分も多いのですが，労働者の申込みを要件とするなど，明らかに判例法理とは異なる要件もあります。いずれにせよ，有期労働契約社員については，更新手続を厳格に行い，場合によっては更新上限規制（5年までなど）を入れるなどの対応が必要でしょう。

(4) **無期転換権について**

平成24年の労働契約法改正により，有期労働契約の無期転換が新たに設けられました（労契18条）[*1]。5年を超える有期労働契約については労働者が希望すれば当該契約は無期契約となりますので，企業としては有期労働契約が長期化する場合の対応やそもそもの有期労働契約社員の活用のあり方を検討する必要があります。

(5) **定年後再雇用について**

60歳定年を迎えても企業は原則として65歳まで継続雇用を行う必要があり，65歳以前で雇用終了となるのは①平成24年改正による高年齢者雇用安定法の経過措置として定められている再雇用拒否事由を定める労使協定の適用，②解雇・退職事由と同等の理由による再雇用拒否，③再雇用後の契約更新ごとの更新拒絶の3つです[*2]。

もっとも，それぞれについては解雇権濫用法理類似の規制を受けることになりますので，留意が必要です。

3 賃金不払いに関するリスク

(1) **賃金不払いについて**

賃金不払いについては毎月全額を支払う必要があり，これに違反すると刑事罰もあります（労基120条1号）。賃金不払いについて労働基準法違反となるケースは単純に毎月定められた給与が未払いであるほか，支払うべき時間外・休日割増を支払わないケースもあります（時間外等手当については労基119条1項・37条1項）。

特に，時間外手当については以下で述べるとおり，一応会社としてはそれぞれの制度に則り支払っているつもりが，その制度の適用を否定される結果，

本来支払うべき割増賃金を支払っていなかったとされるリスクがありますので計算には留意が必要です。

また，月に60時間超の法定残業を行っている場合，割増率は25％ではなく50％となります（労基37条1項ただし書）。

(2) 残業代の支払が不足とみなされるリスクについて

以下では，会社が定める労働時間管理制度が否定されるため，結果として賃金未払いになるケースについて列挙します。

(a) 管理監督者について　管理監督者問題については〔日本マクドナルド事件〕☆4が社会的関心を集め，多くの報道がなされるとともに，厚生労働省も特別の通達*3を発出するなどして取締りを強化しています。

管理監督者該当性を判断するには，一般に

① 職務内容・責任・権限が経営者と一体的な立場になる者としてふさわしいものであること
② 勤務態様が労働時間の規制になじまないようなものであること（出退勤の自由）
③ 管理監督者としてふさわしい待遇がなされていること

とされています。特に③の待遇については，会社の規模や人員構造にもよりますが，月収20万円，30万円台前半で認められるケースはほとんどなく年収ベースでいえば800万円程度が適正といえるでしょう。

(b) 固定残業代について　「部長手当」や「役職手当」に「○○時間分の残業代を含む」とする場合や基本給に「○○時間分の残業代を含む」との取扱いにおいて裁判で残業代の性格が否定される事案が近時，散見されます☆5。

固定残業代制度を行うのであれば，①割増賃金相当部分とそれ以外の賃金部分とが明確に区別され，②労働基準法による額がその額を上回るときは，その差額を当該賃金の支払期に支払うことが合意されている☆6ことが必要となります。

そのため，固定残業代といっても，結局は実際の労働時間であれば得られたであろう通常の割増賃金を計算し，これを固定残業代が上回っているかを毎月確認し，そうでない場合は差額を支給する必要がありますので，これを導入するメリットは実はほとんどないことになります（メリットとすれば，求人広告

に「月給○○万円」と時間外を含めたやや割高な額を表示できるといった程度でしょう）。

　(c)　事業場外みなし労働について　　事業場外労働は，外勤社員など事業場外で労働を行う者について労働時間を「みなす」ため，実労働時間にかかわらずみなし時間における賃金計算を行うことができる制度です（労基38条の2第1項）。

　もっとも，事業場外みなしの適用要件としては，「労働時間を算定し難いとき」という要件がありますが，近時の裁判例[☆7]などにおいてはこの要件を厳格に解し，同制度の適用を否定されるリスクがあります。

　その場合，実労働時間で計算した割増賃金に満たない場合は結果として労働基準法37条違反となってしまいますので対象業務の見直しおよび労使協定の締結（労基38条の2第2項）が必要なケースもあるでしょう。

　(d)　裁量労働制（企画型・専門業務型）について　　裁量労働制も，対象業務に就いている労働者について，労働時間を労使協定で定めた時間に「みなす」制度であり，専門業務型裁量労働制（労基38条の3），企画業務型裁量労働制（労基38条の4）があります。

　しかし，これについても，近時，労基署から「裁量労働制の対象業務としてふさわしくない」であるとか「みなし時間が実態を反映していない」などと是正指導・勧告を受けるケースが相次いでいますので，対象業務・みなし時間の適切性などの確認が必要でしょう。この適用が否定されると，前記同様，結果として割増賃金の支払が足りず，労働基準法37条違反となるケースがあります。

　過労死・健康被害のリスク，ハラスメントリスク以下については項を改めて解説します。

注　記
＊1　詳細は，厚生労働省作成「労働契約法改正のあらまし」（http://www.mhlw.go.jp/seisakunitsuite/bunya/koyou_roudou/roudoukijun/keiyaku/kaisei/pamphlet.html）を参照のこと。
＊2　厚生労働省作成　高年齢者雇用安定法Q&A（高年齢者雇用確保措置関係）

(http://www.mhlw.go.jp/general/seido/anteikyoku/kourei2/qa/index.html)。
＊3　平成20年9月9日基発第0909001号「多店舗展開する小売業，飲食業等店舗における管理監督者の範囲の適正化について」。

引用判例

☆1　東京高判昭54・10・29労判330号71頁・判タ401号41頁・判時948号111頁等参照。

☆2　〔小田急電鉄事件〕東京高判平15・12・11労判867号5頁・判時1853号145頁。

☆3　〔専修大学事件〕東京高判平25・7・10労働判例ジャーナル18号1頁。

☆4　〔日本マクドナルド事件〕東京地判平20・1・28判タ1262号221頁・判時1998号149頁。

☆5　〔テックジャパン事件〕最判平24・3・8労判1060号5頁・判タ1378号80頁・判時2160号135頁や〔ザ・ウインザー・ホテルズインターナショナル事件〕札幌高判平24・10・19労判1064号37頁。

☆6　〔小里機材事件〕最判昭63・7・14労判523号6頁。

☆7　〔阪急トラベルサポート事件〕東京高判平23・9・14労判1036号14頁，東京高判平24・3・7労判1048号26頁。

【倉重　公太朗】

Q39　人事・労務紛争②

解雇，賃金不払い，過労死・健康被害，メンタルヘルス，ハラスメントなどの人事労務紛争についてはどのようなリスクがあり，労務紛争の防止についてはどのような点に留意すべきでしょうか。また，実際に紛争になった場合はどのように対応すればよいでしょうか（後半）。

A

(1) 長時間労働による過労死・メンタルヘルスについては労働局の重点取締項目であり，司法処分の可能性もあります。また，賠償金額も莫大になるリスクがあります。

(2) セクハラについては法律で規定されています。均等室の介入や損害賠償のリスクがあります。パワハラについては，法律による規制はありませんが，厚生労働省の見解もあり，近時損害賠償が認められる例が多くなっています。

(3) 労働紛争の類型としては，大別して①裁判所の手続，②行政手続，③労働組合および労働委員会を通じた手続があり，特に，労働審判・仮処分については，迅速な対応が必要です。

(4) 労災，労基署対応は迅速かつ誠実に行う必要があります。一方，行政による紛争解決手続への参加は任意ですが，紛争の早期解決に寄与する場合があります。

(5) 労働組合への対応を誤ると不当労働行為となるため，特に注意が必要です。

解説

1　長時間労働による過労死・メンタル疾患に関するリスク

(1)　過労死・メンタル疾患のリスク

　長時間労働による過労死やメンタル疾患による過労自殺など，過重労働による労災認定の件数は年々増加しています。この点について，脳・心臓疾患などの過労死の労災認定基準[*1]や心理的負荷による精神疾患の労災認定基準[*2]がそれぞれ定められています。また，長時間労働の抑制は平成25年度東京労働局の重点対策項目であり，特に行政的対策が必要な分野ですが，そもそも長時間労働およびメンタルヘルス疾患の根本原因は正社員を容易に増やしがたい日本の労働法政にあるという考え方もあります[*3]。

　なお，過重労働による疾患等を発生させた場合の企業のリスクは以下の4つの観点から整理されます。

　(a)　行政責任　まず，当該疾患が業務に起因することになれば，上記認定基準に従い，労災認定を受けることになります。特に，精神疾患については，平成23年末に認定基準が改正され，認定範囲が広くなったと解され，実際に平成24年には認定件数が過去最多になっています[*4]。

　また，一度労災認定されると事実上，臨検や定期報告など，その後の監督はかなり厳しいものになります。

　(b)　民事責任　労災認定を受け労災補償給付を受給したとしても，逸失利益，慰謝料（本人分），入院雑費，介護費用，遺族固有の慰謝料などは労災ではまかなえないので，安全配慮義務違反の損害賠償として企業が負担することになります。この額については年齢や給与水準によって変動しますが，1億円を超える損害賠償となるケースも少なくありません。

　また，特に留意が必要なのは，過労死事案において，経営層が過労状況を認識していたにもかかわらず，これを放置し何ら対策を講じなかった場合には，会社の責任のみならず，取締役の個人責任（会社429条1項）も認められる可能性があるという点です[☆1]。

(c)　刑事責任　　過労死・過労自殺自体について，業務上過失致死に問われるケースは見当たりませんが，長時間労働に伴い，36協定違反，割増賃金未払いなどにより，労働基準法違反として送検されるケースがあります。
　(d)　社会的責任　　近時，労働条件が劣悪であったり，労災発生件数が多い企業などを「ブラック企業」などと揶揄する向きが多いですが，過労死・過労自殺を発生させたとすればかように揶揄され社会的非難を浴びる事態となりえます。また，CSR的観点からも，企業の最大のステークホルダーは従業員であるという考え方もあり，従業員の満足度を上げワークライフバランスを確保すること自体がCSRの一環であるともいえるでしょう。

(2)　企業が行うべき対策

　長時間労働対策を行ううえで大前提となるのはそもそも「労働時間が何時間であるか」を把握することです。これは，タイムカードなどの打刻だけでは足りず，これが実態と合致しているかについても確認を行う必要があります。
　労働時間の把握についてはいわゆる「4・6」通達[*5]に従い，客観的方法で行い，実態との齟齬がないかどうかを確認する必要があります。
　また，労働時間把握の結果，実際に長時間労働が生じている者については，産業医面談を行い，医師の判断に従った対応（問題ないのであれば「問題ない」という記録を残しておく）ことが必要でしょう。

２　ハラスメントリスク

(1)　セクハラについて

　セクハラに関して，平成24年度に男女雇用機会均等法に関する雇用均等室に寄せられた労働者からの相談は2万件超の高止まり状況です[*6]。その内訳としては，セクハラの問題が46.7％を占めており，依然大きな問題となっています。また，労災認定との関係でも，セクハラに起因するものが認められやすくなる可能性がありますので長時間労働を行っている労働者にセクハラ被害があった場合は迅速な対応が求められます。
　また，セクハラについては，法律により規制されており，企業にも対策措置を講ずる義務がありますので，企業としては，「セクハラに関する指針」[*7]

などに基づき，就業規則にセクハラ撲滅の方針について記載し，懲戒規程にもセクハラの例を挙げたうえで，相談体制を規程化し，事後の迅速な対応を行えるようなフローを事前に定めておくことが好ましいでしょう。

(2) パワハラについて

一方，パワハラ問題は，厚生労働省の調査によれば，5万件超の相談件数があり[8]ジャンル別相談件数では1位になるほど社会的問題となっていますが，セクハラと異なり，法律上企業の措置義務や禁止規定はなく，あくまで私法の一般的条項である民法上の不法行為（民709条）の枠組みで判断されることになります。

このように，問題となる件数が多いこともあって，なかには，パワハラと訴えることにより上司の業務指導が萎縮するケースもありますが，上記のとおり，あくまでパワハラが違法となるのは例外的に社会通念上相当性を超えた場合のみであり，原則としては業務指導として適法というのが企業の原則的スタンスでしょう。

もっとも，厚生労働省のパワハラに関する考え方の提示[9]や上記労災認定基準改正によりパワハラに起因する労災認定も認められやすくなっていることからすれば，80時間超の時間外労働を行っている者に対する労災認定が特に認められやすくなっていることから，長時間労働対策の規定（産業医面談や軽減業務，代休付与など）を併せて確認することが必要でしょう。

3 人事・労務紛争の解決手続について

(1) 裁判所における紛争解決手段

裁判所における紛争解決手続の種類としては，①労働審判，②通常訴訟，③仮処分，④民事調停，⑤支払督促が挙げられます。

このなかで，労働事件に特有の留意が必要なものは①労働審判，③仮処分でしょう。

(a) 労働審判　労働審判は，従前，労働訴訟が長期化し当事者・裁判所の負担となって利用しにくい制度となっていたことから，平成18年にスタートした制度で，通常訴訟と異なり，原則として3回の期日のみで結論を出しま

す。そのため，第1回までに原則としてすべての主張・証拠を提出しなければならない点に特色があるため，通常訴訟の対応とはまったく異なるスピード感が要求されます。

また，労働審判は和解による解決率が8割ともいわれ，基本的に申立人側としても話し合いによる解決をメインに据えるケースがほとんどですので（たとえば解雇事案で和解する気はないと申立人が述べると裁判所から注意があるケースもみられるほど）対応する企業としては，事案にもよりますが，基本的に「落としどころ」を考えたうえで審判に望む必要があります。

なお，労働審判は話し合いがメインといっても，調停などの手続と異なるのは，和解が成立しない場合，「審判」（判決と同一の効力。ただし，一方当事者の異議によりその効力を失い，通常訴訟に移行します）が出され，強制力を有するという点に特色があります。

(b) 仮処分　仮処分は，本案訴訟の前に「仮に」行う紛争類型であり，仮であることから，迅速な判断を出し，当面の権利を保全することに目的があります。仮処分は，労働事件特有の手続ではありませんが，労働事件における仮処分は「申立人側の本気度」を示している場合が経験上多く見られます。たとえば，解雇事案であれば，上記のように，労働審判では和解メインとなりますが，仮処分では本気で復職を狙っているケースが多いように思われます。

もちろん，ケースバイケースであるため一概にはいえませんが，いずれにせよ仮処分も通常訴訟に比べると期日が入る間隔もかなり短く，スピード感が要求されるという意味では労働審判と共通ですので，企業としては即時対応が必要になります。

(2) 行政による紛争解決手続類型

行政が行う紛争解決手続は大別して以下の類型に分けられます。

(a) （強制参加型）労災手続，労働基準監督署の指導・是正勧告　これらは，便宜上行政による紛争解決手続として分類していますが，要は強制的な権限をもって指導・勧告・送検など，行政としての警察機能を発動する場面のことです。労災申請がなされた場合，何らかの形で是正指導・勧告・送検がなされることがほとんどであり，これに対応しないと不利益な処分を受けるという意味で強制的な手続となっています。

特に，労災が発生した場合の再発防止策は真摯に検討する必要があるといえるでしょう。

(b) (任意参加型) 労働局・労働委員会の助言指導・あっせん，雇用均等室による助言指導・調停など　次に，これらは行政が裁判所類似の紛争解決機能を発揮する場面です。

これらの特徴は，任意参加であり，参加義務がなく，話し合いがまとまらなくとも，判決などにより強制的に解決することができないという点にあります。

とはいえ，これらの手続の申立てがあった場合，よほど理由がない申立てでない限り（特に会社側に非がある事案であればあるほど），裁判所による紛争解決手続よりも相場感は低く設定されるのが通常であり，また迅速に解決可能というメリットもありますので，会社のとしては無視するのではなく，真摯に対応したほうがよい場面が多くあります。

(c) 集団的労使関係に基づく紛争解決手続（労働委員会）　この点は次項で改めて述べます。

4　労働組合にまつわるリスク

(1) **企業内組合と合同労組（ユニオン）**

労働組合には複数の種類があり，企業内部で自発的に発生し，加盟している組合員が原則として当該企業だけのものを企業内組合と呼びます。

企業内組合がある場合，労使協議・団体交渉などを行う会社がほとんどでしょうが，この団体交渉を法律上強制されるのは企業内組合だけではありません。

一方，組合のなかには，合同労組・地域ユニオンなどと呼ばれる，様々な会社の労働者が集まって組織されるものもあります。

労働組合法上は，これら企業内組合と合同労組を区別していないため，当該企業に所属している（もしくは解雇されたが解雇が無効だと主張してその地位を争っている）労働者が１人でもいる場合には，合同労組・ユニオンに対しても，会社は団交応諾義務を負うということになります（労組７条２号）。

(2) 団体交渉対応について

　労働組合法上，組合との団体交渉には応ずる義務があり，また，実際に交渉を行うにあたっては，形式的な釈明に終始するのではなく，誠意をもって対応する必要があります（労組7条2号）（誠実団交義務）。

　何をもって「誠意」というかは事案により異なりますが，資料を提示したり，会社意見を丁寧に述べたり，解決の道を模索したりすることなどが一般的でしょう。もっとも，団交において会社が解決に向けて歩み寄ったとしても，組合側の希望との齟齬がある場合には，交渉がまとまらずに，決裂する場合もあります。

　その場合には，都道府県労働委員会による，あっせん，調停，仲裁（および後述する不当労働行為救済申立て）の紛争手続があります。仲裁については，労働協約または当事者双方による申請が必要な強制力を有する手続ですが，そもそも仲裁協約を締結するか否かは任意です。また，あっせん・調停については任意の手続であり，労働組合が主体になっているという点に特色があります。この，あっせん・調停についても，この段階で決裂すると不当労働行為救済申立てがなされる場合が多いため，会社としては可能であればあっせん・調停の段階で解決しておくことが時間的・経済的にみて合理的な場合が多く見受けられます。

　なお，団体交渉に応じなければならないのは「使用者」の「労働者」が加入する労働組合に対してです。通常の雇用契約関係であれば問題ないのですが，「使用者」性については請負・業務委託の発注者，労働者派遣の派遣先，事業譲渡先，親会社などがこれにあたるかが問題となります（基本的に，雇用主と同視できる程度に現実的かつ具体的に支配，決定することができる地位にあるか否かで判断）。また，「労働者」性についても，一人親方や業務委託の受託者，個人事業主などの該当性が問題となります（①事業組織への組み入れ，②契約内容の一方的・定型的決定，③報酬の労務対価性等の要素で判断）。それぞれの当事者概念については最高裁判決などもあり徐々に広がりを見せています（労働者概念，使用者概念の拡大）ので，団体交渉に応ずる義務があるかどうかは慎重に判断する必要があります。

(3) その他団体行動について

労働組合が行う団体行動について，団体交渉以外には，街宣活動，ビラ配り，組合ホームページへの書き込み，組合員ブログによる会社批判などがあります。これらについて会社の内部事情を書いているとして損害賠償や差止めが認められるかについてですが，基本的には憲法で保障された表現の自由（憲21条）に基づく行為であり，これらに対する損害賠償請求等が認められるのは，まったく事実無根の場合や過度に不相当な表現方法により，会社の利益を不当に侵害し，名誉・信用を毀損，失墜させたり，企業の円滑な運営に支障を来す場合には，組合活動として正当性の範囲を逸脱する場合に限られるでしょう。

(4) 不当労働行為について

最後に，労働組合特有の問題としての不当労働行為制度について概説します。

不当労働行為とは，憲法で保障された団結権等の実効性を確保するために，労働組合法により，労働組合に対して行うことが禁止されている行為類型のことで，労働組合法により，その救済制度が定められています（労組27条以下）。

不当労働行為として労組法により禁止される行為は以下のとおりです（労組7条）。

〈不当労働行為として禁止される行為〉
(1) 組合員であることを理由とする解雇その他の不利益取扱いの禁止（1号）
　① 労働者が，
　　　労働組合の組合員であること，
　　　労働組合に加入しようとしたこと，
　　　労働組合を結成しようとしたこと，
　　　労働組合の正当な行為をしたこと，
　　を理由に，労働者を解雇したり，その他の不利益な取扱いをすること。
　② 労働者が労働組合に加入せず，または労働組合から脱退することを雇用条件とすること（いわゆる黄犬契約）。
(2) 正当な理由のない団体交渉の拒否の禁止（2号）
　＊形式的に団体交渉に応じても，実質的に誠実な交渉を行わないこと（「不誠実団交」）も，これに含まれます。

> (3) 労働組合の運営等に対する支配介入および経費援助の禁止（3号）
>   ① 労働者が労働組合を結成し，または運営することを支配し，またはこれに介入すること。
>   ② 労働組合の運営のための経費の支払につき経理上の援助を与えること。
> (4) 労働委員会への申立て等を理由とする不利益取扱いの禁止（4号）

　使用者が，これらの不当労働行為を行った場合，都道府県労働委員会や中央労働委員会が不当労働行為救済命令として，復職，賃金差額の支払，組合運営への介入の禁止，謝罪文の交付等を命令します。なお，不当労働行為救済命令が判決によって支持され，これが確定した場合に，使用者がこの命令に従わない場合には罰則もあります（労組28条）。

　この不当労働行為救済命令は上記のとおり最終的には刑事上の罰則を伴い，極めて強い強制力があり，また，その内容として会社が組合に対して謝罪や差額賃金の支払を強制されるケースもあり，会社側のリスクは極めて大きいものがあるといえます。

注　記

＊1　脳血管疾患及び虚血性心疾患等（負傷に起因するものを除く。）の認定基準について（平成13年12月12日基発1063号）(http://www.mhlw.go.jp/new-info/kobetu/roudou/gyousei/rousai/dl/040325-11a.pdf)。

＊2　心理的負荷による精神障害の認定基準（平成23年12月26日基発1226第1号）(http://www.mhlw.go.jp/stf/houdou/2r9852000001z3zj-att/2r9852000001z43h.pdf)。

＊3　実は，長時間労働・メンタル問題の根本的原因は，日本の厳しい解雇規制により正社員数を容易に増やせないため，一部の正社員に負荷が集中してしまっているという側面があります（この点について詳しく知りたい方は，倉重公太朗＝内田靖人＝近衞大『なぜ景気が回復しても給料が上がらないのか』（労働調査会，2013）を参照されたい）。

＊4　厚生労働省労働基準局労災補償部「平成24年度『脳・心臓疾患と精神障害の労災補償状況』まとめ」（平成25年6月21日。）

＊5　労働時間の適正な把握のために使用者が講ずべき措置に関する基準について(http://www.mhlw.go.jp/houdou/0104/h0406-6.html)。

＊6　厚生労働省　平成24年　男女雇用機会均等法の施行状況 (http://www.mhlw.go.jp/stf/houdou/2r985200000335p5-att/2r985200000335qm.pdf)。

＊7 「事業主が職場における性的な言動に起因する問題に関して雇用管理上講ずべき措置についての指針」(http://www.mhlw.go.jp/general/seido/koyou/danjokintou/dl/20000401-30-2.pdf)。

＊8 厚生労働省発表「平成24年度個別労働紛争解決制度施行状況」(http://www.mhlw.go.jp/stf/houdou/2r985200000339uj-att/2r985200000339w0.pdf)。

＊9 「職場のパワーハラスメントの予防・解決に向けた提言」（平成24年3月15日 職場のいじめ・嫌がらせ問題に関する円卓会議）(http://www.mhlw.go.jp/stf/houdou/2r98520000025370-att/2r9852000002538h.pdf)。

引用索引

☆1 〔大庄事件〕京都地判平22・5・25労判1011号35頁・判タ1326号196頁・判時2081号144頁。

【倉重　公太朗】

Q40 業務不正対応

業務上の不正を防止するための管理体制について，どのような点を考慮すればよいですか。また，業務不正が発覚した場合，再発防止の観点からどのような点に留意すればよいですか。

A

(1) 業務不正と管理体制の関係
・業務不正が発生した場合，その権限や地位を利用した要素がある以上，前・後任者，他部署についても，潜在的な事実がないか，再検討する必要があります。

(2) 不正を行うものたちの共通点
・不正を行う個人に共通する要素
　有能な社員
　上司受けがよく報告がうまい社員
　常に業績が良い社員
・不正を行う部署に共通する要素
　他部署が赤字なのに黒字を出し続けている部署
　業種が本業とかい離している部署
　責任者・担当者が5年以上変わっていない部署
　パワハラが放置されている部署
・業務不正を生む社風
　明確な業務フローがない会社
　ローカルルールの存在を知らない会社
　経営陣と従業員の文化にかい離がある会社
　経営陣の公私混同がはなはだしい会社

(3) 業務不正対策
・業務不正を防ぐための措置として，制度的な取組み，業績を共有する制度の採用があります。

解説

1 業務不正と管理体制の関係

(1) 業務不正に関する留意点
　業務不正とは，広い意味で業務上の地位・権限を利用して行われる不正一般をいいます。
　特定の部署が組織ぐるみで行った談合やカルテルといった，職務遂行上においてされた不正に限定されません。小口現金を預かる立場の者がこれを使い込んだような個人的な不正も，職務上の権限を利用してなされたのであれば業務不正にあたります。
　他方で，営業車を運転中に犯した居眠り運転による交通事故のような，一見職務遂行上に起きた不正のようにみえても職務上の権限や立場を利用したというよりは，運転者という立場に付随した不正（過失事故）については，ここにいう業務不正には含まれません。
　業務不正かどうかに分けて検討する意味があるのは，その不正が発生した原因の背景に，どのような組織的要因があるかについて，検討の要否に影響するからです。

(2) 前任，後任も同様の不正の可能性がある
　職務上の権限や地位を利用した不正は，いわゆる不正の3要素（不正の機会，動機，正当化要素）のうちの，不正の機会があるという点で，前任者，あるいは後任者にも同様の共通要素があることになります。
　もしかすると，今回発覚した手口での不正は，その地位や権限を有する者の間で，代々受け継がれてきたものである可能性すらあるのです。
　よく不正防止対策として，ローテーションの活性化が行われることがあります。
　これは，権限や地位を固定化させないようにして，特に後任者によって前任者が行った不正を発見できる機会ともなっている，有効な対策です。
　翻って，とある社員の業務不正が発覚した場合，後任者がいたのに，彼が

発見できなかったのはなぜでしょうか。

また，前任者との引き継ぎはどのように行われたのでしょうか。

人事ローテーションを頻繁に行ったとしても，その不正が代々受け継がれてきたような場合は，不正防止効果が無力化してしまいます。

よって，業務不正が発生した場合は，当該社員だけの特有の事情であると片づけるのではなく，その前任者，後任者の業務遂行状況や同じ不正をしていないかについても，きちんと点検することが必要となります。

(3) 他部署との共通性

業務不正には，当該職種（営業，経理，開発など）特有の環境を利用したものが多く存在します。よって，ついつい，その部署内における問題点のみ検証しがちです。

たとえば，営業部内のとある班でカルテルが発覚した場合に，その営業部内の他の班についても，同様の事例があるのではないかという観点での検討は，どの企業も行うところです。

しかしながら，当該カルテルの要因が原材料価格の高騰による仕入れ値の上昇がその動機であったような場合，営業部門のみならず，生産ラインなどの仕入れに関わる人間もカルテル行為が行われていることについて，認識している場合があります。

このような会社内の業務が相互に関連していたのであれば，業務上不正が行われた場合も，やはり他の部署との関連が発生しているはずです。

以上のとおり，個別の事象のみにとらわれることなく，業務上関わりうるすべての部署についても，その不正に対する認識を確認しなければ，自社の本当のガバナンスを見失うことがあります。

(4) ま と め

このように，業務不正が発生する場合，その管理環境に問題がある場合が多いことから，他に潜在する不正があったり，また再発防止のための本当に押えなければならないポイントなどが埋もれていることがあったりするので，これらに対してきちんと対応をしなければ，根っこの残ったカビのように，また不正環境が揃うとカビが生え始めてくることになりかねません。

2 不正を行うもの，部署，会社の特長

　筆者のような，企業犯罪を摘発する検察官の職にあったことを背景に，企業の不正調査を多数手掛けている専門家からみると，不正の種類にかかわらず，業務不正を行う人物や組織にはある一定の共通点がみられます。
　自社内で不正が発生した場合にこれらの要素が当てはまっていないかどうかを確認し，当てはまっていたならば，同じような要素が存在する前・後任，あるいは他部署にも同じような不正が埋没し，あるいは今後発生しうる可能性があります。
　よって，日ごろの管理体制の点検や再発防止のためにも，これらの要素の有無を検討するべきです。

(1) 不正行為を行う個人の類似点

　(a)　有能な社員　　いわゆる小銭程度の不正を行う場合は能力が高くない社員が小遣い稼ぎ的に犯す傾向がありますが，組織ぐるみ，あるいは巨額の不正を犯す社員は，むしろ会社では有能とされている社員であることが多い印象です。
　組織ぐるみの不正や巨額の不正を行おうと思えば，従前の仕事のやり方を十分熟知したうえで，そのセキュリティホールを見つけ出し，かつ細心の注意を払って発覚の可能性を見極めつつ，発覚しないような偽装を施すことが必要です。
　皮肉ではありますが，このような不正の能力は，有能でない社員にはそもそも備わっていないのです。
　よって，不正が発覚した際に，「まさか彼が」「あの人に限って」という声が上がることが多いのが現実です。
　もちろん，有能な社員だから怪しめ，ということではありません。有能な社員だからといって，見逃したり，監視を緩めたりなどの特別な対応をすべきではない，という程度に捉えていただければと思います。
　よく経験するのが，通常のルールとは違う行動をとっているな，ということを周りが気づいていたのに，「彼は優秀だから任せて大丈夫」あるいは「機

嫌を損ねて成績が落ちるのは不本意だ」というような，有能であるがゆえの監視のゆるみが見逃しの原因となった事例であり，このような事例は意外と多いのです。

よって，給与に見合わない所持品がある，金遣いをしているなどの不審な点があるなら，たとえ有能であろうとも例外なくチェック機能を働かせる心構えが必要です。

(b) 上司受けがよく，報告がうまい社員　有能な社員とも共通する要素ですが，とにかく，自分をチェックする存在に対する，チェックを甘くさせる働きかけのうまい社員が，不正を行っていることがあります。

上司からすれば，たくさんの部下の面倒を一度に等しい力で監督することは不可能で，できる部下にはある程度任せ，できない部下の指導に力を集中させたくなります。

ところが，この上司の信頼を逆手にとって，上司の決裁を形骸化させ，自分の言い分がほぼ通るような状態を作り出し，不正を行うのです。

指導力の分散は，組織である以上やむをえないところですが，それはチェックをしなくてもよいということではありません。

「信頼」をしているようにみえるその行動は，実は「無関心」の裏返しになっていませんか。

正しい信頼は，きちんとしたチェックによって裏づけられるものですし，むしろ信頼されているとの関係は「組織を裏切れない」との心理的ブレーキにもなります。

ところが，単に丸投げ，任せっぱなし，決裁の形骸化を放置する，いわゆる無関心は，不正を行う機会にも動機にもなりえます。

これも，先の例と同様，チェックの例外を作ってはいけないという意味で留意していただければと思います。

(c) 常に成績が良い社員　有能な社員とも共通する部分でもありますが，とりわけ，営業職のような数値で業績が判定されるような部署において，いつも成績トップ，いつもノルマを達成している社員については，どのような手法で成績を上げているのかについては，チェックをしなければなりません。

よくあるのが，一度良い成績を上げたところ，周りの反応がよく，その快

感が忘れられずに自己買取や転売などの方法で，タコ足方式で自らを追い詰めたり，取引先へのリベートを供与するなどして他人の不正に手を貸してまで，成績を上げようとする事例です。

　成績が良いのですから，これを叱ることはできませんし，どうしてもチェックの関心は，成績が振るわない人物に向けられがちです。

　ここに，監視が甘くなる要素があります。

(2) **不正行為を行いがちな部署の特徴**

　(a) **他部署が赤字なのに，常に黒字を出し続けている**　　上記の個人の共通点でも触れましたが，他の部署が赤字なのに，特定の部署だけが成績が良い場合，その部署に対して，その手法について通常の監査等で不正をチェックするのは困難です。

　後ほど対策案としてご紹介する，交流会などを利用して，プラス評価をしつつ，けん制を利かせる方策を採るなどして，挙積とのバランスを考慮すべきです。

　(b) **業種が本業とかい離がある**　　たとえば，飲食店が本業の会社が買収や新規展開でインターネットビジネスを行うような，本業とはかけ離れた仕事をしている部署があります。

　この部署に配属されている人たちは，もともとその分野に詳しいか，詳しい人物を採用して担当させていることが多いのですが，いわゆる監査や内部統制におけるコントロールから，漏れてしまうことがあります。

　すなわち，本業であれば，多くの人が業務フローを知っており，数字の動き方や在庫の状況などについて異常があればそれを察知することができます。

　しかしながら，本業とまったく異なる業種の場合，かかるチェックができる人物がおらず，事実上丸投げになってしまい，不正が行われても長期間にわたって気づけなかったということがあります。

　よって，新規事業展開は素晴らしいことではあるものの，その適正についてどのようにチェック機能を働かせるかを検討していない場合は，不正リスクがあると評価すべきです。

　なお，同じリスクは，買収などで丸のみしたまったくガバナンスの違う会社，拠点が遠方にある支店，営業所などでも，見られます。

(c) 責任者，担当者が5年以上変わっていない　上記の本業以外の部署もそうですし，本業にかかわる部署であっても出納・経理，購買，販売・在庫管理など，担当者が長年にわたって変わっておらず，しかもその担当者が申請・入力から処理・記録までを一気通貫で行っているような部署は，不正の温床となります。

やはりこれも，その担当業務の性質上，他の誰かに代われないという事情から，好き放題されても誰も気づかない，という状態になっていることがあります。

今や，受注と発注，経理処理を一人で行うような会社は少なくなったと思いますが，当初は適切に配置していたところ，イレギュラーな事情で欠員が出たにもかかわらず，人材を補てんしないまま放置したような事例での不正も散見されますので，もしまだそのような部署が残っている会社は，いつ不正が発生，発覚してもおかしくないと考えるべきです。

(d) パワハラが放置されている　パワハラは，有能な社員による，有能でない社員に対する叱責が行き過ぎた結果発生することが多いです。

上記のとおり，有能であるがゆえに他の社員に対して厳しく接することについて，会社としてやむをえないとして放置すると，今度はその有能な社員が不正を行い始めた際，誰もそれを指摘する者がいなくなるという結果を招きます。

(3) 不正が発生しやすい企業風土

以上に加え，そもそも，不正が発生しやすい企業の特徴にも共通するものがあります。

(a) 明確な業務フローがない，あるいは明文の規定とは別の，現場だけで受け継がれている独自の業務フロー（ローカルルール）の存在を知らない
業務フローがきちんと伝達できていない，定まっていないということは，社員の裁量が大きいことを意味しています。そうすると，何が正しい仕事の仕方で，何がやってはいけないことなのかについて，会社がコントロールできていない社員の独自の判断に委ねてしまうことになります。

これでは，後になって不正の痕跡がなかったかを検証する際に，会社としてそもそも，管理をしていなかったと評価されますし，同様のリスクが発生し

ている可能性もあります。

さらに，一応のフローや決まりがある会社でも，実際に行われている仕事の仕方とのかい離があるものがあります。

そのような会社においては，形式的な手続は整っているものの，実際の仕事のルールは別途存在していることになるのですが，会社がそのローカルルールを把握できていない場合も，やはり不正の痕跡を見逃してしまいます。

たとえば，営業がどのような仕事の仕方しているのかを監査や調査担当者が知らない，同業他社と顔を合わせる機会，取引先との接触の機会にどのようなやり取りをしているのか，あるいはすべきかについてまったく情報がないなどが挙げられます。

このような管理体制では，いつ不正が起こっても気づくことができませんし，そもそも，管理体制が不十分であったとして，会社の姿勢も批判の対象になります。

(b) 経営陣と従業員の文化にかい離がある　よくあるのが，子会社の経営体制について，親会社からの出向者や転籍者によって経営陣が構成され，プロパーの社員の認識とのずれが生じるため，必要な情報が共有されなくなってしまっている会社です。

特に，役員が出向者によって構成されている場合，その出向役員は自分の任期中さえ無事に過ごせればいいという心理に陥る結果，不正の兆候を見つけても見て見ぬふりをしたり，問題を先送りしたりする傾向にあります。

定年間近で転籍した経営者も同じ傾向にあります。

(c) 経営陣の公私混同がはなはだしい　経営陣が公私混同をする会社は，従業員のモラルも下がります。

従業員に個人的なゴルフの運転手をさせる，家族の世話をさせる，自宅の草刈りをさせるなど，公私混同を行う経営者のいる会社では，従業員に「これほどの大変なことをさせられているなら，もっと収入がほしい」「このくらい貰わないと割に合わない」という，不正を行う正当化の要素を生んでしまいます。

(4) まとめ

以上は多くの共通点というだけであり，不正を行う者や部署，会社の特徴

は枚挙にいとまがありませんが，いずれの要素についてもいえるのは，
① 監視の目が甘くなる理由がある
② ルールを守らなくても問題ないと思わせてしまう
という傾向がみられるということです。

業務不正は，ルールを明確に定めてその履行状況をきちんと管理し，その違反に対しては例外を作ることなく誠実に対処することで，多くは防げます。

もし，自社内で業務不正が発生したら，以上のような背景や特徴がないかについて調査し，いくつかの傾向があるならその傾向の改善や，他の同様の状況にある部署がないかのチェックをするなど，縦断的横断的な視点で是正を行う必要があります。

3 業務不正を行わせない会社の取組み

以上の業務不正の原因の類似点を踏まえ，これらの傾向に対する歯止めをかけていくことが対策として必要です。

さらに，類似点を逆手にとった，実際に企業で取り入れられて成果を上げている実例がありますので，ご紹介します。自社に即した形での導入を検討することをお勧めします。

(1) 制度的な取組み

(a) 業務フロー，マニュアルの整備，見直し　いわゆる規定だけでなく，実際にどのような仕事の仕方をするかについて，整備をするものです。

成功させるコツとしては，上から押し付けるのではなく，社員自身に作成させるようなプロジェクトを組むことです。

自分たちで作ったマニュアルは，自分たちで守らなければならないという心理が働きます。

(b) 人事ローテーションの見直し　適材適所という言葉は，不正を許す理由になりません。

特に，お金を取り扱う部署（経理，発注権限）については，同じ部署内で担当をローテーションすることはもちろん，できれば異なる部署間で異動を試みるべきです。

なお，人事異動の種類には昇進も含むのが通常の辞令ですが，たとえば，副部長から同じ部署の部長に昇進した，というような部署の変動を伴わない異動について，不正対策という意味では，異動に含めるべきではありません。

この場合は，同じ部署にいる以上，同じ業務を引き続き担当する例が多いからです。

人事ローテーションの際に検討すべき異動とは，担当業務が変わることを意味するとご理解ください。

(c) 積極的に管理部署と現場との情報交換を行う　法務などの管理部門は，相談をされれば回答しますが，それまでは待ちの姿勢にある傾向にあります。

ですが，営業，購買，開発の現場では日々様々な問題が発生しており，リアルタイムで管理部門に相談するべきかどうか，判断がつかないことが多いのです。

相談したいことはあるけど，わざわざ聞くほどでもない。

その微妙な壁が，文化のかい離や情報不足を生むのです。

通報制度のほか，定期的なアンケートを実施する，定期的に管理部門が現場に出向いて行き相談会を行う，積極的に悩みや困りごとを聞きに行くなど，管理部門のあり方を再検討すべきでしょう。

(2) 業績公表制度

悪い業績，良い業績を社員間で共有する取組みです。

(a) 失敗大賞　開発などで，その年一番大きな失敗をした人を自己申告制で表彰するものです。

商品開発には失敗がつきものですが，その失敗が大きければ大きいほど，成功に近づくヒントを得たという趣旨で，大きな失敗を公募し，その貢献を讃える制度です。

もちろん，ここで表彰される失敗とは，業務不正というような失敗は現れないところですが，「失敗は成功の元」という文化を形であらわした取組みとして，実例があります。その企業では，制度の存在により，失敗を隠すのではなく次につなげるための糧として共有すべきという社風が生まれることを期待しているようです。

(b) 業績優良者による業務手法の水平展開　業績優良者に対する表彰はなされることがありますが、それを一歩先に進め、グループディスカッション型の研修を実施し、業績優良者を発表者として、どのような方法で業績を上げたのか、情報共有する制度です。

先に挙げたとおり、大きな業務不正をする者の特徴として、常に成績を上げているとか、他の部署が赤字なのに黒字を出すなどの特徴があります。

とはいえ、さすがに、経営者から彼らに、「なぜ黒字なんだ」と問いただすことを期待するのは心理的に難しいので、業績がいい社員、突出して黒字を出している部署を「褒める」というステージに乗ってもらい、みんなの検証の場に、気持ちよく出てきてもらうことを期待する制度です。

もし、本当に正当な方法で業績を上げているならば、むしろ誇らしい場を与えられたと解釈してもらえ、より一層頑張ろうという精神的報酬になりますので、彼らの機嫌を損ねて正当な利益が下がるということは避けられます。

他方で、万が一、その業績の向上の手法に何らかの不当な要素がある場合、きっとその者達は自分の手法を公表するのを拒んだり躊躇したりするはずです。

それでも、みんなのためなんだからとして発表の場に引っ張り出せば、見る人が見ればその不自然さに気づくチャンスとなります。

このように、大きな業務不正の共通点に目を配りつつも、とはいえ本当に頑張ってくれてる人の機嫌を損なわないでうまく、その手法にチェックを入れる方法として、ご参照いただければと思います。

【木曽　裕】

Q41 システム障害・サイバー攻撃

システム障害，サイバー攻撃の防止についてはどのような管理態勢を整備すべきでしょうか。また，事故が起きたり問題が発覚した際にはどのような点に注意して対応すべきでしょうか。

A

(1) システム障害やサイバー攻撃への対応については，システムへの対策を十分に実施しておくことは大前提です。
　そのうえで，リスクマネジメント上，特に重要なことは，システムへの対策に頼りきるのではなく，人為的なミスの防止策や，仮に事態が発生した場合における危機対応（初動対応，顧客対応等）のような，「人」が行うべき対応を事前に十分に検討して，必要な対策を実施しておくことです。

(2) 近年増加しているサイバー攻撃への防止策は極論すれば「外部からの脅威をブロックする対策」と「従業員への意識啓発の徹底」に尽きます。そのほかにもいくつかの対応策がありますが，考えうるすべての対策を実施していたとしても，完全な防御は困難という認識から対策を考えることが重要です。

解説

1 システム障害・サイバー攻撃による影響

急速なIT化の進展により，現在どの企業においても，その活用度合いの差はあっても，何らかのITシステムを利用して業務を進めているはずです。したがって，仮にシステム障害等の理由によりITシステムが使用できなく

なった場合，多くの業務が滞ることになる可能性が高く，ＩＴシステムは事業継続の観点からも重要な経営資源の一つと捉えられています。

　さらに，システム障害等による影響は，自社内の業務ばかりでなく，顧客や取引先の業務にも影響を与えたり，業種等によっては社会インフラ等へ影響を与えたりすることも考えられます。その場合に，それまでに実施していた予防策が不十分であったり，初動対応や顧客対応等の事後対応に問題があったりする場合には，その影響度によっては，監督官庁から行政処分を受けるケースもあります。

　また，近年，国内の大手企業や政府関係機関等に対して，外部の者の不正アクセスにより，様々なサイバー攻撃が仕掛けられ，個人情報が流出したり，ホームページが書き換えられたりする等，一部では大きな被害が発生しているケースがみられます。これまでもサイバー攻撃を受ける事例はありましたが，その多くはいわゆる「愉快犯」であり，不特定多数を攻撃対象としていました。しかしながら，近年のサイバー攻撃では，特定の目的のもとで，特定の組織に狙いを定めた「標的型サイバー攻撃」が多くみられるようになりました。

　「標的型サイバー攻撃」を含めて，近年におけるサイバー攻撃の特徴としては，前述のとおり，なんらかの社会的な背景や意図等（たとえば，攻撃先企業の機密情報を盗み出す等）をもって，特定の対象に対して攻撃するという点があります。そのほかにも，ハッカー集団の「アノニマス」のように，組織化された攻撃主体による攻撃が特徴としてみられます。さらに，侵入技術が高度化しており，企業側としての防御の難易度が高まっていることも特徴といえます。

　サイバー攻撃による被害の影響は，その攻撃主体がどのような目的で攻撃しているのかによりますが，主に考えられる影響としては，企業の機密情報や個人情報の漏えい等が考えられます。それらの情報が漏えいした場合には，漏えい情報により被害を受けた顧客や取引先等から損害賠償等を求められるケースもあります。

　情報技術の高まりにより，システム障害による業務停止やサイバー攻撃による情報漏えい等の被害が発生した場合の影響は強まっているといえます。したがって，各企業においては，顧客や取引先のほか，監督官庁等も含め，ステークホルダーに対して，少なくとも説明責任を果たしうる範囲までは対策を

講じておくことが求められます。対策としては，システム上の対策は当然のことながら，人為的なミスにより事態を起こすことがないように，予防策とその周知徹底を行うことも忘れないようにすることが重要です。それに加え，万が一事態が発生した際に備え，適切に対応できるように，対応体制を平時から構築しておくことが求められます。

2　平時に求められる対応

　平時における対応としては，システム上の対応に加え，組織的な対応ミスや人為的なミス等が発生しないようにするための対策が求められます。システム障害への対応については，仕様や設定，バックアップや冗長化等についてシステム会社と予防策等の検討を進めておくことが主な対応となると思いますので，ここでは特にサイバー攻撃に焦点を絞って平時に行うべき対策を紹介します。

(1) 「入口対策」（外部からの攻撃をブロックするための対策）
　従来より実施されているように，外部から組織に入り込まれないようにする対策を徹底することが肝要です。
　具体的には，ファイヤーウォールやウイルス対策ソフトの活用については，当然実施されていなければなりません。それに加え，メールのフィルタリング（ＩＰアドレス偽装防止，添付ファイル解析，スパムメール隔離等）や，ウェブフィルタリング，ＵＳＢやモバイルデバイスを含むエンドポイントの管理等により，攻撃者の侵入経路となりうるポイントについて対策を強化することが必要です。

(2) 「出口対策」（情報が外部に持ち出されないようにするための対策）
　外部にいる攻撃者に情報を窃取されないようにするために，バックドア通信，ウイルスのシステム内拡散，情報の流出を止めるための対策を行います。
　具体的には，ログ監視，不正通信の検知・遮断，重要性が極めて高い情報のネットワークからの分離，アカウント管理等の重要サーバに対する防護の強化等，自社が保有している情報の内容や性質，重要度等に応じて，対策をとることが求められます。

(3) 脆弱性対策

あるソフトの脆弱性が判明した後，ソフトウェアの修正プログラムがベンダーから提供される前にその脆弱性を利用して攻撃が行われる，いわゆる「ゼロデイアタック」にみられるように，脆弱性対策の遅れは特に攻撃者に狙われやすい点といえます。

企業によっては膨大な量のサーバやソフトウェアを保有・管理しており，更新するためには多大な労力を要する場合もありますが，攻撃による被害・影響の大きさを勘案して，優先順位を付けながら，脆弱性対策を行うことが重要です。

(4) 重要情報の区分・管理方法の検討

いったん，「標的型サイバー攻撃」の対象となった場合，ウイルスの侵入を完全に防御することは困難です。したがって，自社で保有している情報の重要度に応じて，万が一のウイルス侵入に備えた対策を行うことが重要です。

たとえば，パスワードの付加や，さらにセキュリティの高いファイル管理システムでの管理等のほか，絶対に漏らしてはならないような機密情報については，外部ネットワークにつながっていない環境に保存したり，電子化せず紙のみで管理したりするという方法も一案です。

(5) 積極的な情報収集

サイバー攻撃の手法は日々進化しており，攻撃者も同じ手法のみで攻撃するとは考えられません。したがって，企業としては積極的に情報収集を行い，必要に応じて対応策の見直しや，新たな対応策を検討することが求められます。

独立行政法人情報処理機構（ＩＰＡ）では，サイバー攻撃等も含めＩＴの安全性向上に係る調査レポート等を出しているので，そのような専門機関から情報を適宜入手するのも一法です。

(6) 従業員への教育・意識啓発

標的型サイバー攻撃の攻撃者は，従業員の意識低下や不注意等の隙をついてウイルス侵入を画策します。したがって，上述のようなハードウェア対策やルールの整備に加えて，従業員への教育による意識啓発が被害抑制のために不可欠です。

特に不審なメールへの警戒やＵＳＢ等の外部媒体の利用制限への理解浸透

のため，集合教育やEラーニング，社内掲示板やメール等を通じた注意喚起を継続的に実施することが重要です。

さらに，近年では，攻撃メールを模擬的に従業員に送付して適切な対応ができているかどうか検証できるようなサービスを提供している専門業者もあるので，そのようなサービスを利用するのも有用です。

(7) 有事対応体制の構築

上述のような対策も含め，あらゆる事前対策を講じていたとしても，完璧な防御を図ることは困難です。万が一不測の事態が発生した場合に備え，情報収集や報告・連絡の方法，対応体制，顧客対応等のような対応を適切に行うために，マニュアル整備やそのマニュアルに基づく訓練等を実施することも重要です。

上記のほかに，サイバー攻撃に対する防御力向上だけでなく，震災発生時における事業継続の観点からも，プライベートクラウド等を活用したサーバ集約を図るようなケースもみられつつあります。この場合，サーバの集約により一括管理することによって，セキュリティ対策レベルの均一化を図ることができるため，企業としては防御を行いやすくなるメリットがあります。一方で，ある拠点がシステムダウン等をした場合には，多大な影響がでる可能性があるため，徹底した対策も求められますので注意が必要です。

いずれにしても，どんなに厳重な対応策をとっていたとしても完全な防御は困難という認識をもち，ウイルス侵入があったとしても，情報漏えい等のような，さらに大きな被害に発展しないように対応策を検討することが肝要です。

3 発生時の対応例

上述のとおり，どんなに平時に予防策をとっていても，万が一の事態に備えておくことが欠かせません。事態が発生した場合を想定してあらかじめ対応策を検討し，マニュアル等を整備して，周知徹底を図っておきましょう。

ここでは，「サイバー攻撃による情報漏えい」を例として，主に「情報漏えいの徴候がみられた段階」と「情報漏えいが発覚した段階」に分けて対応の際

の留意点を記します。

(1) 情報漏えいの徴候がみられた段階

　何らかのサイバー攻撃による情報漏えいの兆候がみられた場合には，以下のような対応を行うこととなります。この段階では，必ずしも情報漏えいにまで至っていない可能性もありますが，その真偽の確認を含め，先手を打った対応が求められます。

　(a) ウイルス感染への対応　セキュリティベンダーと連携して，ウイルスの特徴や拡散の可能性等に関する調査を行います。その結果を踏まえ，「端末単位の対応だけでいいのか」「ネットワーク全体への対応が必要なのか」等の視点から，被害拡大の防止策を検討し，対応可能なものから実施します。

　(b) 標的型サイバー攻撃の可能性を踏まえた対応策の準備・検討　仮に標的型サイバー攻撃の対象となっている可能性を考慮して，インターネットからの切り離しによる外部との通信遮断（社外とのメール送受信やインターネット接続の停止）等について検討します。

　さらに，ウイルス汚染端末等の証拠保全のほか，重要情報へのアクセスや外部との通信経路の設定，交信の有無を確認するため，各種ログの調査について準備します。

　その他，情報漏えいが確認された場合の対応について，顧客への影響，対応体制等の視点から検討しておきます。

　(c) 社内や関係会社への情報共有の検討　停止しなければならない業務や復旧の見通し等を確認し，社内の関連部署や関連会社と可能な範囲で情報共有を行います。

　あわせて，社外への情報開示に関する注意事項等の周知徹底を行う等の情報管制について検討しておきます。たとえば，インターネット上での社員の不用意なコメント等の発信に対する注意喚起（SNS等で本件に関連した批判，中傷や風評に対し，社名を名乗った反論をしないことの申合せ等）を行っておく必要があります。

　(d) その他　重要な意思決定のためのエビデンス確保のため，危機対応行動記録についても作成しておくとよいでしょう。

(2) 情報漏えいが発覚した段階

実際に標的型サイバー攻撃による情報漏えいが発覚した場合には，兆候段階で検討した内容を中心に適宜対応を実施していくこととなります。

(a) 情報漏えい経路の調査，拡大防止策の実施　流出経路・流出先の特定のための調査を行うとともに，インターネット上での漏えいデータ流出や，当該情報漏えいに関するネガティブ情報等の監視や対応もあわせて対策の実施が必要です。

(b) 顧客への対応　問合せ窓口を設置し，顧客等からの対応体制を整えます。具体的には，漏えいが確認された顧客，漏えいの可能性がある顧客，実害を受けた顧客等のように対象を整理して，問合せに対する応答要領等を整理します。

(c) メディアや官公庁への対応　ニュースリリース等のメディア対応や，監督官庁や警察等の関係省庁への報告等の対応も必要です。ニュースリリースに必要な情報としては，漏えいデータ（漏えいが確認されたデータの件数や内容に加え，漏えいの可能性のあるデータ件数が必要です。内容について最悪のケースを想定しておきます），流出経緯（現在までに判明している流出経緯を整理しておきます），今後の対策（漏えいデータに対する対策，再発防止策，顧客等に対する対策をまとめておきます）を整理しておきます。

(d) その他　デジタルフォレンジックによる証拠差押え等，訴訟への対応等も行っておきましょう。

上記は「サイバー攻撃による情報漏えいが発生した場合」の対応例になりますが，実際にはシステム障害，サイバー攻撃によるシステムダウン等，様々なシナリオが考えられますので，自社のシステムの状況やそれに紐付く業務や顧客等の重要性から，平時から対応策を検討しておくことが肝要です。

【濱﨑　健一】

Q42　営業秘密漏えい

営業秘密漏えいの防止についてはどのような管理体制を整備すべきでしょうか。また，事故が起きたり問題が発覚した際にはどのような点に注意して対応すべきでしょうか。

A

　営業秘密の管理にあたっては，「物理的管理」，「技術的管理」，「人的管理」等の具体的な管理方法により，秘密情報をその他の情報と区分し，権限に基づきアクセスした者がそれを秘密であると認識して取り扱うために必要な措置を講じるとともに，無権限者がアクセスできないよう措置を講じるべきです。また，具体的な管理方法による管理を適切に機能させるためには「組織的管理」を行うことも重要です。
　事故時等には，被害拡大を防止するため，情報の漏えい経路の調査，情報の拡散防止に努めるとともに，管理体制の見直しを図る必要があります。

解説

1　営業秘密の保護と管理体制

(1) 不正競争防止法上の営業秘密保護と営業秘密管理指針

　高度のノウハウ・発明の保護としては，情報それ自体は公開して特許権を付与しライセンス料を確保する方法がある一方で，あえて特許出願せず非公開のまま事業者内部で独占的にその活用を図る方法もあります。後者においては，秘密の保護を図る必要があり，一般には守秘義務契約による契約的拘束という

方法が多く採られますが，秘密のなかでも，①秘密管理性，②有用性，③非公知性の3要件を備えた営業秘密は，不正競争防止法によって特に重く保護されることになります（不正競争2条6項・1項4号～9号・21条1項1号～7号等）。このうち，秘密管理性については集積された裁判例等を基礎に経済産業省で営業秘密管理指針が策定され，営業秘密としての法的保護を享受しうる管理水準と，情報漏えいのリスクを最小化するための高度な管理水準が摘示されているところです。

(2) **営業秘密管理指針における管理体制のあり方**

裁判例における秘密管理性の認定にあたっては，①客観的認識可能性，および②アクセス制限の存在が必要とされていることから，営業秘密管理指針においては，営業秘密とその他の情報とを区分して管理し，営業秘密として区分した情報については，秘密であることおよびその管理方法を指定・周知すべきとされています。また，営業秘密ごとにアクセスできる権限をもつ者をあらかじめ指定し，同時に営業秘密へのアクセス記録を残すべきとされています。もっとも，裁判例においても事業規模，業種，情報の性質，侵害態様等も踏まえ，秘密管理の合理性を総合的に判断する傾向にあることから，管理に過剰なコストをかけるのではなく，具体的管理方法を適切に組み合わせてその管理水準を一定以上のものにすることにより，法的保護の可能性を高めることが望ましいものとされます。

そして，同指針では，「物理的管理」，「技術的管理」，「人的管理」等の具体的な管理方法により，秘密情報をその他の情報と区分し，権限に基づきアクセスした者がそれを秘密であると認識して取り扱うために必要な措置を講じるとともに，無権限者がアクセスできないよう措置を講じるべきとされています。また，具体的な管理方法による管理を適切に機能させるために「組織的管理」をすることも重要とされます。以下，同指針が挙げるそれぞれの管理方法のポイントを指摘します。

(a) 物理的管理　営業秘密が記載・記録されている媒体であることを，権限をもってアクセスした者が客観的に認識可能な状態にするべきです[☆1]。書面へのマル秘マーク押捺[☆2]，電子ファイルの開封に関するパスワード設定，記録媒体の他の情報との分離保管等が必要です。営業秘密の記載・記録媒体は

保管庫に施錠して保管し，その持ち出し，複製をできる限り制限し，適切に回収するとともに，復元不可能な措置を講じて廃棄する必要があります。営業秘密の保管場所の施錠☆3と保管施設への入退出の制限も必要です。

　この点，より高度な管理方法としては，デジタル透かし情報（廃棄期限や秘密表示等）の付加，専用の保管庫への保管，暗号化機能や生体認証機能（指紋認証，こう彩認証，静脈認証等）ないしは遠隔操作によるデータ消去機能等の機能を有した可搬記録媒体やノートパソコンの利用，パソコンのシンクライアント化，廃棄時の専門処理業者による溶解処分等が挙げられます。

　(b) 技術的管理　ネットワーク接続やデータ複製，バックアップ手順等，電磁的に記録されたデータの取扱いに関するルールをマニュアル化☆4，システム化し，ＩＤおよびパスワードの設定☆5等指定されたアクセス権者にのみアクセス可能な措置を講じる必要があります。特に情報セキュリティ管理者の退職時には注意が必要とされます。また，営業秘密を保存するコンピュータやシステムを外部ネットワークから遮断したり☆4，ウイルス対策ソフトを導入のうえ最新の状態で管理したり等不正アクセスに対する措置を講じたうえ，営業秘密のデータを復元不可能な措置を講じて消去・廃棄することも必要です。

　この点，より高度な管理方法としては，パソコンの起動またはサーバへのアクセス時の認証システムとしてのＩＣカード認証，生体認証（指紋認証，こう彩認証，静脈認証等），ワンタイムパスワード等の利用，ＰＩＮ入力の付与，外部からの不正アクセス等を監視するためのＩＤＳ／ＩＰＳの設置，サーバアクセス時の認証システムとして，接続時認証および通信情報の暗号化措置，閲覧専用機器をインターネットに接続しないこと等が挙げられます。

　(c) 人的管理　アクセス権者かどうかを問わず，すべての従業者等において，自社の秘密保護に関する認識をもち，営業秘密侵害や漏えいを防止するような意識をもつことが重要です。事業者としては従業者等の営業秘密取扱い状況を把握したうえで，誰にどのような義務を負わせるかを明確にするとともに，秘密管理の重要性や管理組織の概要，具体的な秘密管理のルール等について，教育・研修責任者を定めて，適切な内容の教育・研修を日常的に実施する必要があります。

　また，従業者に対しては，労働関連法規に留意しつつ就業規則や各種規程

に秘密保持義務を規定し，周知する[*4]とともに，契約，誓約書等により秘密保持義務を明確にするべきです[*2]。秘密保持契約には，①対象となる情報の範囲，②秘密保持義務および付随義務，③例外規定，④秘密保持期間，⑤義務違反の際の措置等を盛り込む必要があります。入社時，特定プロジェクト参画時，退職時等必要に応じて段階的に対象を特定した契約をするべきでしょう。退職者に秘密保持義務を課す場合には必要性・合理性に配慮する必要があり，特に競業避止義務を課す場合には，職業選択の自由の不当な制限にわたらないよう，制限の期間，場所的範囲，制限の対象となる職種の範囲，代償の有無等について，債権者の利益（企業秘密の保護），債務者の不利益（転職，再就職の不利益）および社会的利害（独占集中のおそれ，それに伴う一般消費者の利害）の3つの視点に立って慎重に検討していくことを要するものと解されています[*6]。

　さらに，派遣労働者については，派遣元事業者を通じた管理を行うとともに，一定範囲での守秘義務の誓約を課すことが望ましく，転入者については前職での守秘義務内容に留意し，前職で知り得た情報の混入（コンタミネーション）を避けるべきです。取引先についても，守秘義務契約を締結する必要があります。

　(d) 組織的管理　　営業秘密の管理においては，自社の重要な情報資産を把握し，これを組織的な管理体制のもと，適切に管理することによって，自社の営業秘密を保護するとともに，他社の営業秘密を侵害しないために自社の情報と他社の情報とを峻別することができるような取組みを行うことが重要であり，そのために実効的な管理体制を構築することが望ましいといえます。

　そのためには，営業秘密管理上の不正を未然に防ぐための管理方針等（基本方針，基準，規程等）を整備し，またその具体化のための手続を確立したうえ，継続的に見直すことが必要です。また，管理方針等の遵守状況の監督責任者を定めて組織内で周知するとともに，営業秘密侵害を防止するための教育・研修により管理方針等を周知徹底するべきです。さらに，法令に抵触するか否かを事前に相談できる体制（たとえば相談窓口の設置等）を整備し，営業秘密の不正取得に対する日常的なモニタリングと侵害リスクに応じた内部監査を実施し，実際に不正取得が生じた場合の懲戒処分基準をあらかじめ設けて，その内容を従業者に周知することが重要です。そのうえで，管理方針等の文書化と実施計

画の策定（Plan），組織体制を整備しての管理方針等の実施（Do），日常的なモニタリング，内部監査，必要に応じた外部監査の併用による管理状況の監査（Check），定期的な管理方針等の点検による，その手段や計画，目標等の見直し（Act）という，マネジメントサイクル（PDCAサイクル）を確立することが重要といえるでしょう。

(3) ＩＳＭＳの位置づけとマネジメントシステム要求事項（JIS Q 27001：2006）の参照

　営業秘密の保護レベルを向上させるには，情報管理のための適切な仕組みである情報セキュリティマネジメントシステム（ＩＳＭＳ）の要求事項を参照して，そこに営業秘密管理の具体的方法を取り込むことが有用です。この手法によることで，営業秘密の要件である秘密管理性が肯定される可能性を非常に高いものとし，情報の漏えいリスクを相当程度低減することができると考えられます。

　ＩＳＭＳ構築の際の国際標準としてはＩＳＯ／ＩＥＣ27001：2005（JIS Q 27001：2006）が存在しており，ここで求められる要求事項に基づく第三者認証制度として，一般財団法人日本情報経済社会推進協会が運用する情報セキュリティマネジメントシステム適合性評価制度が事実上の国内標準となっています。適合性評価を受けるかどうかはおくとしても，その要求事項を参照してＩＳＭＳ構築を図ることは重要です。

2 事故・問題発覚時の対応

(1) 被害拡大防止のための対応

　営業秘密は非公知性ゆえに資産価値を有するものですから，それが外部に漏えいすることで事業者が被る損失は計り知れない場合が考えられます。そこで，情報漏えい等の事故が発生した場合には，被害拡大の防止が急務であり，情報の漏えい経路を調査し，漏えい先での公開状況を把握のうえ，その削除，廃棄を要請し，情報の拡散防止に努める必要があります。

　その際，情報漏えいの態様として保管媒体の紛失・盗難状況，保管媒体に対する物理的・技術的管理の実施状況（パスワード設定，遠隔操作によるデータ

消去等，データの複製制限等）によって，情報漏えいのリスクは相当程度異なることになるので，これらの状況を踏まえつつ，的確な防止策を採る必要があります。

(2) **管理体制の見直し**

情報管理の具体的方法については，特に組織的管理において指摘したとおり，ＰＤＣＡサイクルに基づく運用を図ることが重要です。したがって，実際に情報漏えい等の事故を生じたとなれば，その原因を究明し，漏えいルート・関係者・漏えい内容を把握したうえ，今後の同種の漏えいを防止するべくその管理体制の見直しを図る必要があります。具体的管理方法の盲点を発見し，次なる漏えい態様を予測のうえ，的確に管理体制を見直すべきでしょう。

引用判例

☆1 大阪高判平14・10・11（平成12年（ネ）2913号）裁判所ウェブサイト。
☆2 東京地判平17・6・27（平成16年（ワ）24950号）裁判所ウェブサイト。
☆3 東京地判平11・7・23判夕1010号296頁・判時1694号138頁。
☆4 東京地判平16・5・14（平成15年（ワ）19005号）裁判所ウェブサイト。
☆5 大阪地判平15・2・27（平成13年（ワ）10308号／平成14年（ワ）2833号）裁判所ウェブサイト。
☆6 奈良地判昭45・10・23判時624号78頁など。

【田島　正広】

Q43　個人情報漏えい

個人情報漏えいの防止についてはどのような管理体制を整備すべきでしょうか。また，事故が起きたり問題が発覚した際にはどのような点に注意して対応すべきでしょうか。

A

　個人情報の管理にあたっては，事業者の取り扱う個人情報の内容に応じて適用される各分野のガイドラインに準拠し，「組織的安全管理措置」，「人的安全管理措置」，「物理的安全管理措置」，「技術的安全管理措置」を実施し，自社内のみならず，第三者提供先および業務委託先も含めた管理体制を整備する必要があります。
　また，事故時等には，二次被害を防止するため，事故等の公表，本人への連絡，監督官庁への報告を行うとともに，管理体制の見直しを図る必要があります。

解説

1　個人情報の保護と安全管理措置

(1) 個人情報保護法と各分野のガイドライン

　個人情報の保護に関する法律（以下「個人情報保護法」といいます）は平成15年に制定・一部施行され，平成17年には全面施行されました。同法は，情報化社会への移行が進む一方で個人のプライバシーの要保護性が高まるなか，個人情報の適正な取扱いに関する国や地方公共団体の責務を定めるとともに，個人情報取扱事業者に対して個人情報取扱いに関する一定のルールと責務を定め，個人情報の有用性に配慮しつつ，個人の権利利益を保護したものです。

同法は，各国におけるプライバシー保護法制の導入の流れのなかで，経済協力開発機構（OECD）理事会勧告による8原則からなるプライバシーガイドライン（昭和55年）およびEUの個人データ保護指令（平成7年）等を受け，国際的なプライバシー保護への動きが加速するなか，国内的には住民基本台帳ネットワークシステム導入に向け，民間での個人情報漏えい等への対策として個人情報保護法制の推進の必要性が高まったことを受けて導入されたものです。

同法の施行に際しては，「個人情報の保護に関する基本方針」（平成16年4月2日閣議決定）において，各省庁が所管する分野ごとのガイドラインを策定してその保護に当たることとされたことを受け，個人情報保護法6条，8条に基づき，各省庁により各分野のガイドラインが定められました。ガイドラインは直ちに強制力はもちえないまでも，同法の趣旨を踏まえ分野ごとに事業者の責務を具体化したものです。この点，経済産業省の「個人情報の保護に関する法律についての経済産業分野を対象とするガイドライン」（以下「経済産業分野ガイドライン」といいます）は，分野横断的に幅広い範囲の事業者を対象とするものであり，次項(2)ではおおむねこれを参照して，一般的な安全管理措置のあり方について論及します。

ところで，特に社会的差別を生じさせかねないセンシティブ（機微）な情報を多く扱う医療，金融・信用，情報通信の各分野においては，上記基本方針および参議院の付帯決議として特に適正な取扱いを実施するための格別の措置が求められたことから，これらの各分野では特に厳格な定めがみられます。たとえば，法が個人データ・保有個人データに課す定めの個人情報への拡大適用（電気通信），センシティブ情報の取得・利用および第三者提供の制限と例外（金融・信用・電気通信），書面取得の際に利用目的の明示のみならず同意を得ることが望ましいとするもの（金融），一定の判断能力を有する未成年者については，法定代理人のみならず本人からも利用の同意を得ることとするもの（医療），取得時点で同意を得た利用目的が後に一部取り消された場合には，残余の範囲に限定して個人情報を取り扱うこととするもの（医療），患者死亡後の保存情報について個人情報と同等の安全管理措置を求めるもの（医療），個人データの保存期間の設定と期間超過データの消去（金融・電気通信），漏えい時の本人通知・官庁報告・公表と技術的保護措置が講じられている場合の例外

(電気通信），個人信用情報機関への個人データ提供に際して書面による同意を得るべきとするもの（金融・信用）等が挙げられます。

(2) ガイドラインに見る安全管理措置のあり方

「個人情報取扱事業者は，その取り扱う個人データの漏えい，滅失又はき損の防止その他の個人データの安全管理のために必要かつ適切な措置を講じなければならない」とされ（個人情報20条），かかる措置とは，経済産業分野ガイドライン（2-2-3-2。安全管理措置）においては，組織的，人的，物理的および技術的な安全管理措置として具体化されています（他のガイドラインにおいてもおおむね同様の分類によっています）。その際，本人の個人データが漏えい，滅失または毀損等をした場合に本人が被る権利利益の侵害の大きさを考慮し，事業の性質および個人データの取扱状況等に起因するリスクに応じ，必要かつ適切な措置を講じるものとされています。以下，各措置ごとに敷衍します。

(a) 組織的安全管理措置　組織的安全管理措置とは，安全管理について従業者（個人情報21条参照）の責任と権限を明確に定め，安全管理に対する規程や手順書（以下「規程等」といいます）を整備運用し，その実施状況を確認することをいいます。ここでは，①個人データの安全管理措置を講じるための組織体制の整備，②それを定める規程等の整備と規程等に従った運用，③個人データの取扱状況を一覧できる手段の整備，④個人データの安全管理措置の評価，見直しおよび改善，⑤事故または違反への対処が求められます。

これらに関して講じることが望まれる手法としては，①組織体制の整備については，個人データの安全管理に関する従業者や個人データを取り扱う部署の役割・責任の内部規程等での明確化，個人情報保護管理者・データ取扱い作業責任者の設置，監査責任者・監査体制の整備，漏えい等の事故時の代表者や主務大臣への報告連絡体制や本人への情報提供体制の整備等が挙げられます。

次に，②規程の整備等については，個人データ取得・入力，移送，利用，保管，消去の全過程における，作業責任者・手続の明確化による手続の実施，作業担当者の識別と権限確認を踏まえた，個人データの取扱い，保管体制等に関する規程等の整備と運用，委託先の選定基準の整備と運用等が挙げられます。

また，③取扱い状況一覧手段の整備としては，個人データについて，取得する項目，明示・公表等を行った利用目的，保管場所，保管方法，アクセス権

限者，利用期限等を記した個人データ取扱台帳の整備と，その定期的な更新等が挙げられます。

さらに，④評価，改善等としては，監査計画の立案および計画に基づく内部監査・外部監査の実施，監査実施結果の取りまとめと代表者への報告，監査報告および情報技術の進歩等に応じた定期的な安全管理措置の見直しおよび改善が挙げられます。

最後に，⑤事故等への対処としては，事実調査および原因究明，影響範囲の特定，再発防止策の検討・実施，影響を受ける可能性のある本人への連絡，主務大臣への報告，事実関係・再発防止策等の公表に関する手順の整備が挙げられます（例外につき後述 2 (1)参照）。

(b) 人的安全管理措置　人的安全管理措置とは，従業者に対する，業務上秘密と指定された個人データの非開示契約の締結や教育・訓練等を行うことをいい，委託・派遣契約の類型においては，委託元・派遣元と委託先・派遣先との非開示契約の締結を講じるべきとされます。営業秘密保護と個人情報保護はその目的・範囲等が異なるため，峻別して対応することが従業者の納得感の向上の観点から望ましいとされます。

(c) 物理的安全管理措置　物理的安全管理措置とは，入退館（室）の管理，個人データの盗難の防止等の措置をいい，①入退館（室）管理の実施，②盗難等の防止，③機器・装置等の物理的な保護等が求められます。

これらに関して講じることが望まれる手法としては，①入退館（室）管理については，入退館（室）管理の実施により物理的に保護された室内等への情報システム等の設置と個人データ取扱い業務の実施が挙げられます。

また，②盗難等の防止については，個人データを記した書類・媒体・携帯可能なコンピュータ・情報システムのマニュアル等の机上等への放置の禁止，個人データを含む媒体の施錠保管，氏名・住所・メールアドレス等を記載した個人データとそれ以外の個人データの分離保管等が挙げられます。

さらに，③物理的な保護としては，個人データを取り扱う機器・装置等の安全管理上の脅威（たとえば，盗難，破壊，破損）や環境上の脅威（たとえば，漏水，火災，停電）からの物理的な保護が挙げられます。

(d) 技術的安全管理措置　技術的安全管理措置とは，個人データおよび

それを取り扱う情報システムへのアクセス制御，不正ソフトウェア対策，情報システムの監視等，個人データに対する技術的な安全管理措置をいいます。ここでは，個人データに関する，①アクセスにおける識別・認証，制御，②アクセス権限の管理，③アクセスの記録，④移送・送信時の対策，⑤情報システムの監視・動作確認時の対策・不正ソフトウェア対策等が求められます。

これらに関して望まれる手法としては，①アクセスにおける識別・認証等については，ID・パスワードによる認証・生体認証・MACアドレス認証・IPアドレス認証等の実施，アクセス権限を付与すべき者・付与する権限の最小化，情報システムの利用時間・同時利用者数の制限，個人データへのアクセス可能なアプリケーションの無権限利用の防止等が挙げられます。

次に，②アクセス権限の管理としては，個人データにアクセスする者の登録を行う作業担当者の適当性の定期的な審査による適切な権限管理の実施が挙げられます。

また，③アクセスの記録としては，個人データ（もしくは情報システム）へのアクセスや操作の成功と失敗の記録，採取した記録の漏えい，滅失および毀損からの適切な保護が挙げられます。

さらに，④移送・送信時の対策として，紛失・盗難・盗聴等に備えて，移送・送信対象である個人データの暗号化等の秘匿化が挙げられます。

そして，⑤情報システムの監視・動作確認時の対策・不正ソフトウェア対策等としては，個人データを取り扱う情報システムの使用状況と個人データへのアクセス状況の監視，情報システムの動作確認時のテストデータとして個人データを利用することの禁止，情報システムの変更時に情報システムまたは運用環境のセキュリティが損なわれないことの検証，ウイルス対策ソフトウェアの導入，オペレーティングシステム（OS），アプリケーション等に対するセキュリティ対策用修正ソフトウェア（いわゆる，セキュリティパッチ）の適用，パターンファイルや修正ソフトウェアの更新の確認等が挙げられます。

(3) プライバシーマーク制度の位置づけとマネジメントシステム要求事項
　　（JIS Q 15001:2006）の参照

　EU指令を受けて，これに適合する自主規制が急務となったわが国では，当時の通商産業省が「民間部門における電子計算機処理に係る個人情報保護に

関するガイドライン」を定めるとともに、当時の財団法人日本情報処理開発協会（ＪＩＰＤＥＣ）が、適切な個人情報保護措置を講ずる体制を整備している事業者に付与するものとして導入したのがプライバシーマーク（以下「Ｐマーク」といいます）制度です。この制度は、後に、上記ガイドラインを受けて財団法人日本規格協会によって作成された、個人情報保護に関する日本工業規格「個人情報保護に関するコンプライアンス・プログラム（以下「ＣＰ」といいます）の要求事項」（JIS Q 15001, 2006年改訂）の適合性を評価するための制度として生まれ変わり、現在に至っています。

　同規格は、一般要求事項としてＣＰの策定・実施を求め、また、事業の内容および規模を考慮した個人情報の収集・利用および提供等を定めた個人情報保護方針の策定・文書化および周知等を求めています。さらに、同規格は、ＣＰの計画と実施・運用に関する細則を定め、個人情報の収集・利用および提供に関する各措置、事業者の個人情報の適正管理義務、情報主体の権利としての自己に関する個人情報の開示・訂正および削除請求権、ならびに個人情報の利用および提供拒否権の導入を求めています。加えて、同規格は、役員および従業員への教育、苦情および相談受付に関する項目、ＣＰと規格の要求事項の適合性および運用状況の定期的監査と事業者代表者によるＣＰの定期的な見直しを要求し、その規範性維持を図っています。

　同規格は、個人情報保護法に先行して策定された、同法とおおむね同程度もしくはそれ以上のレベルの保護水準を求めるものであり、これを適合性評価基準とするＰマークの取得および維持は、当該事業者における個人情報保護のレベルが同法の要求事項をおおむね満たすことを民間認証機関が宣言することを意味することにもなります。同法は個人情報取扱事業者の個人情報保護レベルに関して、主務大臣からの勧告・命令等により消極評価することはあっても、積極評価する機会をもたないため、リスクマネジメント上Ｐマークのもつ意味は大きいといえます（その意味で、Ｐマーク制度の適正な運用による規範性の維持は重要というべく、安易なマーク付与を避け不祥事発生時には厳格な運用を実施するべきです）。

2 事故・問題発覚時の対応

(1) 二次被害防止のための対応と例外的取扱い

　個人情報漏えい事故が生じた場合には主務大臣は必要な報告を徴収のうえ，事業者に助言を行い，個人の権利利益保護のために必要があれば違反行為の中止その他の必要な行為を勧告し，切迫性があればそれを命令することができます（個人情報32条～34条）。

　この点，経済産業分野ガイドラインは，二次被害防止のための本人への連絡，および二次被害防止に加え類似事案発生回避等のための公表については，可能な限り行うべきとしつつも，紛失等した個人データを第三者に見られることなく速やかに回収した場合や，当該データに高度の暗号化等の秘匿が施されている場合，あるいは他の第三者では特定個人を識別することができない場合には，これを省略しても構わないとされます。「電気通信事業における個人情報保護に関するガイドライン」（以下「電気通信分野ガイドライン」といいます）においても，二次被害を防止できる適切な技術的保護措置が講じられている場合の例外が定められていますが，「適切な技術的保護措置」の内容が解説において具体化され，①電子政府推奨暗号リストまたはＩＳＯ／ＩＥＣ18033に掲げられている暗号アルゴリズムによって，記録媒体内の個人情報の保存先として利用可能な全領域が自動的に暗号化されていること，②暗号化された情報および復号鍵の管理が適切にされていること等と定められている点は，他分野でも参照すべきところといえます。

　また，主務大臣への報告については，ファクシミリやメールの誤送信程度であれば月一回ごとにまとめて実施できるとしつつも，センシティブな個人データ漏えいの場合，信用情報ないしクレジットカード番号等が漏えいし二次被害が発生する可能性が高い場合，同一事業者において同種漏えい事件が再発している場合等については，逐次速やかに報告すべきとされます。この点，電気通信分野ガイドラインにおいても，直ちに報告することを原則とする一方で，適切な技術的保護措置が講じられているときは，四半期内に発生した個人情報の漏えい等の事実関係を当該四半期経過後遅滞なく報告することをもって代え

ることができるものとされています。

(2) 管理体制の見直し

　個人データの安全管理措置の評価，見直しおよび改善は，組織的安全管理措置として当然に求められるところであり，実際に個人情報漏えい事故を起こして漏えいリスクが顕在化した以上，同種事案の再発防止のために，当該漏えい事故の漏えいルートと原因の究明，漏えいを防止できなかった従前の安全管理措置の盲点を洗い出して，その見直しと改善を図る必要があります。その際，自社の事故経験のみならず，業界ひいては一般的な事件，事故の傾向を踏まえて，経験則上予測可能な事態についての合理的範囲での対応は，役員の善管注意義務の範疇というべきと思料します。

【田島　正広】

Q44　WEB炎上，風評被害

　SNSをはじめとするWEBでの炎上，風評被害等の問題の防止についてはどのような管理体制を整備すべきでしょうか。また，事故が起きたり問題が発覚した際にはどのような点に注意して対応すべきでしょうか。

A

　誤解を招くようなWEBの利用を防止するため，企業および従業員のWEBの利用についてのルールを定めてその遵守を図るとともに，問題の早期対処のため関係者からの速やかな報告を求める必要があります。
　また，問題が起こった際には，初期対応として，速やかな事実関係の確認のうえで会社としての対応方針を定め，被害者を生じた場合の二次被害防止も含めた被害者対応を図るとともに，加害者たる従業員の懲戒も視野に入れた慎重な調査を行い，状況次第では然るべき責任者による記者会見やお詫び文の公表等も検討する必要があります。また，虚偽の風評がSNS等に掲載された場合には，法的対応として管理者への削除請求，発信者情報開示請求が必要な場合もあります。

解説

1　企業，従業員のWEBの利用における管理体制

(1)　企業，従業員のWEBの利用による紛争例と問題点
　情報ネットワーク社会化が急速に進行し，大量の情報が氾濫する今日，イ

ンターネットの世界は，ポータルサイトから検索エンジンの時代を経て，人と人との結びつきを利用したＳＮＳ（ソーシャルネットワーキングサービス）の時代を迎えたと評されています。ＳＮＳは，情報の選別とピンポイントでの迅速な情報伝達という点で有用性を有しているとされ，企業においてもこれを営業活動に積極利用するケースがみられるほか，従業員においても私的に活用するのはむしろ当然となっています。

しかし，爆発的な普及と平仄を揃えるように，近時はＷＥＢの中でもＳＮＳにおいて紛争が多くみられるようになってきました。そこで，以下では，特にＳＮＳに力点を置いて，紛争例を紹介し，その対処のあり方を論じていきます。

この点，ＳＮＳは，発信した情報の内容および公開範囲の設定次第では，想定範囲を遙かに超えて瞬間的かつ広範囲に情報伝達がなされてしまう場合があり，時に一般ユーザの猛反発を受けて，いわゆる炎上状態に陥ってしまうことがあります。

企業の営業活動が反発を受けたケースとしては，①ツイッターのユーザのつぶやきに含まれる「コーヒー」等のキーワードに応じて，コーヒーにまつわるエッセイ等の募集を自動プログラム（ＢＯＴ）にて返信する営業を行ったところ，ユーザからスパムＢＯＴと誤認されひんしゅくを買ったケース[*1]があります。

また，従業員の私的な発信が反発を受けたケースとしては，②ホテルのレストラン店員がサッカー選手とタレントの来店等をツイートして炎上したケース[*2]，③スポーツ用品メーカーの販売店員が，サッカー選手と女性の来店をツイートして炎上したケース[*3]等があります。いずれにおいても，使用者たる企業側が正式謝罪する事態に至っています。

近時では，④復興庁職員の暴言ともとれるツイートや，⑤宅配ピザ店の店員が食材を利用した悪ふざけぶりを撮影した投稿がひんしゅくを買ったケース等があります。

こうした諸事例の要因としては，一般ユーザへの情報伝達力とその受け取られ方についての重大な誤認が指摘できます。上記①のケースでは，同種成功例に倣ったとはいえ，スパムメールに対する一般ユーザの抵抗感への配慮が不十分で，イベントの知名度が向上しないまま短時間のうちにＢＯＴのキーワー

ドを増加させた結果，その反発を招来することとなりました。また，上記②，③のケースでは，友人を意識した気軽な投稿が有名人に関連する内容であったことから，自身の過去の投稿の伝達範囲を超えて興味を引き，投稿自体の問題性も含めて爆発的にリツイートされた結果，本人のおよそ想定しない激越な批判を広範囲から受けるに至りました。上記④，⑤のケースも，自身の立場と発言の影響力への配慮が十分ではなかったことが指摘できます。

　従前はＷＥＢ上に広く公開する前提での投稿で炎上するケースが散見されたのですが，近時はそのリスクへの意識がより浸透してか匿名掲示板等での投稿は控えつつも，情報伝達範囲を十分に理解しないままＳＮＳにおいて投稿した結果，炎上するケースが増えているといえるでしょう。

(2)　ＷＥＢ利用のルール化の際の留意点

(a)　ＷＥＢの利用についての明確な基準，規程の導入　　上記のようにＳＮＳは営業活動上の重要性を有するとともに従業員が私生活上友人と交流するうえでも重要なツールというべきものです。また，広くＷＥＢはいうまでもなく今日の社会生活に不可欠なものです。安易にそれらの利用を制限することは，企業の成長可能性を自ら封じることになるとともに，従業員の私生活における表現の自由に対する不当な侵害ともなりかねないものです。

　そこで，企業等においては，これらの利活用についての企業等のスタンスを明らかにして，そのルールを策定するための文書，規程類を作成・運用して，情報管理や第三者侵害行為の抑止，レピュテーショナルリスクの回避を図り，ＳＮＳ等の適切な利活用を推進する必要があります。この点，特に近時は，従業員のＳＮＳの私的利用に対する基本方針を定める例も散見され，ソーシャルメディアガイドラインと呼ばれています[*4]。

(b)　情報管理の必要性　　先の事例でも触れたとおり，特に従業員のＳＮＳ利用の際に問題になるのが顧客情報をはじめとする企業の内部情報の漏えいです。もちろん，多くの企業において，就業規則や個別守秘義務契約ないしその誓約書等によって，従業員は企業に対して顧客情報その他の情報に関する秘密保持を義務づけられているので，ＳＮＳでの情報漏えいは明白にその違反となるのですが，従業員側の意識において日頃の情報伝達範囲を超えた広範囲な発信を行う意識がないために，無責任かつ興味本位な投稿を行うことになるもの

と推測されます。

　こうした場合には，まずは，情報管理に関する規程等の文書類において情報管理と守秘義務の徹底をうたうことになりますが，それを形式的に行うだけでははなはだ不十分であり，むしろ上記各事件をはじめとする数々の失敗例を参照して教育・研修を実施し，安易な投稿が想定を遙かに超える範囲に伝播して，顧客はもちろん企業に関係する多くのステークホルダー，ひいては自分自身に対して重大な損害を及ぼしかねないことを従業員に自覚させる必要があります。

　他方，自らは匿名登録のつもりでも，自身の過去の投稿内容やプライバシーに関する公開設定次第で，自身の所属・氏名が暴露されることがあります。さらにはWEB特有の問題として，ID，パスワードの盗用によるなりすまし投稿のおそれもあります。自分のプライバシー情報の管理の徹底もまた重要といえます。

　(c)　第三者への侵害行為防止の必要性　　Q43とも通じますが，たとえば，サッカー選手の私的な飲食の状況はプライバシー情報ですから，正当な目的もなく，それを安易にSNSに投稿する行為はプライバシー侵害の不法行為を構成しうるところです。また，表現内容が暴言，侮辱にわたる場合には，その内容次第で名誉毀損等の不法行為が成立する余地があり，さらに，第三者の著作物を引用の限度を超えて複製する場合には著作権侵害となりうるところです。こうした行為は厳に避けるようソーシャルメディアガイドライン等で強調するとともに，侵害の結果損害賠償責任を含め，どのような法的リスクがありうるかも含めた教育・研修を実施するべきです。

　(d)　レピュテーショナルリスク回避の必要性　　企業自身のSNS利用はもとより，従業員の場合においても，投稿の相手方の反応を想定した慎重な表現内容および手段を選択する必要があります。ネット社会においては，投稿が容易かつ瞬時に広範囲に伝播するため，いったん一般ユーザの感情的な反発を招来してしまうと，一気にSNSが炎上してしまうことにもなりかねません。その意味で，表現の際には常に不特定多数の一般ユーザの反応を意識した慎重な対応が求められます。

　この点，企業がSNSをはじめとするWEBを営業で利用する際には，顧

客をはじめとする一般ユーザへの感謝を基本とする文脈を心がける必要があります。また，従業員が私的に投稿する際に自らの勤務先に関する内容が含まれる場合は，それが企業等の所属先の発信とは無関係の個人的な意見の発信である旨付記すること，ならびに，内容・発信主体のいずれにおいても誤解を招かないよう配慮することを，ソーシャルメディアガイドライン等において求めるべきでしょう。

　この点，SNSへの匿名登録の場合，あるいはSNSに限らずWEB上の匿名掲示板に投稿する場合であっても，万が一所属が暴露された場合を意識して，表現内容に相応の配慮をするよう求めるべきといえます。

2　事故・問題発覚時の対応

(1)　初期対応としての事実確認と対応方針の策定，被害者対応

　WEB炎上事例では，瞬時に被害が拡大するため，初期対応が非常に重要となります。企業側のWEB利用の場合は，担当部署において一般ユーザの反応をつぶさに情報収集し，万が一反発を受けるような場合には速やかに代表者をはじめとする役員らへの報告を行うべきです。また，従業員のWEB利用の場合は，一般ユーザの反発を受け始める等事態が深刻化する様相を呈した時点で，上司や企業が定めた管理責任者等に報告をさせる必要があります。

　これらの報告を踏まえ，企業トップとしては直ちに対応方針を作成するとともに，特にプライバシー侵害等の第三者加害を生じている場合には，二次被害の発生防止のために当初の投稿の削除，本人への連絡等可能な限りの対処を行うべきでしょう。

(2)　責任者による対外的対応の必要性

　こうした場合の一般ユーザの沈静化のためには，企業責任者による対外的対応が重要になります。こうした場面では，事実の隠蔽が一般ユーザのさらなる反発を煽って逆効果になることも懸念されるため，事実確認のうえで企業側の対応に落ち度が認められるのであれば，速やかな公式謝罪が望ましいといえます。そのうえで，謝罪状況の迅速かつ広範な伝播を図ることも重要であり，そのためには記者会見をマスコミを通じて行うほか，その模様や謝罪文を公式

ウェブサイトに掲載し，さらにSNS等を積極利用して伝達を図ることも検討すべきでしょう*5。

(3) **虚偽情報による風評被害への法的対応**

　いったん炎上事件を引き起こすと，それに便乗して，当初の投稿内容を歪曲した虚偽内容の誹謗がなされたり，当初の投稿者のプライバシーの一切を暴露する等，一般ユーザの行き過ぎた興味本位の対応を招くことがあります。もとより，いかに当初の投稿に問題があったとはいえ，こうした反応における名誉毀損やプライバシー侵害の違法性を阻却しうるとは限りません。企業側としても，一般ユーザの反応のなかに法的問題点がみられる時には，多くの一般ユーザの反応を見据えつつ，警告や削除要請を行うべき場合が考えられます。匿名掲示板への反応の場合であっても，発信者情報開示請求によって相手を特定のうえ，法的責任を追及する余地はあります。その際，正当な企業防衛・従業員の被害防止の動きが，あたかも問題の隠蔽工作のように誤解されることのないよう，慎重なタイミングを計る必要があります。

(4) **従業員の懲戒も視野に入れた調査の実施**

　従業員の法令・企業倫理違反行為に対する厳正な対処は，企業等のコンプライアンス堅持には重要な手段です。SNSの私的利用の際に企業等が定めたルールを遵守せず，SNSに顧客情報を漏えいさせたような場合には，その投稿内容や顧客の被害の程度等次第では，当該従業員を懲戒すべき場合も考えられるところです。そこで，懲戒も視野に入れた厳正な調査を実施して，当該事案についての区切りとするとともに，さらなる同種事案の抑止を図るべきといえます。

注記

* 1　上島珈琲事件（平成22年2月）。
* 2　ウェスティンホテル東京事件（平成23年1月）。
* 3　アディダス事件（平成23年5月）。
* 4　例，総務省「国家公務員のソーシャルメディアの私的利用に当たっての留意点」(http://www.soumu.go.jp/main_content/000235662.pdf)。
* 5　前述の上島珈琲事件では，当該イベントの中止と正式謝罪を数時間以内に行った結果，事態収拾に成功したと論評されています。

【田島　正広】

Q45　反社会的勢力

反社会的勢力との関係遮断についてはどのような管理態勢を整備すべきでしょうか。

A

　関係遮断のための管理態勢整備については，①取引からの関係遮断の場面と②取引以外の関係遮断の場面を分けて考える必要があります。

　取引からの関係遮断については，「反社会的勢力と契約を締結しない」という新規契約からの排除の場面と，「反社会的勢力と締結してしまった契約を解除する」という既存契約からの排除の場面があります。

　取引以外の場面の関係遮断は，事故や企業ないし社員の不祥事にかこつけて法的な根拠のない請求がなされた場合のような不当要求を排除する場面があります。

　取引からの関係遮断の管理態勢整備は，主として平時の管理態勢整備の問題となります。

　取引以外の場面の関係遮断は，有事の管理態勢整備の問題となります。

　平時の管理態勢整備のポイントは，契約条項中の暴力団排除条項の導入と反社会的勢力データベースの整備です。また，その前提として役職員が反社会的勢力との関係遮断を行うための管理態勢整備の必要性をきちんと理解しておくことも重要です。

　有事の管理態勢整備のポイントは，不当要求に該当するかどうかの仕分けの手順の構築と，仕分けの結果不当要求とされたものに対する対応手順の構築と実践的なトレーニングの実施です。

解説

1　はじめに

　反社会的勢力との関係遮断と一口にいっても，「取引関係からの関係遮断」と「取引以外の関わりからの関係遮断」に大別されます。
　前者は，平成4年施行の暴力団対策法を契機に顕著となった反社会的勢力の取引社会への進出への対応となり，後者は，契約関係は存在しないものの企業のミス等につけ込んだ法的根拠のない要求への対応となります（単に契約の存在にかこつけただけの法的根拠のない要求や法的根拠があっても要求内容が過大・過剰な要求への対応も含まれます）。前者と後者の管理態勢整備の態様は異なってくるので，以下各々解説します。

2　取引関係からの関係遮断・平時の対応

(1)　反社会的勢力を取り巻く環境変化

　現在，反社会的勢力を取り巻く環境は，非常に厳しいものとなっています。
　その起爆剤となったのは，平成19年6月19日に犯罪対策閣僚会議よりリリースされた「企業が反社会的勢力による被害を防止するための指針」（以下「政府指針」といいます）です。
　政府指針リリース後，反社会的勢力を取り巻く環境は激変しました。今や反社会的勢力は金融機関の口座を作ることも融資を受けることもできません。マンションを借りるのも駐車場を借りるのも極めて困難です。ゴルフ場の利用といった施設利用の場面でも様々な制約があります。
　平成23年10月には全国で暴力団排除条例が施行され，暴力団を中心とした反社会的勢力の取引活動はますます困難となりました。このように反社会的勢力を取り巻く環境変化は経済取引全般にわたるものです。正に「社会 vs 反社会的勢力」ともいえる状況が到来したのです。
　重要なポイントは，このような環境変化が長い期間をかけて少しずつ生じ

たわけではなく短期間で劇的に生じたということです。今や，反社会的勢力の排除は，社会経済のあらゆる場面で当然のこととなったといっても過言ではありません。万一，先の劇的な環境変化についての認識が不十分であれば，「特段の不当な値引き要求等もなく対応も紳士的だから」等という理由で締結すべきではない契約を結んでしまったり，「特段のトラブルもないのに寝た子を起こすことになる」等という理由で解消すべき契約を残してしまったりといった誤った判断を犯しかねません。反社会的勢力の排除は，不当要求や不当な圧力の有無にかかわらず実践すべき社会的要請であり，それが自社を取り巻く環境であることをきちんと全役職員が認識することが，反社会的勢力排除の管理態勢整備の大前提となります。

(2) 取引からの排除の実際

(a) 排除を実現するための仕組み　新規取引であれ，既存取引であれ，取引から反社会的勢力を排除するためには，契約条項中に暴力団排除条項（以下「暴排条項」といいます）を導入し，反社会的勢力データベース（以下「反社DB」といいます）を構築することが必要となります。暴排条項と反社DBは車の両輪となります。すなわち，反社会的勢力を排除するためには，法的な関係遮断の根拠が必要となります。その根拠が暴排条項です。ただ，暴排条項という有力な関係遮断のツールを具備しても，そのツールを行使すべき対象者が明らかとならなければ宝の持ち腐れとなってしまいます。そこで，暴排条項を適用させる対象者の特定が必要となります。それが反社DBです。

(b) 暴排条項の導入　新規契約においては，すべての契約に例外なく暴排条項を導入すべきです。今や，企業側の作成した企業と弁護士の顧問契約書案にすら暴排条項が導入される時代です。さらに，牽制効果という観点から，「自らが反社会的勢力でない旨」の表明確約書を差し入れさせることも効果的です。

既存の契約については，契約の更新時期に暴排条項を導入した契約に切り替えます。契約の更新が予定されていない契約については，暴排条項を導入した契約への書き換えを依頼すべきです。社会全体での暴排の気運が盛り上がっている現在であれば，比較的スムーズに書き換えにも応じてもらえているようです。

(c) 反社DBの構築　　反社DBは，新聞やインターネット上の情報を蓄積して少しずつ構築していくことになります。業界単位で情報を蓄積して共有するという方式も有効です。

　金融業界では，個社の反社DBも業界単位のDBも相当程度充実しているようですが，事業会社においては，なかなかハードルの高い課題であることも事実です。この点，平成23年12月22日付けで警察庁刑事局組織犯罪対策部長通達「暴力団排除等のための部外への情報提供について」（以下「警察庁23年通達」といいます）がリリースされたため，自社の反社DBの不十分な点は，警察ときちんと連携することによって補うといった工夫も必要とされるところです。

　なお収集した情報は，リスクの度合いに応じて濃淡をつけておきます。暴力団構成員を濃いブラックと位置づけることについては議論の余地はありませんが，密接交際者や暴力団を離脱した者，暴力団員の家族等の位置づけについては各社にて議論を詰めておくべき事項となります。

(d) 新規取引からの排除　　新規取引からの排除の基礎となるのは，契約自由の原則です。契約自由の原則とは，どのような相手とどのような内容の契約を締結するかは契約当事者が自由に決定できるという資本主義社会の基本原理とされるものです。この原則に依拠して，自社および社会が取引社会に参入させることを是としない反社会的勢力を排除することができます。実際に新規取引を謝絶する際には，契約自由の原則を背景に「総合判断に基づいてご希望には添えません」と伝えれば十分です。

(e) 既存取引からの排除　　既存取引からの排除については，反社会的勢力が既存取引によって享受しているメリットを剥奪してしまうことになるため，反社会的勢力に具体的な損害が生じる可能性があります。したがって，万一提訴されたときにも勝訴できるだけの裏づけが必要となります。最も重要なポイントは，反社会的勢力の属性について警察庁23年通達に依拠した警察照会を行いきちんとした裏づけをとっておくことです。この照会は，解除通知の発出等の具体的な排除のアクションの直前に直近の情報を確認しておく必要があります。情報が更新されている可能性があるからです。

③　取引以外の関わりからの関係遮断

(1)　取引以外の関わりが生じる場面

　暴排条項と反社ＤＢを整備して，正規の取引ルートにおける厳格なゲートを構築しても，反社会的勢力は取引ルート以外のルートで接触を試みてきます。事業を行っていれば，様々なトラブルが生起します。たとえば，営業車両が接触事故を起こした相手方が反社会的勢力であったり，相手方が反社会的勢力でなくとも示談の場面に反社会的勢力が付添人や代理人として介入するなどということもあります。不祥事を起こしてマスコミに叩かれている企業に対して不祥事の被害者側として介入したり，逆に「力になりますよ」と助っ人役を勝ってでるといったこともあります。

　どのようなアプローチであれ，要求に応じる合理的な説明ができない不当な要求には応じてはいけません。

(2)　不当要求と即断することの危険と回避策

　安易に不当要求と判断することで，本来企業が誠実に対応すべきクレームを不当要求として対応してしまうということもあります。クレーム申立ての際に声を荒げたり，第三者（裁判所・警察・監督官庁・マスコミ）への相談を示唆するなどということは，通常の顧客でもありうることです。

　そのような誤った仕分けを行わないためには，徹頭徹尾「事実は何か」という視点に立脚した事実ベースの仕分けを行うことに尽きます。すなわち，製品事故であれば，発生した結果とその原因を特定して，両者の因果関係の有無を客観的に判断することになります。

　このような事実をベースとした公正な判断の結果，要求の法的根拠がなかったり，根拠があったとしても「過大・過剰・非常識」なレベルの要求であれば謝絶すべきです。

(3)　謝絶の実際

　不当要求の謝絶はいたってシンプルです。認定した事実とその根拠を丁寧に説明して，当該事実に見合った企業のとるべき対応・責任について説明するだけです。反社会的勢力は，説明に対して，声を荒げたり，睨んだり，要求に

応じないと面倒なことになることなどを示唆して納得しませんが，それでも一向に構いません。反社会的勢力は，過大・過剰・非常識なレベルの要求に対して企業が応諾しない限り話を終わらせるつもりはありません。そのような相手に「納得」を求めること自体が誤りです。認定した事実とその根拠および当該事実に見合った企業のとるべき対応・責任について説明を終えれば，面談の終結を告げて引き取りを要請すべきです。

(4) 効果抜群のロールプレイング

不当要求を行う者の属性が反社会的勢力であれば，彼らは，あちこちの会社に繰り返し不当要求を行っているので，いわば不当要求のOJTを積み重ねているといえます。「伝えるべきことを伝え納得を求めない」という基本軸を堅持すれば対応としては十分なのですが，反社会的勢力は不必要な言質を引き出す術に長けているので，基本軸を外さないようにするための準備は必要となります。準備として，もっとも効果的な方法はロールプレイングです。想定されるシナリオを用意して，最初に挨拶を交わすところから本番さながらのロールプレイングを行うことによって，思っていた以上にきちんと対応できないことについての気づきが生まれます。状況設定を少し厳しめのものにしておいて，うまく対応できなかった箇所の対応トレーニングを積んでおけば，本番の対応が一番楽だったということにすらなります。

(5) その他基本的留意事項

反社会的勢力に対する対応の基本的留意事項は次のとおりです。

① 相手の確認と訪問・電話の用件の確認
② 対応場所の選定（迅速に援助を求めることができ，かつ精神的に余裕をもてる自社応接室等を推奨）
③ 対応の人数（相手より多人数で，かつ役割分担を決める。具体的には，交渉主担当，記録担当，相手が大声を出したときのなだめ役等）
④ 対応時間（リミット・セッティング，あらかじめの対応時間の限定）
⑤ 言動に注意（丁寧な応接・丁寧な言動）
⑥ 書類の作成・署名・押印は厳禁
⑦ 即答や約束はしない
⑧ トップには対応させない

⑨　湯茶の接待はしない（居座りの容認と湯飲み茶わんが凶器にもなるので接待は不要）
⑩　対応内容の記録化（犯罪検挙，民事訴訟の証拠）
⑪　機を失せずに警察に通報（平素の警察・暴追センターとの連携も重要）

４　反社会的勢力に関連した問題が発覚した際の注意点

(1)　「知られないで済む可能性」に賭けない

　企業不祥事（未認可添加物の混入）とそれに関連して口止料を支払い，挙句の果てに不祥事の公表を積極的に行わないこととした経営判断について，「〔そのような判断が経営判断の原則に照らし，善管注意義務にはあたらないとの主張は〕本件混入や本件販売継続等の事実が最後まで社会に知られないで済んだ場合の話である。いわば知られないで済む可能性に賭けたともいえる。」というように手厳しくも適格な指摘を行った裁判例[※1]があります。
　反社会的勢力との不適切な関係が発覚したり反社会的勢力との関係遮断に失敗したとなると「社会 vs 反社会的勢力」という社会環境のもとでは相当厳しい評価がくだされることになります。そこで「知られないで済む可能性に賭けたい」という判断が頭をもたげます。このような判断は「ばれないかもしれない」という淡い期待があるから生じるといえます。「ばれるかもしれない。ばれないかもしれない」という二択を最初から捨てれば，誤った判断は生じにくいといえます。むしろ「問題は早晩必ず発覚する」という前提で考えるべきです。

(2)　トップの決意

　反社会的勢力に関連した問題が発覚した際に問われるのは組織の総合力です。そしてその総合力の源泉は，組織のトップの決意とその決意の宣言です。
　実は，企業に攻撃を仕掛けてくる側の反社会的勢力においても組織力は要です。反社会的勢力に対する恐怖感の源は種々考えられますが，その一つに，反社会的勢力の組織力があります。交渉に際して，目の前にいる反社会的勢力一人に対する恐怖感もさることながらその人の背後に控える組織に対する恐怖感が，反社会的勢力に対する恐怖感を増幅させるといえます。

攻撃を仕掛けてくる反社会的勢力が盤石の組織力を背景としているのに，対抗する組織の側の担当者が，面倒な汚れ仕事を押し付けられていると感じるような状況であれば，組織力を背景に圧力をかけてきている者に対抗することは困難です。企業側も，反社会的勢力との関係遮断に際しては，組織対応がポイントであるといったことはよくいわれることですが，ここでいう「組織対応」とは，対応人数を増やすとか部門間で連携することを想定するにとどまっていることが少なくありません。「組織対応」において，より大切なことは，反社会的勢力との関係遮断は社会の要請に適合した自己責任に基づく行動選択であることを企業トップが明確に宣言し，その宣言に合致した社内態勢整備を行うことです。反社会的勢力との関係遮断を宣言しながら，担当部門の態勢があまりに脆弱ということであれば，その宣言は見かけ倒しといわざるをえません。トップの明確な宣言のもと反社会的勢力との関係遮断に関する社内の意識共有が図られ，その宣言を受けた実質の伴った態勢が整備されたなかで反社会的勢力対応を行う担当者は，正に組織のバックアップを受けながら関係遮断を進めているという安心感を得られます。そのような組織態勢に加え，弁護士・警察・暴追センターといった外部専門機関との連携を図ることができれば態勢整備は盤石といえます。

引用判例

☆1　大阪高判平18・6・9判タ1214号115頁・判時1979号115頁。

【森原　憲司】

Q46 サステナビリティ（人権・環境ＮＰＯ／ＮＧＯ，事実上の規制）

　人権・環境ＮＰＯ／ＮＧＯからの改善要求などＣＳＲの観点での要請についてはどのような管理態勢を整備すべきでしょうか。また，質問や改善要求が届いたときは，どのような点に注意して対応すべきでしょうか。

A

(1)　人権・労働・環境・腐敗防止などサステナビリティに関連して活動するＮＰＯ／ＮＧＯは，社会の信頼が厚い専門家集団です。敬意と礼節をもって誠実に対応しないと，問題への対処を難しくし，事業にも悪影響が生じます。

(2)　ＮＰＯ／ＮＧＯは，企業は売上・利益を追求するプロセスにおいて社会・環境の持続可能に最大限の配慮をすべきであり，必要な場合は，被害の救済・補償と計画の中止・見直しを含む抜本的な対応を図るべきである，という立場を基本とします。

(3)　ＮＰＯ／ＮＧＯからの要請に対しては，ＣＳＲ活動の重要部分として，①経営戦略の中核に統合すべき社会の期待・要求を学習する，②関連する業務の担当部署の理解と対応行動を促進する，③現状の事業活動が著しく逸脱していないか評価意見をもらう，④ＮＰＯ／ＮＧＯから質問等が届いたときの対応を明確にしておく，といった方向性で整備します。

(4)　ＮＰＯ／ＮＧＯからの質問には率直に回答します。相手の要望事項のうち，検討すること，すぐには検討しないことを明確に述べる必要があります。最初から無視したり，対決姿勢で臨んだりするのは自社の利益になりません。

解説

1　NPO／NGOとは[*1]

(1) 問題の背景にある持続可能性（サステナビリティ）

　20世紀の後半から終期にかけて，ローマクラブ報告書「成長の限界」（1972年）における地球のキャパシティの警告，ブルントラント委員報告書「Our Common Future」（1987年）での持続可能な開発の提唱，地球規模の環境問題に関連する国際条約の締結（1992年），企業の社会役責任を取り込んだEU委員会の社会・労働政策（1993年以降）といった出来事がありました。こうした国際社会の流れのなかで，地球と人類の持続可能性（サステナビリティ）への対応が，政治・産業・市民共通の課題として浮上しました。

(2) NPO／NGOの役割

　NPO／NGOは，中央政府や地方政府では対応しきれない社会・環境問題について，先駆的もしくは補完的に，制度構築やサービスを提供する民間組織の総称です。近年，NPO／NGOなど社会セクターの興隆は世界各国で目覚ましく，巨額な民間資金（多くは寄付・生前贈与）を循環させ，その支出は「第三の産業」といわれる規模に成長しています。

　特に，上記のサステナビリティの諸問題に関しては，専門家の立場から，①社会・環境の深刻な問題を指摘し，対応の方向性や手段を提案する，②政治・行政・企業と一緒に新しい政策・管理・責任の整備に動く，③望ましくない企業行動を監視・警告して是正を求めるなど，いくつもの役割を果たしています。

　市民社会の利益を守る専門家集団なので，諸外国においては，社会の信頼と支持を背景に強い影響力をもちますし，社会変革のモデルを生み出しています。欧米企業では，専門アドバイザーとして経営判断に協力してもらうケースも珍しくありません。そうしたNPO／NGOの延長もしくは隣接に，社会企業家（深刻な社会・環境問題の解決策を主要な目的とする事業）が存在し，産業界とも連携しています。

(3) サステナビリティ関連の組織の特徴

NPO／NGOは，国際規模の組織から特定地域の社会ニーズに特化したグループまで様々ですが，サステナビリティ関連の団体に共通した活動傾向として次の点が挙げられます。

① 戦略的・革新的・機動的な活動に重点を置き，社会に対する情報発信（問題提起）や活動促進につながる社会的役割を積極的に引き受ける。

② 活動は基本的にはサービス提供の形態をとるが，最終的には政府と協力した政策転換や企業・産業界と連係した市場機能への組み込みを志向する。

③ 他のNPO／NGOとのネットワーク強化や活動や資金を支援する個人の満足度向上など，組織の基盤強化に注力する。

2　NPO／NGOが問題視する企業行動

(1) 基本的な視点

NPO／NGOが問題視するテーマ分野は，国連・グローバルコンパクトが掲げる人権，労働，環境，腐敗防止の4つが代表的です。

市民社会の利益を守るNPO／NGOは，企業は売上・利益を追求するプロセスにおいて社会・環境の持続可能に最大限の配慮をすべきであり，必要な場合は，被害の救済・補償と計画の中止・見直しを含む抜本的な対応を図るべきである，という立場を基本とします。

企業の経営者や関係者からは，該当国の法律や地域の規則に違反していない，地元の行政当局からも許可を受けており，NPO／NGOの主張は言いがかりだ，との反論がよく聞かれます。しかし，ここでNPO／NGOが要求するのは，企業の倫理観と責任においてどこまで自発的に対応するかであって，法律の範囲内であることは当然の前提となります。

(2) 資源開発・プランテーションの影響

鉱物資源の開発をめぐっては，現地高官や有力者への賄賂，原住民の強制退去，排出物や廃棄物による環境汚染，強制労働・児童労働・健康被害，飲酒・暴力・売春等による社会規律の崩壊，地元コミュニティ内の利害や政治的

意見の対立など，多様な問題が複合して発生する傾向があります。
　コーヒー，ゴム，パーム油，製紙用パルプなどの原材料を生産するプランテーションでも，同様の問題傾向があります。

(3) **劣悪な労働条件・労働環境，不当解雇**

　先進国の有名ブランド企業が途上国や新興国から低コスト調達する際に，委託先の工場で，奴隷的な労働，低賃金・長時間労働，児童労働，化学物質の悪影響，さらには会社都合による一方的解雇，労働組合運動の妨害・排除など，人権侵害にもあたる人の使い捨てが発生する傾向があります。衣類，スポーツ用品，おもちゃ，部品，電子製品などの産業では，早くから問題が顕在化し，業界団体によるガイドラインの発行も増えています。

(4) **外国人労働者の搾取**

　先進国内においても，外国人労働者の人身売買，奴隷的な労働，一方的解雇が発生するケースがあります。日本は，外国人女性の性的搾取や外国人研修制度のかげで行われる実質的な強制労働について国際社会から非難を浴び続けています。米国務省はこれまで，日本を「人身取引根絶の最低基準を満たさない国」として先進国最低ランクに位置づけています。

(5) **漁業・林業の影響**

　天然資源の乱獲，施設建設における環境アセスメントの不足（代替不能な自然環境の破壊）など生物多様性・生態系への影響が問題視される事例も後を絶ちません。持続可能に管理された漁業・林業の産物であることを第三者機関が認証するシステム（FSC，MSCなど）も拡充しています。

3　社内態勢の整備

(1) **態勢整備の位置づけ**

　失業，貧富の格差，社会的排除・対立，環境破壊，地球温暖化，水・食料不足など，地球と人類の持続可能性（サステナビリティ）の課題を，企業活動と経営戦略の中核に統合して，ステークホルダーとの共通価値の創造を最大化するとともに，企業の潜在的悪影響を特定，防止，軽減する経営行動を「企業の社会的責任（CSR）」といいます（**Q11**参照）。

NPO／NGOからの要請への対応は，このCSR活動の重要部分にあたります。実務では一般に次のような目的で計画・運用します。
① 企業活動と経営戦略の中核に統合すべき社会の期待・要求を学習する
② 関連する業務の担当部署の理解と対応行動を促進する
③ 事業活動が社会の期待・要請から離反していないか評価意見をもらう
④ NPO／NGOから質問等が届いたときの対応を明確にしておく

(2) 態勢整備の実務

上記の目的を実現するため，積極的に取り組んでいる企業では，一般に次のような措置・行動がとられます。
① NPO／NGOが問題視する企業行動と自社の事業活動を重ね合わせ，リスク箇所を抽出する
② 外部から質問等が届いたら放置や回答をせず，いったんCSR推進部署に集め，経営の判断・監督のもとに対応する手順を周知徹底する
③ リスク箇所の業務の担当部署もしくはCSR推進部署が，パートナーとなりえそうなNPO／NGOを発掘し，公開講座への参加などの方法でコンタクトを開始する
④ NPO／NGOとの間で信頼関係の基盤ができたら，社内の計画・状況等を説明して客観的な評価や今後の対応のコンサルテーション（継続が望ましい）を受ける
⑤ 役員や社員との対話機会（ダイアログ）への参加，役職員研修での講演，CSR報告書への第三者意見などを依頼する
⑥ 自社との相性がよさそうな他のNPO／NGOを紹介してもらい，ネットワークを拡充する

4 質問や改善要求が届いたときの対応

(1) NPO／NGOの質問書とは

特定の事業活動に改善・協力を求めるNPO／NGOは，まず，該当企業に質問書を提示し，回答を求めます。公開質問書としてNPO／NGOのWEBサイトに掲載される場合も少なくありません。質問書は一般に次のよう

な内容で構成されます。
  (a)　前提の説明
　・NPO／NGOの活動紹介
　・質問書送付の目的（問題点の指摘，検討・見直しの要請事項）
　・回答期限（回答なき場合の対抗措置が記載されていることもある）
　・WEBサイトへの掲載の告知（公開質問書の場合）
  (b)　NPO／NGOが問題視する事業活動についての質問
　・場所・開始期間・規模・方法・仕入先などの事実関係
　・その事業活動を継続する理由
　・検討・見直しする余地の有無
 (2)　望ましい対応
　NPO／NGOの主張は必ずしも市民社会を代表するものとは限りませんし，柔軟性に欠ける印象を受けるケースもあります。しかし，「面倒な話」と考えず，専門家への敬意を払って接し，自社の企業価値の向上や成長・強化につなげようとする姿勢をもち続けることが，自社のリスクマネジメントになります。
　NPO／NGOからの質問には率直に回答します。相手の要望事項のうち，検討すること，すぐには検討しないことを，各理由とともに簡明に述べる必要があります。最初から無視したり，対決姿勢で臨んだりするのは厳禁です。
  (a)　質問書の受領から回答まで　まず，発信者の素性・経歴を調査し，著しく懸念される要素がなければ，①受領した事実，②実行可能な回答期限，③連絡窓口を知らせます。
　次に，発信者の主張にある持続可能性（サステナビリティ）の課題について，国際社会や日本国内での検討状況，自社の配慮状況，他企業の配慮状況などを確認し，自社が抱えているリスクの程度を評価します。必要があれば，他の専門家に意見やアドバイスを求めます。
　続いて，自社の方針案とNPO／NGOへの回答案を作成し，経営で決定します。いずれも文書で作成します。回答は，NPO／NGOのWEBサイトに掲載される前提で，誰に読まれても支障がないものにまとめます。一般的には，NPO／NGOの問題意識を受け止めたうえで，①できる範囲のことは検

討する，②事実誤認は指摘する，③今すぐ検討が難しい事項は率直に述べる，のがポイントです。

　ＮＰＯ／ＮＧＯへの回答の提示は，書留郵便が原則ですが，文書だけでは意を伝えきれないおそれがあるときは，複数人で訪問・面談して記載内容を説明します。通常，ＮＰＯ／ＮＧＯは明確な回答が得られなければ，より影響力のある要請方法にステップアップしますので，話せばわかる的な感覚で，簡単な会話で済まそうとする発想は危険です。

　(b)　回答後の対応　　ＮＰＯ／ＮＧＯにとって，質問書と回答は多くの場合，協議を始めるきっかけです。実務の責任者が窓口となり，協議を継続する意思を伝え，回答内容を繰り返します。こちらからの協議打ち切り宣言は，状況を悪化し，対応を難しくします。

　実務の責任者は，企業価値の向上に役立つ点は積極的に取り入れさせてもらうという姿勢でＮＰＯ／ＮＧＯに対応します。そして，経営が対話の状況をモニタリングし，必要に応じて判断・指示します。ＮＰＯ／ＮＧＯの指摘事項は，事業の根幹に影響するケースが多いので，実務の責任者に対応を丸投げすると，板挟みになって曖昧な回答を繰り返し，ＮＰＯ／ＮＧＯが態度を硬化する事態を招きます。適切な距離感をキープしながら，経営がきちんとモニタリングし続けることが大切です。

　(c)　協力関係の構築　　ＮＰＯ／ＮＧＯは他の組織との横のつながりが強いので，悪い印象の情報が流れると，潜在的なリスクを増やすことになります。質問・回答のやり取りや継続協議を行ったＮＰＯ／ＮＧＯとは，将来に向けた協力関係を構築しておくことが，自社にとって一種の安全保障となります。

　たとえば，質問事故や不祥事が発生したときに，対応方針のアドバイスをもらうなど，敬意と透明性をもって付き合うことが肝心です。また，再発防止委員会に参加を依頼し，健全性を重視する姿勢を理解してもらうことも検討に値するでしょう。

注　記

＊１　参考文献：レスリー・Ｒ・クラッチフィールド＝ヘザー・マクラウド・グラント著〔服部優子訳〕『世界を変える偉大な NPO の条件──圧倒的な影響力を発揮している組織が実践する６つの原則』（ダイヤモンド社，2012）。

【笹本　雄司郎】

判 例 索 引

■最高裁判所

最判昭48・5・22民集27巻5号655頁・判タ297号218頁・判時707号92頁 ………… 68
最判昭63・7・14労判523号6頁 ………………………………………………………… 312
最決平11・3・10刑集53巻3号339頁・判タ999号301頁・判時1672号156頁 ……… 303
最判平18・4・10民集60巻4号1273頁・判タ1214号82頁・判時1936号27頁 ……… 79
最判平18・11・27民集60巻9号3732頁・判タ1232号82頁・判時1958号61頁 …… 262
最判平21・7・9判タ1307号117頁・判時2055号147頁 …………………… 68, 80, 286
最判平22・6・1判時2083号77頁 ……………………………………………………… 304
最判平22・7・15判タ1332号50頁・判時2091号90頁 ………………………………… 79
最判平23・9・13民集65巻6号2511頁・判タ1361号103頁・判時2134号35頁 ……… 80
最判平24・3・8労判1060号5頁・判タ1378号80頁・判時2160号135頁 ………… 312
最判平24・3・13民集66巻5号1957頁・判タ1369号128頁・判時2146号33頁 …… 80
最判平24・12・21判タ1386号169頁・判時2177号51頁 ……………………………… 80
最判平26・1・30（平成24年（受）1600号）裁判所ウェブサイト ………………… 44

■高等裁判所

東京高判昭54・10・29労判330号71頁・判タ401号41頁・判時948号111頁 ……… 312
東京高判平12・8・24判例地方自治230号58頁 ……………………………………… 304
大阪高判平14・10・11（平成12年（ネ）2913号）裁判所ウェブサイト ………… 346
東京高判平15・12・11労判867号5頁・判時1853号145頁 ………………………… 312
大阪高判平18・6・9判タ1214号115頁・判時1979号115頁 ………… 80, 177, 249, 368
東京高判平18・8・31判時1959号3頁 ……………………………… 44, 195, 257, 304
東京高判平20・4・24高刑集61巻2号1頁・判タ1294号307頁 …………………… 304
東京高判平20・5・19判タ1294号312頁 ……………………………………………… 304
東京高判平20・5・21判タ1281号274頁・金判1293号12頁 ………………………… 79
東京高判平22・9・29判例集未登載 …………………………………………………… 80
東京高判平23・9・14労判1036号14頁 ……………………………………………… 312
東京高判平24・3・7労判1048号26頁 ……………………………………………… 312
福岡高判平24・4・13金判1399号24頁 ………………………………………………… 44
札幌高判平24・10・19労判1064号37頁 ……………………………………………… 312
東京高判平25・7・10労働判例ジャーナル18号1頁 ……………………………… 312

■地方裁判所

奈良地判昭45・10・23判時624号78頁 ………………………………………………… 346
大阪地判平11・5・26判時1710号153頁 ………………………………………………… 44
東京地判平11・7・23判タ1010号296頁・判時1694号138頁 ……………………… 346
大阪地判平12・9・20判タ1047号86頁・判時1721号3頁 …………………… 68, 80

東京地判平13・1・25判時1760号144頁・金判1141号57頁 ……………………… *44*
東京地判平14・3・25判タ1117号289頁 ……………………………………………… *262*
福島地郡山支判平14・4・18判時1804号94頁 ……………………………………… *304*
東京地判平14・10・29判時1885号23頁・判例地方自治239号61頁 ……………… *304*
大阪地判平15・2・27（平成13年（ワ）10308号／平成14年（ワ）2833号）
　　裁判所ウェブサイト …………………………………………………………………… *346*
東京地判平16・5・14（平成15年（ワ）19005号）裁判所ウェブサイト ………… *346*
東京地判平17・6・27（平成16年（ワ）24950号）裁判所ウェブサイト ………… *346*
東京地判平19・10・25判タ1274号185頁・判時2007号64頁 ……………………… *304*
東京地判平20・1・28判タ1262号221頁・判時1998号149頁
東京地判平21・10・22判タ1318号199頁・判時2064号139頁 ……………… *80, 286*
東京地判平22・5・11判タ1328号241頁 ……………………………………………… *7*
京都地判平22・5・25労判1011号35頁・判タ1326号196頁・判時2081号144頁 …… *322*
福岡地判平23・1・26金判1367号41頁 ………………………………………………… *44*
東京地判平23・10・18金判1421号60頁 ……………………………………………… *68*

事項索引

あ行

ＩＴシステム 334
アスベスト 299, 303
安全管理 251, 252
　　――措置 347-350, 354
安全基準 251
安否確認 159
　　――システム 159, 164, 168
　　――方法 160
委員会設置会社 55, 59
ＩＳＯ31000 ...... 99, 103, 104
一般投資家 195
威迫・困惑行為 264, 266-269
イメージコピー 213, 215
インサイダー取引 ... 79, 195, 282
ウイルス感染 339
ＷＥＢ炎上 355, 359
影響想定 116
営業秘密 341-345
　　――保護 350
営業秘密管理指針 .. 341, 342
ＳＮＳ（ソーシャルネットワーキングサービス）
　.................. 356-360
ＮＧＯ 369, 370
ＮＰＯ 369, 370
親会社及び子会社から成る企業集団における業務の適正を確保するための体制
　........................... 37

か行

会計帳簿等の閲覧謄写請求権
　............................ 59
解　雇 306
開示注意銘柄 281
開示（ディスクロージャー）
　　規制 278, 280, 284

会社関係者 283
改善報告書 281
海洋汚染防止法 300
確認書 65, 279
瑕　疵 303
過剰与信防止義務
　.................... 272, 273
課徴金 280, 283
課徴金減免申請 .. 292-294
課徴金減免制度（リニエンシー制度） .. 289, 292
課徴金納付命令 288
割賦販売 271, 275, 276
ガバナンス・マネジメント・モデル 244
株　主 195
仮処分 317
過量販売解除 274
過量販売契約 264
カルテル 288, 325
過労死 314
監　査 120-123
監査委員会 59
監査役 55
監査役会 55, 58
監視義務 .. 61, 62, 71, 73, 75
監督官庁 190
危機の端緒 169
企業が反社会的勢力による被害を防止するための指針
　........................... 362
企業恐喝 171
企業コンプライアンス ... 225
企業集団 57
企業等不祥事における第三者委員会ガイドライン ... 185
企業内容等開示ガイドライン
　............................ 63
企業の社会的責任（ＣＳＲ）
　............... 43, 88, 89, 369
記者会見での留意点 192
規制当局 172, 190

キャプティブ 82
休職期間満了退職 308
教育・啓発 125-127
業績公表制度 332
競争法 290
兄弟会社 58
業務執行取締役 245
業務手法の水平展開 333
業務担当取締役 55
業務提供誘引販売取引
　............... 268, 273-275
業務の執行と監督の分離
　........................... 245
業務不正 324
業務フロー 331
キーワード検索 221
緊急地震速報 157
緊急時対応マニュアル 17
緊急連絡網 160
クライシス・コミュニケーション 188
クーリング・オフ制度
　............ 264, 266-269, 273
クレーマー 189
クレーム 170, 252
　　――処理 252, 253
グローバル化 93
訓　練 127, 128
　シミュレーション――
　.................... 128-130
経営課題 16
経営環境 237, 238
経営資源 150-152, 154
経営判断の原則 .. 41, 69, 247
刑事罰 280, 283
継続開示 279
継続的改善 120, 121
契約自由の原則 364
欠　陥 251-254
決算情報 283
決定事実 283
原因究明 184

件外調査 …………… 208
権限者による承認 ……… 31
原状回復義務 …………… 303
故意の事実不告知 …… 264, 266-269
公開買付け制度（ＴＯＢ）
　………………………… 279
公私混同 ………………… 330
合同労組 ………………… 318
抗弁の対抗 ……………… 275
広報対応 …………… 25, 26
子会社 ……………… 36, 57
子会社の業務の適正を確保す
　る監督義務 …………… 37
告　訴 …………………… 231
国連・グローバルコンパクト
　………………………… 371
個人情報 ………… 347-349, 352-354
　──保護 ……………… 350
個人情報保護法 …… 347, 348, 352
個人データ ……… 348-351, 353, 354
ＣＯＳＯ …………… 99, 100
ＣＯＳＯ-ＥＲＭ …… 99, 100, 102, 103
ＣＯＳＯ報告書 ………… 51
誇大広告等 ………… 265-268
固定残業代 ……………… 310
誤　謬 …………………… 29
個別取材への対応 ……… 193
個別信用購入あっせん
　……………… 272-274, 276
コーポレート・ガバナンス
　（企業統治） ……… 45, 48, 243, 244
コーポレート・ガバナンス・
　コード ………………… 60
コーポレート・ガバナンスに
　関する統合規範 ……… 85
コーポレート・ガバナンスに
　関する報告書 ………… 67
コミュニケーション記録
　………………………… 212
壊れた窓理論 ……… 138, 141

コンプライアンス …… 12, 14, 15, 45, 49, 244
Comply or Explain（遵守せ
　よ，さもなくば説明せよ）
　………………………… 245

さ行

災害用伝言ダイヤル …… 160
再勧誘の禁止 …………… 264, 265, 269
サイバー攻撃 …………… 334, 336-338
　標的型── …… 336, 337, 339, 340
再発防止 ………………… 185
裁量労働制 ……………… 311
削除データの復元 ……… 219
差止請求 …………… 261, 262, 264-270
サステナビリティ（持続可能
　性） ……… 89, 361, 369, 370
サプライチェーン …… 36, 42, 149, 150, 153
サプライチェーンマネジメン
　ト ……………………… 298
残業代 …………………… 310
J-IRISS システム …… 68, 79
自家保険 ………………… 82
事業継続計画（ＢＣＰ）
　……………… 149-155, 179
事業継続マネジメント（ＢＣ
　Ｍ） …… 149, 151, 154, 179
事業場外みなし労働 …… 311
事業リスク …… 63, 237, 241
事後規制型の制裁 ……… 228
自己責任原則 …………… 278
G30レポート ………… 83, 84
事実調査 ………………… 184
事実認定 ………………… 173
自主点検 ………………… 170
自浄作用の発揮 ………… 183
市場仲介者 ……………… 278
システム障害 …………… 334
事前規制から事後規制への転
　換 ……………………… 226
持続可能性（サステナビリ

ティ） …………… 89, 361, 369, 370
下請代金支払遅延等防止法
　（下請法） …………… 288
執行役 …………………… 59
私的独占 …………… 288, 294
四半期報告書 ……… 63, 179
指名委員会 ……………… 59
社外取締役 ………… 56-60
　──の選任 ………… 245
　──の独立性 ……… 246
社外役員 ………………… 60
　──の任期更新 …… 60
　──のローテーション
　………………………… 60
社内リニエンシー ……… 293
重大事故等 ……………… 255
集団の作用 ……………… 143
重点統制リスク ……… 109, 111-113, 115
重要業務 …… 151, 152, 154
重要事実 ………………… 283
出資先（事業投資先）
　…………………… 36, 39
純粋リスク ………… 237, 241
証券市場（Security market）
　………………………… 277
証拠保全 …… 174, 206, 214, 215, 218
上場会社コーポレート・ガバ
　ナンス原則 …………… 68
上場契約違約金 ………… 281
上場廃止 …………… 281, 282
上場廃止基準 …………… 281
消費者安全法 …………… 255
消費者契約法 …………… 258
消費者事故等 …………… 255
消費者庁 …………… 253, 255
情報管理 ………………… 284
情報受領者 ……………… 283
情報セキュリティ ……… 284
情報セキュリティマネジメン
　トシステム適合性評価制度
　………………………… 345
情報の非対称性 ………… 282
消防法 …………………… 298

事項索引 | 381

情報漏えい 340
職業的懐疑心 248
職制上の報告（レポーティングライン）............ 170
職務分掌規程 75
職務分離 29
初動調査 172
人事ローテーション 331
真正性 216, 217
人命安全 156, 157
信頼回復の最速化 183
信頼の権利 71, 73
信頼のV字回復 178
水質汚濁防止法 298, 300, 302
ステークホルダーへの説明
 186
製造物責任法 251-254
整理解雇 306, 307
セクハラ 315
善管注意義務 247, 281, 284
潜在的被害者 189
全社的リスクマネジメント（ERM）............. 8, 82
捜査機関 190, 232
捜査当局 231
想定外のリスク 237, 242
組織の安全管理措置 347
組織の要因 184
ソーシャルメディアガイドライン 357-359

た行

対外公表 181
大気汚染防止法 299, 302
対策本部 22-24
第三者委員会 185, 282
代表取締役 55
大量保有報告制度（5％ルール）..................... 280
多重代表訴訟制度 38
ダスキン肉まん事件
 .... 171, 249
団体交渉 319
断定的判断の提供 .. 259, 267

ターンブルガイダンス
 .... 83, 85
忠実義務 247
懲戒解雇 306, 307
長時間労働 315
直接金融市場 277
通信インフラ 165, 166
通信規制 162, 163
通信手段 162, 167, 168
通信障害 162
通信販売 264
定年後再雇用 309
適格消費者団体 261, 264-270
適時開示 65, 195
適正与信義務 273
デューディリジェンス ... 40
点　検 120-123
電子的証拠 206, 211, 218
電話勧誘販売 265, 273-275
特設注意市場銘柄 281
独占禁止法（独禁法）.... 288
特定継続的役務提供 267, 273-275
独立社外取締役 60
独立役員 58, 67, 68
土壌汚染 299, 302, 303
土壌汚染対策法 299
取引先（仕入先・販売先）
 194
取引条件表示義務 272

な行

内部監査 170
　　――部門 62
内部者取引の未然防止に向けた情報管理体制 68
内部通報（ヘルプライン）
 .... 170, 197
内部統制 28, 45, 50, 61
　　――財務報告に係る――
 .... 279, 281
内部統制監査報告書 279
内部統制システム ... 61, 244, 248

グループ―― 61
内部統制報告書 65, 279
内部統制報告制度（いわゆる日本版ＳＯＸ法）.. 279, 281
二次被害の防止 181
日本経済新聞社事件 284
日本システム技術事件 ... 281
入札談合 288
任務懈怠責任 72
ネガティブオプション ... 270

は行

廃棄物処理法 300, 302
排除措置命令 288, 294
売買管理 284
バウンダリー 91
ハザード 3, 4
バスケット条項 283
パスワード解除 219
バーゼル銀行監督委員会
 83
発行開示 279
発行市場（Primary market）
 277
ハッシュ値 217
発生事実 283
パワハラ 316, 329
半期報告書 63
反社会的勢力 68, 72, 361
　　――データベース 363
被害者 189
　　――間の公平 189
被害の最小化 180
被害の早期発見 180
非財務情報 281
ＰＤＣＡサイクル 237, 241, 248
秘密管理性 342
表明確約書 363
表明保証 41
風評被害 355, 360
輻　輳 162, 163
不公正取引規制 282
不公正な取引方法 .. 288, 294
不実告知 259, 264, 266-269, 275

不祥事 ·················· 169
　──の隠ぺい ········· 77
不招請勧誘の禁止 ······· 269
不　　正 ················ 28
　──が発生しやすい企業風
　　土 ················· 329
　──行為を行いがちな部署
　　の特徴 ············· 328
　──の3要素 ·········· 324
　──の兆候 ··········· 248
不正調査ガイドライン（公開
　草案） ················ 185
不正調査情報の開示 ····· 201
不正調査情報の管理 ····· 199
不正のトライアングル理論
　················· 138, 139
普通解雇 ··············· 306
不当条項 ··············· 260
不当要求 ··············· 365
不当労働行為 ··········· 320
不法行為責任 ··········· 303
プライバシー ··········· 204
プライバシーマーク制度
　················· 351, 352
不利益事実の故意の不告知
　······················ 259
ブルートフォースアタック
　······················ 219
フロン回収破壊法 ······· 299
ペリル ················ 3, 4
包括信用購入あっせん
　·············· 272-274, 276
報告がうまい社員 ······· 327
報告ルール ·············· 38
報酬委員会 ·············· 59
法定書面の交付義務
　·················· 264-269
訪問購入 ··············· 269
訪問販売 ······· 263, 273-275
暴力団排除条項 ········· 363
法令遵守 ················ 72
ポジションペーパー ····· 202

ま行

マスメディア ····· 171, 191,
　······················ 229

マテリアリティ ·········· 91
マニュアルの整備 ······· 331
身分保障（情報提供者の）
　······················ 203
民事崩れ ··············· 232
無過失責任 ············· 281
無期転換権 ············· 309
メタデータ ············· 213
メンタル疾患 ··········· 314
目論見書 ··············· 279
持分会社 ············ 36, 39
モニタリング ····· 237, 240
モバイル機器 ··········· 212

や行

役職員 ················· 193
雇止め ················· 308
優越的地位の濫用 ······· 288
有価証券 ··············· 277
有価証券上場規程 ······· 280
有価証券届出書 ········· 279
有価証券報告書 ···· 63, 279
　──の虚偽記載 ········ 77
有能な社員 ············· 326
予断の排除 ············· 174

ら行

リコール ·········· 253, 256
リスク管理体制 ····· 63, 70,
　················ 74, 244, 248
リスク・コミュニケーション
　······················ 144
リスク情報 ············· 132
　──の共有 ····· 134, 136,
　······················ 137
　──の収集 ··········· 134
　──の伝達 ····· 132-134,
　················· 136, 137
リスク対応組織 ········· 118
リスクの洗い出し ······· 237
　──と評価 ····· 109, 113,
　······················ 240
リスクファイナンス ····· 86
リスクホメオスタシス理論
　················· 138, 142
リスクマップ ····· 109-111,
　················· 113, 114
リスクマネジメント ···· 3-5,
　················ 63, 105-108
リスクマネジメント・ポリ
　シー ·················· 17
リスクマネジメント委員会
　············ 17, 18, 105, 107
立証責任の転換された過失責
　任 ··················· 281
流通市場（Secondary market）
　······················ 277
臨時報告書 ············· 279
レインボーテーブル ····· 220
レピュテーション・マネジメ
　ント ·················· 93
連鎖販売取引 ······ 266,
　················· 273-275
労働審判 ··············· 316
ローテーションの活性化
　······················ 324
ローン提携販売 ········· 271

■編者

竹内　朗　　プロアクト法律事務所　弁護士

笹本　雄司郎　株式会社マコル取締役・代表コンサルタント
　　　　　　　日本CSR普及協会理事・運営委員

中村　信男　　早稲田大学商学学術院教授

リスクマネジメント実務の法律相談　　新・青林法律相談33

2014年2月10日　初版第1刷印刷
2014年2月28日　初版第1刷発行

　　　　　　　　　　　　　竹内　　　朗
　　　　　　Ⓒ編　者　　　笹本　雄司郎
　　　　　　　　　　　　　中村　信男

　　　　　　　発行者　　　逸見　慎一

発行所　東京都文京区本郷6丁目4の7　株式会社　青林書院
　　　　振替口座　00110-9-16920／電話03(3815)5897～8／郵便番号113-0033

印刷・星野精版印刷㈱／落丁・乱丁本はお取り替え致します。

Printed in Japan　　ISBN978-4-417-01617-5

JCOPY　〈(社)出版者著作権管理機構　委託出版物〉

本書の無断複写は著作権法上での例外を除き禁じられています。複写される場合は、そのつど事前に、(社)出版者著作権管理機構(電話03-3513-6969、FAX 03-3513-6979、e-mail:info@jcopy.or.jp)の許諾を得てください。